"十四五"普通高等教育本科部委级规划教材

U0747636

企业资源计划

主 编◎和 征
副主编◎杨小红

中国纺织出版社有限公司

内 容 提 要

企业资源计划（ERP）进一步拓展了物料需求计划（MRP）和制造资源计划（MRP Ⅱ），是一种系统化的供应链管理思想，能够实现制造业企业物料、人员、资金和信息的集成化管理。本书首先介绍了企业资源计划的发展历程和基本概念，然后围绕企业资源计划所涉及的功能系统阐述了销售管理、主生产计划、物料需求计划、能力需求计划、采购管理、库存管理、车间管理、财务管理、成本管理、人力资源管理、设备管理、质量管理、分销资源计划、供应链管理、客户关系管理等内容。通过对企业资源计划（ERP）项目实施的讲解，将理论与实际案例相结合，使读者能够正确、全面地认识企业资源计划（ERP）。

本书可作为高等院校信息管理类、工商管理类及其他相关专业的选用教材，也可作为企业信息化相关人员的培训用书。

图书在版编目（CIP）数据

企业资源计划 / 和征主编；杨小红副主编 .

北京：中国纺织出版社有限公司，2025. 4. —（"十四五"普通高等教育本科部委级规划教材）. — ISBN 978-7-5229-2540-0

Ⅰ . F272. 7

中国国家版本馆 CIP 数据核字第 2025JR4303 号

责任编辑：段子君　　责任校对：寇晨晨　　责任印制：储志伟

中国纺织出版社有限公司出版发行

地址：北京市朝阳区百子湾东里A407号楼　邮政编码：100124

销售电话：010—67004422　传真：010—87155801

http://www.c-textilep.com

中国纺织出版社天猫旗舰店

官方微博 http://weibo.com/2119887771

河北延风印务有限公司印刷　各地新华书店经销

2025年4月第1版第1次印刷

开本：787×1092　1/16　印张：19.25

字数：387千字　定价：68.00元

前　言

党的二十大报告指出，要将实体经济作为经济发展的基础，推动工业化进程，加快制造强国、质量强国的建设，推动制造业走向高端化、智能化、绿色化。我国"十四五"规划更是突出强调了制造业数字化转型对于我国制造业高质量发展的重要性。

作为制造业数字化转型的主体，企业的信息化建设为制造业数字化转型提供了基础，而企业的信息化建设离不开信息系统的支撑。企业资源计划（ERP）基于系统化思想，以数字平台为技术基础，能够为企业提供决策依据，从而优化企业的业务流程，提高企业的核心竞争力，推进企业数字化转型。

目前，企业资源计划实践过程中仍存在以下问题：

（1）企业资源计划实施成功率较低。虽然企业资源计划能够帮助企业改善业务流程、提高运行效率，但是，由于部分企业在实施企业资源计划（ERP）时往往缺乏明确的战略规划，导致企业资源计划与企业的目标不一致。战略规划不清晰使 ERP 系统所提供的功能无法满足企业的发展需求，从而导致企业资源计划实施失败。

（2）缺乏完整、系统的培训和沟通过程。一方面，企业资源计划的实施与应用涉及企业的各个业务流程，需要企业全体员工积极参与，但有些企业在推广应用 ERP 系统时，往往忽略了对员工相关技能的培训，并且没有对员工的参与意愿进行详细调查，从而导致员工参与度低，最终无法成功实施企业资源计划。另一方面，ERP 系统的实施涉及的部门和人员众多，需要多方的合作与协调，没有提前沟通或所获取的信息不准确，都会导致各相关部门之间不能协调工作，最终导致 ERP 的实施失败。

基于以上问题，我们编撰了《企业资源计划》一书。编著本书的意义如下：

（1）帮助读者认识企业信息化——完整的方法论。本书详细阐述了企业资源计划包括的具体内容，使信息管理类、工商管理类等专业的本科生、硕士生以及从事企业信息化的高级管理人员对企业资源计划有全面的了解和认知，并且能够为实施企业资源计划提供理论指导。

（2）引发读者对于企业信息化的思考——理论与案例相结合。本书各个章节都附有相关的案例支撑，能够引导读者在学习理论知识的过程中，了解企业资源计划相关知识的应用，在案例分析过程中总结经验、吸取教训，从而深化对于企业资源计划实施以及企业信息化的思考。

（3）培养读者的企业信息化思维。本书结合方法论与案例，从企业资源计划构成的视角，以企业业务流程为脉络，阐释企业各个业务模块、业务需求、业务管理内容等，从而达到培养读者企业信息化思维的目的。

本书共有 18 章：第 1 章 ERP 思想的发展历程，阐述企业资源计划的基本概念和发展阶段；第 2 章基本概念，讲述企业资源计划涉及的基本概念；第 3 章销售管理，介绍销售管理中最为重要的预测、管理、评估与控制等内容；第 4 章主生产计划，介绍主生产计划的相关概念、编制方法以及与其他模块间的关系；第 5 章物料需求计划，介绍物料需求计划的相关概念、编制方法以及与其他模块间的关系；第 6 章能力需求计划，介绍粗能力需求计划及能力需求计划的相关概念、编制方法以及与其他模块间的关系；第 7 章采购管理，介绍采购管理的内容以及与其他模块间的关系；第 8 章库存管理，介绍库存管理的概念、业务、策略以及与其他模块间的关系；第 9 章车间管理，阐述车间管理的概念、业务、技术以及与其他模块间的关系；第 10 章 ERP 财务管理，阐述 ERP 财务管理的概念、内容、工具以及与其他模块间的关系；第 11 章成本管理，阐述成本管理的概念、方法以及与其他模块间的关系；第 12 章人力资源管理，讲述人力资源管理的概念、活动、测评以及与其他模块间的关系；第 13 章设备管理，介绍设备管理的概念、业务、系统功能以及与其他模块间的关系；第 14 章质量管理，介绍质量管理的概念、业务、系统功能以及与其他模块间的关系；第 15 章分销资源计划，介绍分销资源计划的概念、业务、系统功能以及与其他模块间的关系；第 16 章供应链管理，介绍供应链管理的概念、构建方法、系统功能以及与其他模块间的关系；第 17 章客户关系管理，介绍客户关系管理的概念、业务、系统功能以及与其他模块间的关系；第 18 章 ERP 项目实施，介绍 ERP 项目实施的前期工作和实施过程。

在本书编撰过程中，夏超、李芳、张同静、李彦妮、王淑艳和赵世洋等查找了大量资料，收集了与各章节相关的应用案例，丰富了本书的内容，并实现了理论与实际相结合。其中，夏超、李忠鹏和刘佳兴主要参与第 1 章、第 7 章、第 15 章的编写；李芳主要参与第 2 章、第 8 章、第 14 章的编写；张同静主要参与第 3 章、第 9 章、第 13 章的编写；李彦妮主要参与第 4 章、第 12 章、第 16 章的编写；王淑艳主要参与第 5 章、第 10 章、第 18 章的编写；赵世洋主要参与第 6 章、第 11 章、第 17 章的编写。

正是由于大家的共同努力和付出，本书的编撰得以顺利完成。在此，对本书编撰付出辛勤劳动的所有老师及学生，以及对本书提出宝贵意见的专家和教授们表示深深的谢意！由于时间紧促，加之作者能力有限，书中难免存在一些疏漏或差错，望广大读者批评、指正！

和征　杨小红

2024 年 5 月 9 日

目 录

第 1 章　ERP 思想的发展历程

第 2 章　基本概念

第 3 章　销售管理

第 4 章　主生产计划

第 5 章　物料需求计划

第6章 能力需求计划

第7章 采购管理

第8章 库存管理

第 9 章　车间管理

第 10 章　ERP 财务管理

第 11 章　成本管理

第 12 章　人力资源管理

第 13 章　设备管理

第 14 章 质量管理

第 15 章 分销资源计划

第 16 章　供应链管理

第 17 章　客户关系管理

第 18 章　ERP 项目实施

第1章
ERP思想的发展历程

扫码获取本章课件

1.1　ERP基本概念

企业资源计划（Enterprise Resource Planning，ERP），是一种以供应链管理为核心理念，对企业资源进行统筹管理的集成化管理信息系统。

1.1.1　ERP的定义

为了深刻分析 ERP 理论及实际运用 ERP 系统，需要充分理解 ERP 的有关基本概念，可从以下三个方面进行重新界定：

①管理思想。企业的业务流程被视为一个供应链网络，它将供应商、企业、分销网络以及客户紧密联结在一起，促进了企业间合作关系的长期稳定。

②软件产品。主要运用客户机—服务器体系、关系数据库结构、面向对象技术、图形用户界面、第四代语言和网络通信等信息产业研究成果，是以先进管理思想为核心的软件产品。

③管理系统。企业的基础要素是资源，管理系统主要对企业的各类资源进行管理，系统中融入企业的人员及文化、业务流程及数据、各类软硬件等。

1.1.2　ERP的内涵

ERP 是一个将物流、资金流和信息流三大资源综合整合和管理的管理信息系统，其主要目的在于完善企业业务流程，从而增强企业核心竞争力。从广义上讲，ERP 就是一种以供应链为导向、以信息技术为支撑，整合企业一切资源数据，并融入企业人员及文化、业务流程及数据等，使企业实现全面管理的系统化管理平台。

具体而言，对 ERP 的理解如下：

① ERP 一切以客户为中心，使系统具有全新的结构，整合客户需求和现代化企业管理思想，以及上下游供应商及其他资源。

② ERP 的主要用途是通过充分分配企业内外部资源来使资源达到一种均衡状态，以便迅速应对瞬息万变的市场需求，提升企业自身的竞争优势。

③随着时代的发展，ERP 不断融入新一代技术及思想，反映了时代对企业合理分配资源、最大限度地创造社会财富所提出的要求，也是数字经济时代企业生存与成长的基础。

ERP 具有以下功能特点：

①以市场、运营、销售为导向，能迅速反映市场的变化情况；ERP 将供应链管理的各项职能整合在一起，更加注重上下游企业之间的合作关系。

②更支持过程重组。注重企业流程与工作流的结合，在这个基础上将企业内部制造、分销等各个环节融合在一起，实现企业职能的集中。

③主要以财务为中心，建立统一的信息平台，构建完善科学有效的内控机制，有一套比较完整的企业财务管理体系，使价值管理概念成为可能，并将其应用于企业的经营实践，从而使资金流和物流、信息流有机融合在一起，是我国企业信息化发展的必经阶段。

④更多考虑人力资源、人才培养所需费用等因素对企业的影响。

⑤在制订计划方面，支持多种生产方式的混合生产管理模式。

⑥"社会一体化"。将企业生存环境视为一个由上下游节点企业、企业自身等资源联结在一起的供需链；企业内部则类似于管理系统，由多个相互联结的子系统构成。

⑦灵活的应用环境。ERP 将零散型生产与流程型生产特征糅合在一起，能更好地支持混合型生产环境以适应企业多样化运营。

⑧实时控制能力。项目设计阶段，ERP 会对项目整体进行控制，如成本管理、质量管理等，对所设计的各流程进行优化及控制。在此基础上，项目实施阶段，可以同时运行一些流程，以达到缩短工期的效果。项目完成阶段，可以向企业提供生产过程中的实时数据，以供决策者进行下一时期的决策。

此外，一些 ERP 系统还包括项目管理的一系列内容，如质量管理、维护管理、过程控制等，可以帮助企业在不同场景满足不同的需求，同时使企业尽量最优地配置和使用物流、信息流、资金流三类有限资源，能够实现资源的有效利用，同时使企业内部更加和谐融洽，员工、资源等各类元素都能够最大限度地物尽其职，大大提高企业的竞争力。

1.2 ERP发展的几个阶段

自制造业产生以来，人类社会就一直在寻找一种能够提高生产率、降低成本的生产方式，多数公司都以有限的资源实现利润最大化、最优 ROI 为根本目标。但是，不同经营环境、不同条件、不同时代背景下的企业，其追求的利益并不完全相同，需要其生产要素的有效结合和优化配置，使企业能够合理有效地利用各项资源。ERP 在 30 多年的发展过程中，主要经历了以下几个阶段，如表 1-1 所示。

表1-1 ERP发展阶段

年代	发展阶段	原因
20 世纪 40 年代	库存再订货点法（ROP）	在计算机系统尚未问世时，库存再订货点法就已被提出来，以应对库存的控制
20 世纪 60 年代	物料需求计划（MRP）	信息技术的发展使复杂的技术操作成为可能，弥补了 ROP 法的不足
20 世纪 70 年代	闭环 MRP	打破企业的生产能力约束，补充能力需求计划、执行等功能
20 世纪 80 年代	制造资源计划（MRP Ⅱ）	为了促进信息全面共享，将各个子系统统一起来，集采购、产销、财务和工程技术于一体

年代	发展阶段	原因
20世纪90年代	企业资源计划（ERP）	在市场竞争日益激烈的今天，企业竞争的空间被进一步拓展，并逐渐演变为如何对整体资源进行有效使用和经营的理念

ERP于1993年被美国Gartner公司率先提出，那时人们主要通过推断信息时代各种制造业管理信息系统的趋势与变化来诠释ERP的概念。在产品经济时代，人类一直追求生产力的提升，ERP强调对供应链的管理，主要目的是对企业各个方面的资源进行合理分配，使得企业各项资源得到充分利用，提升企业实力。具体有如下特征：

①完善供需链管理等流程。无论是初期的库存管理，还是后期的购、产、销管理和财务、工程技术管理以及企业外部资源管理等流程，均是以企业供需链为对象进行持续改进的过程。

②与信息技术发展紧密联系。这些企业管理思想的发展模式经历了一个不断演化的过程，取得了长远的进步，但无不与信息技术的发展息息相关。信息技术成为实现的必要手段，而计算机软件就是其中的主要媒介。

③其历史颇为久远。整个理论随着时代的发展而逐渐演变。

1.2.1　库存再订货点法

库存再订货点法（Re-Order Point，ROP）是指存货的可利用库存减少到再订货点后，根据批量规则来订货的库存控制与计划方法。实际上，企业通常做不到瞬间进货，为适应生产经营需要而提前采购订货。当仓库仍有存货时，这种仍有的存货量即所谓"再订货点"。再订货点用于确定发起补货订购策略的货物单位数量。存货量一旦小于再订货点，就进行补货订购。企业所面临的风险一般有两种：一是供应商供应时间不定，二是下游客户需求不定，因此，企业必须采用适当安全库存对风险进行缓解或者弥补。其中，主要有以下批量规则：

①补充至最高库存。该规则下计划订货量=最高库存-max{安全库存，可用库存}。

②固定供应量。该规则下所用计划订货量为一固定数值，在这个固定数值下，可用经济订货批量来计算。

③历史消耗量。该规则下计划订货量=日均耗量×保证供应天数。

再订货点在物料消耗率不变，采购提前期不变的情况下确定。物料消耗率是企业在生产中对材料的消耗率，采购提前期是企业所有材料从下单到接收入库所经历的时间循环。为了改变这一被动局面，根据以往经验对未来材料进行需求预测。从本质上看，这一方法以"库存补充"原则为中心。另外，如果需求骤增，送货误期或者有其他不确定因素扰动，都可能导致缺货而耽误生产。为减少上述不确定因素的影响，必须多备库存，以避免因此而发生亏损，这类多备库存被称为保险库存，即安全库存。若设置安全库存，则再订货点ROP=采购提前期消耗量+安全库存=日均耗量×固定提前期+安全库存。

再订货点法是指利用可用库存与再订货点的数量关系向企业传递订货时间信号的方法。在明确再订货时点之后，下一步要决定每一次的再订货量，即当企业产品库存数量小于再订货点的数量时，需要下达采购订单的计划订货量。通过 ROP 批量规则决定计划订货量。通常用经济订货批量来表示，即 ROP 模型理论下的批量规则。但是在实际核算过程中，企业应该根据管理的需要，使用不同的 ROP 批量规则。ROP 基本原理如图 1-1 所示。

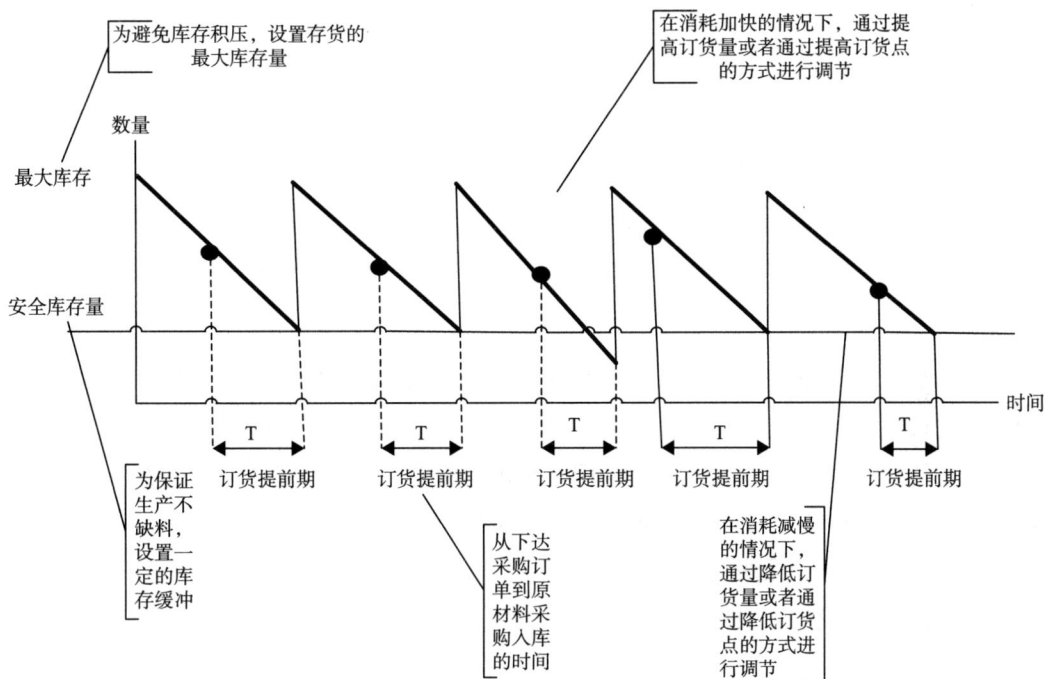

图 1-1　ROP 原理

1.2.2　物料需求计划

物料需求计划（Material Requirement Planning，MRP）诞生于 20 世纪 60 年代初期，它是 IBM 公司最早设计与实现的。当时库存管理专家一直在探索一种新型库存控制方法，就是为了解决制造企业在生产管理上普遍存在的问题和再订货点法的缺陷。它的基本思路是：通过采用科学的管理方法及现代化工具来规范企业的一切管理工作，并根据不断变化的市场需求情况，对企业各类制造资源及生产、经营全过程，进行有效的组织、协调和控制，是提升制造企业竞争优势和生存能力的重要途径。

物料需求计划围绕物料展开，主要包括 4 个模块，即用于研究企业生产什么、需要什么、现有什么、还缺什么、何时需要等基本问题。具体内容如下：

①主生产计划。主要回答企业生产什么。

②物料采购计划。主要回答企业需要什么。

③物料清单。主要回答企业现有什么、还缺什么。

④库存信息、生产、加工计划等。主要回答如何应用资源。

MRP 关系图如图 1-2 所示。

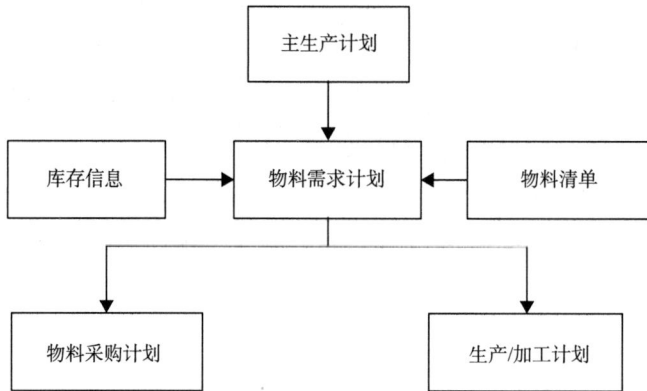

图 1-2　MRP 关系

MRP 存在以下问题：

①功能划分与 MPS 有所重复，如生产能力的大小及能生产哪些属于主生产计划管辖，二者有重叠之处。

②在现实中，有些物料由于种种原因导致市场紧俏，不能及时供应，或者由于运输流程烦琐，容易出现失误，造成物料需求计划无法实施。

③物料需求计划中无法实施的地方，必须由人力来实施。

④系统需要大量的人力介入。

1.2.3　闭环MRP

为解决以上问题，MRP 进行了转型，闭式 MRP 应运而生，自此，生产资源计划和执行控制系统结构得以完整呈现，新型 MRP 关注短期计划，因此必须从全局的角度考察其可行性，一般以产能负荷为指标进行衡量，之后才能投入实施。

随着有关概念的不断更新，一些学者将生产能力作业计划、车间作业计划（SBP）、采购作业计划（MRA）等纳入 MRP；还有一部分学者将人员产生的各方面反馈信息添加到计划实施过程中，并用其对已有计划进行更新，以实现以物料需求计划为中心，整个生产过程构成统一闭环系统，即闭环 MRP 系统。

从项目整个生命周期来看，闭环 MRP 贯穿于项目的前、中、后期，它主要针对中期的人、机、物料等诸多资源进行计划和调控，提高生产管理应变能力。这时实施物料需求计划，需要在事前进行规划，但是只有事前规划还远不能支持计划的实施，因为产能不足仍无法投入生产，而且，若出现信息不对等或信息更新不及时等延迟现象，这些计划将会变得毫无用处。因此，还包括生产能力计划—生产活动控制—购买—物料管理计划四个步骤。闭环 MRP 的逻辑流程如图 1-3 所示。

```
                    生产规划
                    需求信息
                       │
                       ▼
   修改          ┌──────────┐        必要时修改
  ┌────────────→│ 主生产计划 │←────────────┐
  │             └──────────┘              │
  │                    │                  │
  │                    ▼                  │
  │              ┌──────────┐             │
  │              │ 粗能力计划 │             │
  │              └──────────┘             │
  │                    │                  │
  │          N        ◇                   │
  └──────────────── 可行？                 │
                      ◇                    │
                      │Y                   │
                      ▼                    │
  ┌──────────→ ┌──────────┐               │
  │            │ 物料需求计划 │             │
┌──────┐       └──────────┘      ┌──────┐ │
│库存信息│→─────────│────────────←│物料清单│ │
└──────┘            ▼             └──────┘ │
  │            ┌──────────┐                │
  ├──────────→ │ 能力需求计划 │             │
  │            └──────────┘                │
  │                  │                     │
  │                 ◇        N             │
  │               可行？ ──────────────────┘
  │                 ◇
  │                 │Y
  │                 ▼
  │           ┌──────────┐
  │           │   执行    │
  │           │作业与计划控制│
  │           └──────────┘
  │                 │
  │                 ▼
  │           ┌──────────┐
  └────────── │   执行    │
              │加工、采购计划│
              └──────────┘
```

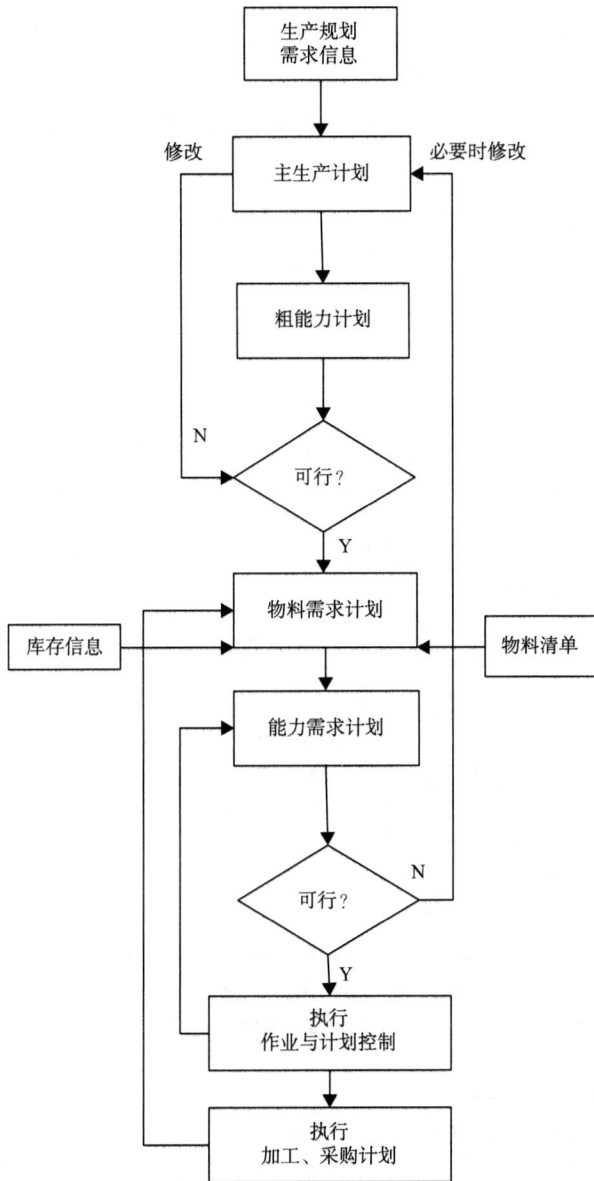

图 1-3　闭环 MRP 的逻辑流程

闭环 MRP 存在以下系统特点：

①在生成主生产计划和生产执行计划的过程中都包含了能力需求，这就使得物料需求计划是一个具备可行性的方案。

②具有车间现场管理的职能，每一部分有关的生产执行结果都可以即时获得并不断更新。

1.2.4　制造资源计划（MRPⅡ）

20 世纪 80 年代，美国著名生产管理专家奥利弗·怀特认为制造、财务、销售、采购等系统过于分散独立，在集成思想盛行的年代，他将这些系统合并成了一个系统，自此，制造资源计划问世，后人称之为 MRP Ⅱ。MRP Ⅱ以企业的基本经营目标为基准，生产计划为主线，对企业项目进行中的全部资源进行统一规划和调控。它具有以下特征：

①基本思想。根据企业的经营目标编制生产计划，并以材料为中心安排制造资源以达到准时、按数量生产的目的。这使闭环 MRP 朝着 MRP Ⅱ方向迈出了一大步。

②目标。合理制订计划，使得各类制造资源的使用和设备及工时的利用率都有所提升，生产类企业的生产组织能力都有所提升。

③应用范围。它的运用与企业生产环境、内部条件紧密相关，需要企业选择合适的结构来适应不断变化的环境。

④模拟功能。模拟未来的物料和产能需求，并发出预警。

MRP Ⅱ作为企业级集成系统，它是建立在有效规划安排企业全部资源基础之上，旨在实现客户服务最大化、库存投资最小化和工厂作业高效率化等先进管理思想。它联结生产活动、财务活动、闭环 MRP 和企业经营计划，使企业各部门都拥有统一、可靠的计划控制手段，主要涉及生产经营的全部活动，其构成如图 1-4 所示。

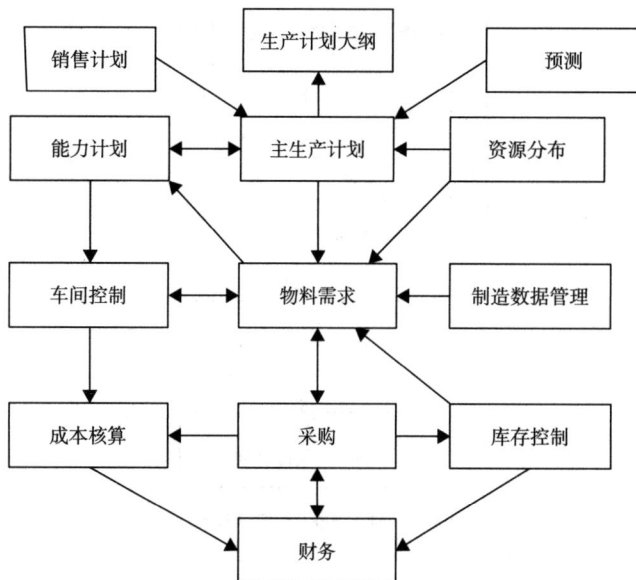

图 1-4 MRP Ⅱ构成

MRP Ⅱ有如下特点：
①计划的一贯性与可行性。
②数据共享性。
③动态应变性。
④管理的系统性。
⑤模拟预见性。

⑥物流、资金流的统一性。

与 MRP 相比，MRP Ⅱ更具有时代特色，紧跟时代步伐，管理思想与手段更先进、更适应时代发展，并且它能弥补之前的不足，应用新一代软件系统来融合以下三个功能：

①生产能力计划功能。物料需求计划产出作为投入，依据物料清单及生产过程中的实时数据，来分析车间人员及设备容量的情况，若缺少资源，则可对人员或设备容量进行相应的调整，若容量确实不可考虑，可对生产计划做出调整。

②生产活动控制功能。物料需求计划产出作为投入，并应用计算机中的模拟技术，根据作业优先执行的先后次序及完成时间，自行编制各类装置或工作中心。

③采购和物料管理计划功能。依据物料需求计划及库存管理策略制订物料采购计划，设置采购的一系列账务管理。其中，MRP Ⅱ逻辑流程图如图 1-5 所示。

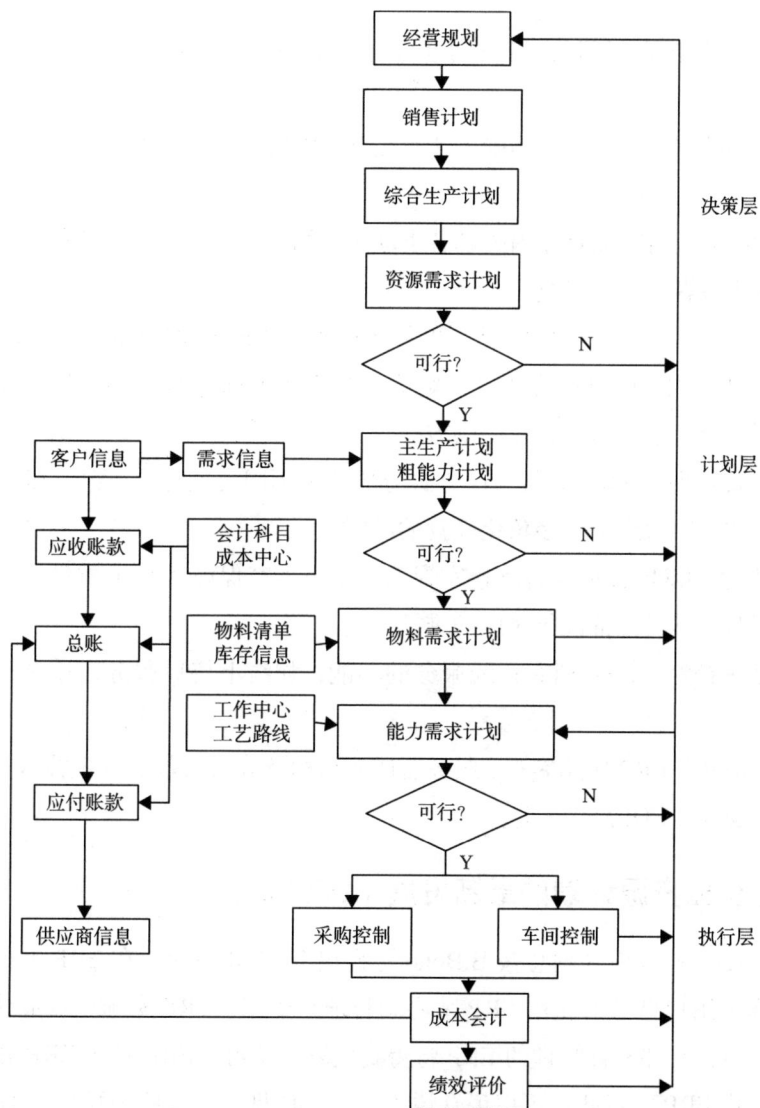

图 1-5　MRP Ⅱ逻辑流程

1.2.5 企业资源计划（ERP）

与 MRP Ⅱ 相比，ERP 是对企业进行全方位信息化管理的软件系统。通过 ERP 的运用，企业能够实现现代化和规范化管理，基本解决库存、成本等问题，同时也能实现按时交货，增强企业自身实力及信誉。ERP 建立在 MRP Ⅱ 基础上，功能与技术都更加先进，它是以客户为主导，针对供需链整体管理的企业资源计划（ERP）。ERP 主要有以下 5 个优点：

①提供一体化信息系统，追求企业内部信息透明化、信息对称，各部门即时共享业务数据与信息。

②理顺并规范业务流程、提高业务过程中的灵敏性，提高效率，将人的特性发挥到极致。

③由于资料的处理是通过系统自动进行的，资料的准确性和及时性都有很大的提高，分析手段更规范、更多样。

④强化内部控制，做到分工明确、适时控制，能解决企业运营各阶段的问题，并支持绩效评估。

⑤决策者能够及时获取企业内外部各类动态数据，并且利用其分析软件对数据进行分析处理，辅助决策者作出正确决策。

ERP 的内容更丰富、应用更广泛、技术更成熟。ERP 与 MRP Ⅱ 的主要区别在于：

①资源管理范围。ERP 既在人力、财力、物力等方面进行管理，又将客户需求与企业内外部资源整合起来，构成企业的供需链。

②生产方式管理。MRP Ⅱ 将生产方式分成若干不同类型加以管理，ERP 能够同时兼容这些生产方式，以适应企业多角化经营的需要。

③管理功能。ERP 加入运输及仓库管理，支持生产保障体系中质量、实验室及业务流程管理，同时能够对设备进行对应的维护。

④事务处理控制。ERP 拥有在线服务的功能，如线上售后服务，注重培养企业的事后处理能力。

⑤计算机应用。ERP 应用客户／服务器体系结构及分布式数据处理技术，支持电子商务、电子数据交换（EDI）等技术。

1.2.6 企业资源计划的最新发展（ERP Ⅱ）

Gartner Group 亚太地区副总裁 B.Bond 等提出 ERP Ⅱ 理念，在 ERP Ⅱ 的概念中，供应商、销售商及用户自己均使用 ERP 来协调管理与生产，ERP 实施企业应认识到企业内外部的联结，包含软件配置管理的 ERP 将得到大家的认可，ERP 必向 ERP Ⅱ 发展。

何为新一代 ERP？对此，可以说众说纷纭，见仁见智。一些公司提出 URP 理念，主张新型 ERP 应该赋予动态企业联盟制造模式；另一些公司提出 ERP Ⅱ 的协同理念，认为新型 ERP 应该以 Web 为核心；还有一些公司声称以电子商务和互联网络为核心，如 e-ERP，也有 KERP、IERP、后 ERP、DERP 等。经过仔细分析这些新理念后，我们发现尽管这些 ERP 新理念都是从不同侧面表达出一些新的认识，但是对于企业内部管理本质来说没有太多重大突破，它们的功能拓展如下：

①纳入产品数据管理（PDM）功能。PDM 把产品整个生命周期的可见和不可见资源均统一到一个环境中。

②纳入工作流，使企业办公自动化，业务流程可控。

③增加适应不同生产类型信息化管理，支持跨国、跨地区管理等功能。

④完善和充实企业内部管理功能。

⑤增加物流、售后服务等管理功能。

⑥支持与 CAD、PDM 的集成。

⑦增加与分布式控制系统和各类数据采集器的接口。

⑧增加商务智能（BI），对信息化数据进行分析，智能生成可行性方案，为决策者提供决策支持。

⑨支持企业信息门户（EIP）、电子商务。

⑩增加新的基于 Web 的应用程序。

⑪改写原有的应用。

随着中国企业管理现代化、信息化建设速度的不断加快，ERP 系统必将成为中国现代企业中普遍使用的管理系统，是中国许多中小企业进行信息化管理必不可少的手段，国内外 ERP 系统都有十分广泛的运用，目前国内主要由用友、金蝶等软件公司提供 ERP 系统。

用友 U8。用友创立于 1988 年，起初是以财务软件为主线，逐步发展物流系统，再结合人力资源系统、汉康生产制造系统，集成为用友 U8 系统，主要用于管理企业财务。由于用友 U8 定价较便宜，再加上用友本身的品牌优势融入强大销售渠道和营销方式中，用友 U8 系统已经占领了中国中小企业的巨大市场。目前，我国类似用友 U8 的成功案例较少。相比于产品研发，用友的营销方式更为突出。

金碟 K3。K3 由 MRP Ⅱ 发展而来，具备最基本的功能：财务软件＋进销存等，但存在构件化程度较低，无法广泛适用企业的管理流程，可配置性差等缺点，无论是建立在独立源码上的两版 K3 产品还是其他 K3 通用产品，均不能很好地满足客户日益多样化的需求，只有掌握了源代码才能通过研发中心进行客户化定制。经过对 K3 系列系统不断升级迭代，并结合专家的设计思想和用户企业反馈意见，金蝶终于成功研发出集财务、物流、制造、人力资源等核心功能于一体的 K3 产品，该产品适应不同用户企业的场景化需求。其中，其制造系统多面向生产聚合度不强的公司。

从企业信息化发展阶段来看，我国当前正处于工业化和信息化的一体化进程中，ERP 系统恰恰是工业和企业现代化管理的产物，其发展趋势如下：

①由于经济全球化、可持续发展、"双链融合"模式的产生，ERP 可以保证跨地域、跨工种及多币种共存等需求的实现。

②企业持续的经营过程重组会使 ERP 在全球范围内得到认可，重构流程主要由供应链基本结构组成。

③制造商要具有一定的市场灵敏性，才能应用全新的生产方式和经营实践谋求发展。

④ ERP 在流程工业中将得到日益广泛的应用。

⑤新兴的计算技术层出不穷，将给 ERP 带来更加专业的发展路线和强大功能的硬件、软件平台。

1.3 思考与练习题

①简述 ERP 的定义和特点。

②简述 ERP 的思想。

③ ERP 在 MRP Ⅱ 基础上有哪些扩充与发展？

④简述基础数据在 ERP 系统中的作用。

1.4 案例分析

海尔电器应用MRP Ⅱ 系统

海尔电器国际股份有限公司（简称海尔电器）以 MRP Ⅱ 管理思想为中心，开发运行 MRP Ⅱ 系统，即和生产密切相关的系统，主要包括外协单位管理信息系统、产品结构管理系统、生产计划管理系统、物料需求管理系统、质量检验系统、成本核算系统、仓库管理系统、销售管理系统等。

在海尔电器现有的企业管理运行体系下，物料管理处于系统的入口。物料管理系统的任务就是满足生产计划管理部门提出的生产计划对各种物料的需求，以保证生产的正常进行。当物料供应不能有效地满足生产计划需求时，生产工艺就会闲置，销售部门就不能按时履行销售合同，企业信誉就会受到损害，因此往往导致已发货的资金也难以回笼，资金的不足又影响物料的再购入，形成恶性循环。当市场需求发生变化时，生产计划管理部门应迅速做出生产计划的调整，首先应考虑生产工艺的生产能力，而后必须对物料的现有库存、物料需求计划、资金的需求是否能予以满足以及产品的成本变化情况提供准确的数据，供决策者作出合理而科学的生产计划。销售系统是公司的资金来源入口，在销售环节中，合同的有效管理，产品的快速发货，资金的及时回笼，都对企业运作及效益产生决定性的影响。在人工管理模式下，由于上述各个环节涉及大量的信息处理，工作强度大，数据准确性差，缺乏动态与及时性，所以很难达到管理者所期望的理想状态。这正是 MRP Ⅱ 系统开发要解决的重要问题之一。

海尔电器对企划处、物业公司、检验处、仓库、科研所、质管处、财务部等部门实施计算机联网并应用了 MRP Ⅱ 系统以后，各部门的各项管理工作都较以前有了大幅度的提高，公司的经济效益增长明显，管理素质和管理水平有明显的提高，主要体现在：

一是在物料管理方面，系统投入使用后，由于物料采购计划的下达是依据生产计划和物料现库存以及产品结构自动生成的，使采购计划的下达与分解更具科学性，降低了库存积压，减少了库存资金的占用。

二是在生产计划方面，系统投入使用后，由于物料采购计划是根据生产计划滚动生成的，避免了计划安排的盲目性，从而减少了停产频次，提高了设备利用率。

三是提高了劳动效率。系统实施后，仓库记账员由原来的 10 人减至 4 人。海尔电器对外协厂家的评审，以前需 3 个人花费半个月时间，现在只需几分钟统计每件物料的检验情况，以前需花费一天时间查阅台账，而现在只需 2 分钟。

四是对外协厂家的送货进行有效控制。外协厂家的送货品种、送货时间、送货数量，都在 MRP Ⅱ 系统中里形成了一个闭环控制，从而有效控制了外协厂家的乱送货现象，减少了库存资金占用，提高了资金周转速度，同时也杜绝了某些管理漏洞，为公司减少了经济损失。

五是每种物料的入库在系统上形成闭环控制，只有外检录入了检验结果并且检验结果是合格或可回用的物料，仓库才能办理入库，打印出入库单，否则保管员即便收了外协厂家的货，在 MRP Ⅱ 系统中也办不了入库，从而有效控制了保管员乱收货现象，从根本上杜绝了不合格品上线现象的发生，提高了公司的产品质量。

思考：

①该公司为何引进 MRP Ⅱ？它有什么作用？

②该公司如何实现 MRP Ⅱ 生产和库存管理？

③该公司有什么值得借鉴的采购管理经验？

第2章
基本概念

扫码获取本章课件

2.1 物料编码

2.1.1 物料编码的概念

物料编码能够被计算机识别。它通常为一个字符串（固定或可变长度）或一个数字。物料编码只能是唯一的，这意味着物料与物料编码只能是一对一的关系，不能一对多或者多对一。

物料编码的表现形式有多种，如一些简洁的文字、符号或数字，通过这些表现形式，能够识别出产品及物料的相关信息，如名称、规格等，另外，还可以识别与其相关的一些其他项目。对于一些规模较小的工厂，产品生产过程较简单，那么物料编码对于其来说，可能无关痛痒。但对规模较大、产品生产工序较复杂的大工厂来说，生产产品所需的材料可能成千上万种，此时，物料编码就显得格外重要。物料的收货、采购订单、发货、库存控制、仓储和其他业务现在都非常普遍。各部门可通过物料编码获取所需的各类物料的数据，通过物料编码减少沟通障碍，以此来提高所有部门的工作效率。物料编码具有以下6个特征：

①提高物料数据的准确性。通过将所有与物料有关的活动和物料编码联系起来，如接收、输入、订购、跟踪、记录、存储和存档，可以提高物料数据的准确性。

②提高物料管理的效率。物料信息被系统地组织起来，并使用物料编码而不是书面描述，使物料管理简单易行，效率得到提高。

③为计算机管理提供了便利。一旦在物料管理中引入物料编码，就可以利用计算机进行更有效的处理，使物料管理取得良好效果。

④减少物料库存成本。物料编码有助于控制库存物料的数量，避免无法使用的物料占用库存，提高物料库存管理效率，这可以减少物料库存成本。

⑤物料的收集很方便。库存物料以正确和一致的名称、规格编码，使物料在仓库领取和发放都非常方便。

⑥减少物料的种类和规格。通过物料编码，可以协调、合并和简化具有类似或相同特性的多种物料，并减少物料的种类和规格。

2.1.2 物料编码的方式

目前，以下物料编码方法在工业和商业中得到广泛使用：

2.1.2.1 阿拉伯数字法

该方法是通过一个或多个阿拉伯数字组成的编码对物料进行标记。该方法很容易理解，建立一个物料和数字比较表，需要记住要比较的项目。因此，要想对该方法自由使用，工作人员必须经过专业的培训，并且要在实际环境中适应一段时间。这些物料通常用阿拉伯数字进行编码，主要包括以下几种方法：

①连续数字编码法。该方法包括将一系列物料按一定顺序排列，然后将这些排列好的物料从数字 1 开始排序。这种物料编码法可以形成单一物料和单一数字，顺序数字除了表示编码顺序外，通常与它所代表的产品特性没有关系。由于新购买的物料不能输入原订单的序列号，例如 1078 是 3/8″×3/4″ 六角软木螺丝，但新购买的物料是 3/8″×1″ 六角软木螺丝，所以不能输入物料编码（没有物料编码是因为之前没有库存或因为物料被使用），必须对最后的数字 8974 进行编码。这两种物料必须合并，现有的物料编码较此要求相去甚远，对物料和库存的统一管理非常不方便。

②分级式数字编码法。该方法首先对物料的基本属性进行分类，并为其分配编号。其次，大类依据次要属性被细分为小类，并分配编号，然后，这个过程持续进行。使用这种方法，类似于物料编码的概念，对于每个物料元素来说，只有一个物料编码与之对应。

表 2-1 显示了三个属性的分级式数字编码方法，可以由 36 个（3×4×3）物料编码组成。该方法的优点为：一方面，它能够揭示出这些编码的规律；另一方面，它实现了每个单位的材料只有一个代码的目标。该方法的缺点是它包含太多不必要的编号，费时且烦琐。此外，它往往导致物料编码的数字数量不足。

表2-1　分级式数字编码法

来源 （大类）	材料 （中类）	用途 （小类）
1 = 自制	1 = 非铁金属	1 = 零部件
2 = 外购	2 = 钢铁	2 = 包装用料
3 = 委外加工	3 = 木材	3 = 办公用品
	4 = 化学品	

③区段数字编码法。该方法介于上述两种方法之间。与分级数字编码方案相比，该方法使用更少的数字来达到预期的效果。例如，64 个物体通过该方法被分为 5 类，如表 2-2 所示。

表2-2　区段数字编码法（一）

A 类	12 项
B 类	10 项
C 类	17 项
D 类	15 项
E 类	10 项
合计	64 项

在上述情况下，当使用分级数字编码时，必须是三位数的数字，但当改用区段数字编码时，只需要两位数的数字，如表2-3所示。

表2-3 区段数字编码法（二）

类别	分配编码	剩余备用编码
A类	12项（01-20）	8项
B类	10项（21-37）	7项
C类	17项（38-61）	7项
D类	15项（62-83）	7项
E类	10项（84-99）	6项

④国际十进分类（U. D. C.）。该方法是由杜威（M.DeWey）在1876年首次提出的，它是创新和独特的，可以不受限制地进行。随后该方法得到广泛应用，1895年，以该方法为基础，国际图书馆协会决定开发杜威十进制系统。随后，众多数学家进行了研究和开发，实现了通用十进制分类，许多国家已将其作为国家标准。

该方法原理类似于金字塔方法，将每种物料分为用0到9表示的十个类别，然后每一大类的物料又分为十个中间类别，也用0到9的数字表示，以此类推，呈金字塔形。情况如下：

6 应用科学

62．工业技术

621．机械的工业技术

621.8 动力传动

621.88 挟具

621.882．螺丝、螺帽

621.882.2 各种小螺丝

621.882.21 金属用小螺丝

621.882.215 丸螺丝

621.882.215.3 平螺丝

如果国际标准十进制分类中的物料编码被编码为三位数，并且尚未被扩展，则应用"."标记，必须使用符号来区分。国际标准十进制分类法可以无限扩展。任何新材料都可以添加到原始材料的编码系统中而不会使其发生改变。在国际十进制分类法中，只能使用十个字符（0～9）进行编码，因为代码过长，就会由于冗长、烦琐而失去意义。

2.1.2.2 英文字母法

这是一种使用英文字符作为编码媒介的材料编码方法。带有英文字母I、O、Q和Z的单词很容易与阿拉伯数字1、0、9和2混淆，因此经常被弃用。此外，还有22个字母。例如，字母A代表金属，字母B代表木材。双字母也有其更进一步的代表含义，如AA

比金属更进一层，代表金属铁，由于英文字母如今在中国相当普遍，该方法也是较为可行的物料编码方法。

2.1.2.3　暗示法

暗示编码法是指不直接指出所对应的物料，而是通过确定一种可以与编码本身相联系的物料来对应，可以细分为以下内容：

①英文字母暗示法。该方法基于物料的英文名称，从其名称中选择一个或多个重要的、有代表性的英文字母作为指标（通常选取名称中每个词的首字母），这样读者就可以从物料编码中直观地看到英文文本，从而根据指标了解物料的内容。

例如：

VC=Variable Capaciter（可变电容器）

IC=Integrated Circuit（集成电路）

SW=Switch（开关）

ST=Steel Tube（钢管）

BT=BRASS Tuber（黄钢管）

EP=Ear Phone（耳机）

②数字暗示法。物料均有其唯一可识别的编码，该方法直接将其作为物料编码的编号，或通过特定规则进行物料编码。

物料编码代表的意义：

例 1：　○○　　○　　○○○　　○○　　○○
　　　　　——　——　———　——　——
　　　　　类　　小类　形式　长度　厚度

例 2：电阻值的编码，如表 2-4 所示。

表2-4　电阻值的编码

编码	电阻值
005	0.5Ω
050	5Ω
100	10Ω
101	100Ω
102	1000Ω
103	10,000Ω
104	100,000Ω
105	1,000,000Ω

例3：钢筋直径的编码，如表2-5所示。

表2-5　钢筋直径的编码

编号	钢筋直径
12	12mm
16	16mm
19	19mm
25	25mm

例4：钢制轴承的轴径代码是轴径毫米数的1/5（限制在20毫米到200毫米），如表2-6所示。

表2-6　钢制轴承轴径的编码

编码	轴径
05	25mm
06	30mm
07	35mm

2.1.2.4　混合法

该方法将暗示法和英文字母法结合起来，从而组成新的物料编码，二者表示物料的不同属性，如大多数英文字母表示物料的类别或名称，而后面是小数或其他数字。该方法使用的符号比十进制多，因此深受公司欢迎。

例如：M= 金属物料

MB= 螺栓、螺丝及帽

MBI= 带帽螺栓

MBI-100= 六角铁制螺栓带帽

MBI-106-6 表示 3/8″×3/4″规格的六角铁制螺栓带帽

MBI-106-8 表示 3/8″×1″规格的六角铁制螺栓带帽

MBI-106-9 表示 1/2″×1″规格的六角铁制螺栓带帽

2.2　物料清单

2.2.1　物料清单的概念

物料清单（BOM）表示产品组成的结构关系和所需的零件、装配、部件、材料和原材料的总量。它能够记录产品生产过程中的一系列技术性信息。

在化工、制药和食品行业中，充当物料清单作用的产品配方，描述了产品生产所需要的基本原材料、产生的中间产品、所需要的辅料及其数量配比。在 MRP Ⅱ系统中，物料清单是 MRP Ⅱ计算的重要控制文件，将图纸上显示的产品成分转换为物料数据表。

从狭义上讲，物料清单即产品结构。它只是描述了物料的物理结构按照某些分解规则的简单分解，并描述了物料的物理组成。一般来说，物料清单是按照功能来划分和描述的。

从广义上讲，物料清单联结了产品结构与工艺流程，因为两者中一个表示产品预期情况，另一个表示为达到目的所要做的工作，两者是相辅相成、不可分割的。如果我们不考虑工艺流程，谈产品结构就毫无意义。为了最大限度地发挥物料清单的作用，使用其描述一个需要制造的产品，必须从制造的整个过程各个环节来考虑，才能精确地描述和把握产品结构。

2.2.2　物料清单分类

2.2.2.1　标准物料清单

标准物料是指除计划、选项类型或 BOM 模板以外的物料，如采购的零件、内部零件和分包的零件。标准 BOM 是最常用的 BOM 类型。它列出了合法的分项、每个分项所需的数量、在制品控制信息、物料计划和其他特征。

2.2.2.2　计划物料清单

计划 BOM（物料清单）反映了产品系列的物料类型。在项目实施过程中，会根据项目分解结构将其分解成各子系统，计划物料清单则包含这些子项目的物料及其物料计划百分比。计划中的子项目可以作为总计划和（或）MRP 的辅助手段。

2.2.2.3　模型物料清单

模型物料清单中列出了订购物料时的选项和类型，该型号的说明书列出了该型号的选件类型、选配件和标准物料。如果缺少客户所需要的产品配置，可以在采购系统中进行订购。模型物料清单可以是组装用的订单装配（ATO）或库存用的按订单入库（PTO）。ATO 和 PTO 的主要区别在于，ATO 需要一个生产订单，并在组装后发货；而 PTO 则根据所选部件直接发货。

2.2.2.4　选项类物料清单

选项类物料清单指包含相关选项的物料清单。清单中的这些选项类是对可选子项进行进一步分类，如果从物料的角度来看，选项类则是模型物料清单中的一个层级。

2.2.3　物料清单的表现形式

一个产品必须经过三个阶段：设计、生产计划和制造，这三个阶段生成了物料需求清单 EBOM、PBOM 和 MBOM，它们的名称非常相似，但内容又各不相同。这就是 BOM 的三个主要概念。

2.2.3.1 工程 BOM——EBOM（Engineering BOM）

它是产品设计管理中使用的一种数据结构，经常用来记录产品的设计索引和部件之间的设计联系。相关文件主要包括产品清单、图纸目录、材料规格、产品分类表等。

2.2.3.2 计划 BOM——PBOM（Plan BOM）

工艺工程师依据产品在车间的加工速度和能力重新调整批次，计划 BOM 被用来计划流程和控制生产，它有助于清楚地了解零件之间的关系，跟踪零件的生产方式、地点、由谁生产，以及用什么工具生产。计划 BOM 与 MRP Ⅱ/ERP 有一定的关联，它是二者生产管理中重要的一部分。

事实上，物料清单属于广义概念。不同的物料清单因为作用范围不一样，因此有不同的目的，如设计图纸的物料清单主要关注设计阶段，计划物料清单主要关注计划阶段，计算最终产品组装成本的生产计划清单主要关注产品制造后期阶段等。

2.2.3.3 设计 BOM——DBOM（Design BOM）

DBOM 设计部分包含关于产品的一些基本信息，最常见的表现形式为产品清单、图纸目录、数量清单等。设计 BOM 的信息来源通常是设计部门供应图纸集的标题块和 BOM 中包含的信息，有时它还包括流程部门提供的流程图中所包含的信息。物料清单的设计一般在项目结束时进行，除非在有大量借用的情况下，可以在设计阶段开始进行借用情况的汇总，然后根据新创建的零件来组织设计任务。物料清单的设计都会对应电子视图，这些视图通常采用产品结构树的表现方式，其中每个节点都包含不同的属性或图形信息。这主要是在 PDM 软件中进行，作为产品管理和图纸管理的基本数据。

2.2.3.4 制造 BOM——MBOM（Manufacturing BOM）

生产单位的 MBOM 以 EBOM 作为基础，按照生产和装配要求制定的，包括根据工艺要求对 EBOM 部件和 PBOM 原胚的加工、挤压等。这个过程也称作工艺 BOM。相关的典型文件包括：工艺路线表、基本工艺汇总表、基本零件表、自组装零件表、常用零件表、特殊设备表、设备清单表等。

物料清单中的数据通常来自工艺部门制作的工艺图中的各类信息，但设计阶段的数据应该作为其主要内容。

相应的电子图像通常是组装产品部件的零件清单和显示单个部件加工过程的工艺 BOM。这些主要是用于加工过程的 BOM 形式，以及用于生产和加工过程中的工艺路线 BOM，BOM 结构树上的每个节点都与工艺信息相联系，如刀具、夹具、交货时间和加工计划。装配过程通常作为主数据输入 ERP 软件，装配工艺 BOM 用于生产计划，对公司有很大价值。

2.2.3.5 销售 BOM——SBOM（Sale BOM）

销售 BOM 是产品结构的一部分，它是根据客户的需要而配置的。最常见的文件包括：主要零件表、一般零件表、特殊零件表、附加零件表、备用零件表、特殊要求变更通知等。一些制造企业对销售 BOM 的要求更加严格，每个 BOM 都包含订单生命周期内每一批的物料信息，根据订单的产品类型，每个销售订单都有一个或多个 BOM。

销售 BOM 中的信息源头通常是对产品系列不同规格中所包含的不同类型零件详细信息的总结。相应的电子格式一般为产品配置树，其中每个节点表现出不同的属性或图形信息。

2.2.3.6　维修 BOM——WBOM

维护服务将生成维护要求，相应的文件包括易损件清单、备用件清单、易耗件清单等。维修 BOM 的信息通常从设计 BOM 描述的相关属性中选择，以提供关于消耗品、备件、易损件和磨损件的信息。

2.2.3.7　采购 BOM——CBOM

采购 BOM 是根据生产过程中所需要的各种条件，用购买的原材料、标准及完整的零部件生成的。相关的文件包括采购的零件清单、分包的零件清单、制造商自己生产的零件清单。采购 BOM 的信息来源通常是项目计划和流程图的汇编。

2.2.4　物料清单的作用

物料清单是制造企业中最重要的文件资料。每个部门的活动必须使用 BOM，生产部门必须按照物料清单来生产产品，仓储部门必须按照 BOM 来调度材料，财务部门必须在 BOM 的基础上计算成本，销售和订单输入部门必须利用 BOM 确定定制产品的结构，维修部门必须根据 BOM 确定维修需要哪些零件，质量控制部门必须根据物料清单确保产品能够高质量地生产出来，计划部门必须根据物料清单确定计划整体的资源需求。

BOM 是 ERP 的主要文件，因为它是一个关于产品结构的数据文件资料，能被计算机识别分析。物料清单是否完整精准、其规格是否符合科学常规、功能是否落实等直接对质量管理产生影响，这是整个 ERP 系统中重点关注的事项，也是最重要的基础文件。ERP 系统包括五种类型的 BOM：缩排式物料清单、汇总物料清单、反向查找物料清单、成本物料清单和计划物料清单。随着公司管理水平的不断提升，人们对 BOM 的管理、使用要求越来越高，如复杂 BOM 的分类、定制 BOM 的管理、BOM 的自动生成与 PDM 结合等功能、与工艺信息的结合能力、直接人工成本的计算等。ERP 系统的发展和完善与这些问题的解决密切相关。因此，BOM 是 ERP 系统实施的基础和关键。BOM 的功能可以概括为以下几点：

①是 ERP 系统识别各个物料的工具。

② BOM 是 MRP 操作中最重要的元素之一，也是从 PMS 到 MRP 过渡的一个关键阶段。

③每种材料能用来创建使用最终产品单元的工艺路线 BOM。

④是物料采购的依据。

⑤是零配件外协加工的依据。

⑥是库存管理的基础，存放原材料和配料的参照依据。

⑦是加工领料的依据。

⑧能提供每个项目的成本信息资料，是计算成本的重要参照标准。

⑨是制定产品销售价格的基础。

⑩是一个跟踪零件、部件和原材料从成品到质量管理的工具。

2.2.5 设计BOM与制造BOM的区别

2.2.5.1 设计 BOM

它着重于通过列出产品的所有成分和原材料来解释产品的结构组成，但不解释成分的加工过程，因此它也被称为产品结构清单。

2.2.5.2 制造 BOM

基于设计 BOM，与工艺路线基本上保持一致，不仅解释了产品的组成，还解释了零件的成型过程，有利于不断完善产品生产及控制制度，按照工艺流程投放原材料。在制造 BOM 生产路线的指引下，将集中管理主要控制点的步骤，而非纯技术操作的详细过程。

2.2.5.3 设计 BOM 与制造 BOM 的区别

①设计 BOM 中部件的亲代和子代之间的关系与制造 BOM 中部件之间的关系存在差异。例如，4 个装配件在设计 BOM 中属于一个层级，但实际装配过程中会先将其中 3 个装配到一起，再与另一个装配，在制造 BOM 结构中就属于两个层级。

②某些材料，如原材料，并没有出现在设计 BOM 中（在某些情况下，它们在图纸和工艺流程中被提及），但它们的关系在制造 BOM 中应该是明确的。比如轴，设计 BOM 只给到轴，最多会说明轴用圆钢加工，但制造 BOM 中会包括毛胚、粗车、精车件等。

③设计 BOM 项目的各部分应该被划分为 BOM 生产过程的不同阶段。换句话说，设计 BOM 项目的一个部分在 BOM 生产过程的不同阶段可能有几个相应的部分，因为过程的变化，各指标之间按照生产过程的先后顺序呈现父子关系。

以上是关于制造 BOM 与工艺 BOM、设计 BOM 的区别和联系。在制造企业中，BOM 是最关键的文件资料，它不单是生产过程的基础，也是不同部门之间（财务、采购和销售）合作的基础，一个高效好用的 BOM 管理系统对一个企业的不同业务产生积极影响。

2.3 工作中心

2.3.1 工作中心的概念

工作中心的功能是提供制造产品所需生产信息资源，如生产机器、工作人员和制造设备等，它是各种制造和加工厂的通用术语。工作中心是一个能力领域，即规划，而不是资产或设施管理。工作中心可以是一台机器、一组具备类似功能作用的机器、一条自动化生产流程线、一台设备、一个组装区或一个制造一类产品的封闭车间。如果是外部协作的流程工序，相关的工作中心就是协同合作部门的代称。

成本分类的概念也可以体现在工作中心。在批次控制关系中，每个活动通常对应一个工作中心，然而，在某些情况下，几个连续的活动可能对应一个相同的工作中心（通常在一个装配厂）。流程的推进会通过不同的工作中心，这一过程往往伴随着成本的产生，其计算一般基于工作中心记录的相关成本数据及对应路线的工作时间比例。

流程中心的内容应该对工作中心的代码、名称及主管部门作出说明，同时包括以下信息：

2.3.1.1　说明生产能力的各项数据

生产速度是指一个工作中心的能力运用在某时间范围内的实际工作量来衡量。工作量可以用工时（小时）、米（长度）或件数（数量）表示，但为了简洁清晰，用工时表示。工作中心包含每班工人数、机器台数、机器功率额度、每天轮班次数、工作中心利用率、工作中心效率、等待的平均时间等数据。在此基础上，计算出车间生产力配额 = 每天的班次数 × 每班的工作时间 × 工作中心效率 × 工作中心利用率（工作时间 / 小时），式中：

$$利用率 = 实际投入工时数 / 计划工时数$$

$$效率 = 完成定额工时 / 实际投入工时数$$

在上述公式中，效率与技术人员的数量和设备使用时间息息相关。利用率是一个统计平均值，取决于设备的完整性、工作人员的参与度和封闭程度。一个工作中心的条件能力是指其永久保持的能力，为了确保限制是安全和有效的，明确工作中心的能力与实际能力之间的差距，基于此进行整改。一个工作中心的实际生产能力，也称为历史生产能力，是通过对该工作中心若干年内的产量进行平均计算得出的。

2.3.1.2　计算成本涉及的各项数据

成本计算所涉及的数据包括单位时间标准、员工规模、级别等。

2.3.2　工作中心的作用

①工作中心能够对工作量和生产能力进行协调，是实施能力需求计划（CRP）的基本计算单位，同时也是 CRP 实施情形进行投入 / 产出分析时的最小单元。

②作为主要单位，工作中心负责分配任务和产品生产流程的详细工作。派工单中任务的划分根据工作中心进行，存在先后顺序。

③工作中心是对加工过程中产生的成本进行计算时的最小单位。计算单位处理成本，即工作中心数据输入中的单位时间费率（单位：元 / 小时或台时） × 工作中心每条工艺路径的时间单位。

准确定义工作中心是一项艰巨的任务，关键是要保证对工作中心计划的评估与企业运行所需的控制和规划能力水平相一致。与此同时，定义原则应允许工作中心具备上述三种功能。企业应对存在产生阻碍可能性的工作中心应进行标注。在工作中心可以同时进行多种工艺，如焊接和装配，但必须仔细控制任务分工。如果同一型号的新旧机床不同，对工作效率产生一定的影响，应将它们进行区分，不应该被分开在一个工作中心上。在工艺路线外包的情况下，如上所述，有关的外包单位应被视为一个单一的工作中心，并应准备适当的文件做记录。在群组技术中，多个工作中心组成一个群组单元，使得工作中心的分配更加容易。

企业应尽可能降低工作中心交换数据的频率，但在某些特殊情况下也是必要的。例如，新的技术途径、工艺流程、效率或利用率的动态调整都是影响工作交换数据频率的重要因素。

2.4 提前期

2.4.1 提前期的概念

提前期（Lead Time）是指作业从开始到结束的时间，它是规划装配顺序和生产计划的最重要因素之一。在 ERP 系统中，MRP（物料需求计划）时间的计算需要提前期作为支撑数据。

提前期可以形象化地描述产品生产和供应所需的时间。然而，描述一个产品的不同生产阶段所需的时间是相对困难的，如组装、部件和材料等各个阶段的不同状态存在差异。因此，产品的总提前期并不是各个部件提前期的简单相加，而是一个复杂的逻辑运算，涉及产品配置、装配和生产顺序、生产能力等多种不同因素。

2.4.2 提前期分类

提前期本质上是生产和管理职能的一种量化控制形式。鉴于不同的应用领域和不同的分类原则，提前期存在不同的划分标准和依据。

2.4.2.1 生产过程的划分标准

生产流程如产品设计、加工物料准备、生产、检测、运输等都有相应的提前期，具体包括以下内容：

①产品设计提前期：是指订单下达到产品设计完成的时间。

②生产准备提前期：是指生产计划开始实施直至生产准备全部完成的时间。

③采购提前期：是指采购订单从发出到收货的总时间。

④生产加工提前期：是指从原材料的生产和加工到生产结束的总时间。

⑤装配提前期：是指从装配开始到结束的总时间。

⑥试验和测试提前期：是指安装后测试和试运行所需的时间。

⑦发货运输提前期：是指产品在到达客户之前，经过测试后的包装、发货、拆包和运输所需的时间。

2.4.2.2　生产使用目的划分标准

提前期包括固定、可变、预加工、加工、后加工、总和、累计制造、累计总和提前期。

①固定提前期：被用来准确地确定在装配完成之前生产装配零件所需的时间。

②可变提前期：用来输入产品组装部分所需的额外生产时间。

③预加工提前期：被用来描述采购人员在创建采购订单和向供应商发货之间的内部工作时间。

④加工提前期：对制造装配零部件来说，加工天数与生产时间相对应。对于采购的材料，是指从向供应商下订单到收到供应商供应的材料的时间。

⑤后加工提前期：用于描述从供应商处收到收据所需的时间。

⑥总和提前期：对于组装的零部件，组装开始时间是根据组装完成时间计算的。这意味着"可变提前期"是乘以总装配量后加上固定提前期。

⑦累计制造提前期：是指在生产节点的每个 BOM 层完成生产所需的总时间。

⑧累计总和提前期：是指所有原材料按照采购清单依次订购、生产和采购后，完成制造装配零部件生产的总时间。

2.4.3　提前期的作用

提前期在根据 MRP 对计划开始时间进行推算时十分重要。产品的交付日期确定，下级部件的失效日期应在产品的交付日期之前。而对于部件的下级组件，到期日应在部件的交付日期之前，一级一级以此传递。对于属于产品设计的零件或原材料，它们的交货日期最早，因此，提前期是指产品及其部件在流程的每个阶段的投入和产出时间之间的差异天数。

从产品到零件、原材料，每个部分的交货时间都是追溯计算的。从上述程序可以推断出，如果产品有一个预定的交货日期，那么该零件的预定交货日期就可以从交货时间计算出来。

上述提前期仅供计划参考，是计划提前期，可能与实际提前期存在差异。

计划提前期是假设计划处于稳定状态，从宣布计划到实际执行之间所经历的时间；后者是实际执行计划所需的时间，这个时间通常是在事件已经发生的情况下达到的，随实际情况而发生改变。

计划提前期在 MRP 系统中使用，在实施过程中，有必要经常检查根据这些计划下达的订单是否按时执行，以及是否需要改变其优先级，如果实际提前期和计划提前期不一致，MRP 系统必须不断地调整优先级以配合实际需求。

2.5 工艺路线

2.5.1 工艺路线的概念

ERP 中的工艺路线是描述内部生产中每个部门的处理顺序和标准工作时限的文件，也被称为加工路线。ERP 工艺路线不是流程文件。它没有规定处理的规格或相关生产操作要求。它描述的内容包括加工作业的工作流程和生产资源计划。

工艺路线文件所涵盖的数据有：工序编号、工作效率、工作中心说明、各种时间额度（如等待时间、处理时间、传输时间等）、外部协作工作时长和成本，它还描述了工作中心和基本工艺设备序号，可用于签发生产订单表、安排工艺顺序。

ERP 工艺路线是一个至关重要的文件，描述了工厂制造产品的活动流程。它用规格对材料的构成进行刻画，用路线对每种材料的加工流程进行定义和说明。

2.5.2 工艺路线的作用

①计算部件提前期，并为 MRP 计算提供实际数据。当按照工艺路线和物料清单分析得出网络计划中规定的关键路径长度时，系统会计算出最长的累计提前期。根据这些信息，企业的销售部门可以与客户协商交货日期。

②为能力需求计划的实施供应数据信息。系统根据配额中的小时数和工艺路线文件中每个工作顺序的开始和结束日期来计算每个工作中心的负荷。

③为计算产品加工费用保留了标准化的工时数据。

④跟踪在制品。

与 BOM 类似，必须确保工艺路线数据的最低精确度为 98%。工艺顺序和工作时间分配的错误直接影响 MRP 和 CRP 的计算结果，导致生产订单的快进或延迟，以及生产数量不准确。如果某项工作出现在发给某个部门的工作清单上，但该部门没有该工作，或者有该工作但并不在下发的工作清单上，其原因很有可能和工艺路线有关。不正确的工艺路线会导致一系列问题的出现，比如工作中心检查存在误差、产品累积、运输滞缓和错误计算加工费用等。工艺路线的准确性可以通过计算每周下达给现场作业人员的错误路线数量和工长每周报告的错误路线数量来衡量。

对大部分企业而言，调整工艺路线是引入 MRP 之前的最大挑战之一。工艺路线文件基本上遵循"二八定律"，即 20% 的工艺路线上涵盖了 80% 的作业或者业务。在引入 MRP 之前校准所有工艺路线对大部分企业而言是一个挑战。对此可采取以下实用方法。

①在测试之前，核对并对存在 80% 作业或者活动的 20% 工艺路线进行改进。

②如果分阶段推行 MRP，应提前几周作出实施计划，指出需要检查和修改的路线。

③当开始创建能力计划和分配工作任务清单时，确保最后使用的工艺路线是准确无误的。

与物料清单类似，工艺路线往往由设计部门创建和维护。例如，要使用的工作中心、设备准备时间和生产一个零件的时间配额均由设计部门决定。此外，经常对工艺路线的实际工作和生产力进行比较，并对生产过程展开详细审查。改变工艺路线的原因有很多，如产品和生产工艺的变化，需要根据新的工作数据调整交货时间，还需要设计新的产品、零件或新的工艺路线。

工艺路线的创建和运维一般是由设计部门负责，交由生产部门实施。在 MRP 开始使用后，负责人应根据派工单通知及时报告在工艺路线上发现的任何故障，以便对工艺路线进行持续维护。对工艺路线的任何改变都必须得到两个部门的同意。

2.5.3　工艺路线的制定

工艺路线是制定流程规范最重要的步骤，以下几个方面应按顺序执行。

2.5.3.1　选择定位基准

定位基准包括粗略、精细的位置。前者是指使用一个粗糙的表面作为参考点；后者是指使用已进行加工过的表面作为参考点。粗略定位基准应遵循以下原则：

①合理分配加工余量的原则。第一，确保每个要进行加工处理的表面粗糙程度是足够的；第二，选择具有小而均匀的关键表面，以确保均匀的余量分布和表面高质量。例如在车床上加工时，先加工车床支腿，再加工导向面。

②确保零件加工表面对于未加工表面来说存在某种程度定位精度的原则。为了获得加工面相较工件表面更精确的位置，通常将加工面作为一个短基准。如果工件有几个粗糙面，应挑选对加工面来说具有最高位置精度的粗糙面作为粗基准。

③简单的固定原则。选择一个光滑的表面作为粗基准，以确保准确的定位和安全的固定。

④粗基准非特殊情况不应反复运用的原则。同一个粗基准的重复使用会导致处理后表面的定位误差加大，因此，在同一尺寸方向上，一般只重复使用一次。由于这个原因，粗基准通常不能被重复使用。

2.5.3.2　表面加工方法的选择

①精度和表面粗糙度可以使用不同的加工方法得到。例如车、磨、刨、冲、钻、装配等加工方法，不同的加工方法会对精度和表面质量产生影响。即使加工方法一样，加工条件不同，其加工结果也会不同。事实上，加工过程中的精度和表面粗糙度受到许多因素的影响，如操作者的技术水平、需要切割的材料数量、切削工具的研磨质量、机器设备的质量等。

经济加工精度：指在正常使用情况下（包括未损坏的机床、必要的加工设备、标准员工人数、标准生产时间和标准成本）可实现的加工精度。

②加工方法和加工方案的选择。加工方法和加工方案的选择需要严格遵循相应的技术规定。选择的方法必须坚固可靠，使零件符合图纸标准，并且在加工效率和成本方面是最经济划算的。

要考虑被加工材料的性质。例如，硬化钢通过研磨处理，有色金属通过硬磨处理，对于精加工，通常使用金刚石钻孔或高速精密机床。

重点应放在生产方案上，即生产力和可持续性。大规模生产需要使用高科技的加工方法和专门的机械。例如，平面和钻孔零件、半自动液压车床上的轴加工，以及车床上的圆盘和衬套加工都可以在一次操作中完成。

必须考虑到现有的生产设施和条件，即必须尽可能地使用现有的生产设施和设备。

加工方法的确定，先要按照工件表面的基本规格和工厂生产水平进行筛选，再确定表面的加工方法。

2.5.3.3　机床设备与工艺装备的选择

机床设备和工艺装备的选择：

①所选择机床的规格必须符合工件的物理大小。

②准确度的水平必须与流程的处理要求相匹配。

③电机功率必须与执行该过程所需的功率成正比。

④机床的自动化程度和生产能力必须与工件的类型相匹配。

硬件的选择对精确度、效率和生产成本产生直接影响，必须针对不同情形合理选择：对于中、小批量产品，应侧重考虑选择一般的加工设备（包括夹具、切削工具、量具和辅助设备）；对于大规模生产，可以设计和制造特殊的生产设备以满足特定的加工要求。

企业在选择机械和加工设备时，不仅要考虑资本投资的持续效益，还要考虑产品的加工能力和生产的灵活性。

2.5.3.4　加工阶段划分

①根据零件的技术要求对加工进行划分。

粗略加工阶段：在这个阶段，应尽可能地去除大部分余量，重点是生产效率。

半精加工阶段：主要用于主要表面准备和次要表面准备（钻孔、攻丝等）的准备阶段。

精加工阶段：这一阶段的主要目的是确保主要表面符合设计要求，主要任务是确保工艺质量。

光整加工阶段：这一阶段的主要目标是实现高质量和尺寸精确的基面。

②把部件的加工进程分类为不同加工阶段的主要作用。

确保加工质量（由于工件的内部拉伸变形、热变形和应力，精度和表面质量只能逐步提高）。

能够缩短问题发现时间，提高问题处理效率。

有利于合理利用机床设备。

热处理工艺很容易贯穿于内部生产工序中，必须分几个步骤进行，以达到最好的处理效果，将工件加工分成几个不同的阶段，可避免成品表面受冲击损害。

2.5.3.5 工序划分

为了组织、计划生产及平衡机床上的负荷，技术过程通常应遵循两种划分原则。

①工序集中原则。操作的集中化意味着每个操作包含尽可能多的处理内容，并将多个操作形成一个集中的操作。最大的工艺集中化意味着工件的所有表面都在一个工艺中加工，通过使用数控机床和加工中心，按照工艺集中的原则组织加工，实现了对生产的良好适应性。虽然单台机器的成本很高，但这种解决方案因其灵活性而越来越受欢迎。

②工序分散原则。按照工序分散原则组织流程，意味着每个流程的处理量被控制在最低限度。对工序进行最大化分散意味着一个工序只涉及单操作：传统的装配线和自动化生产线主要是按照工序分散的原则来组织工序，这种安排可以保证较高的生产效率，但对产品的变化缺乏灵活性，生产的变化也很难实施。

2.5.3.6 工序顺序的安排

①机械加工工序的安排原则。

基准面优先处理：先加工基准面，再加工其他面，以确定基准面的位置，保证加工质量。

粗加工先于精加工：这意味着加工和精加工不是同时进行的。

主要表面在次要表面之后：主要表面如夹子和工作台面，而次要表面如钥匙孔、连接处的光滑孔，等等。

先加工平面，再加工孔面：平面的轮廓尺寸大，位置稳定，经常按照平面的位置来加工孔。

②热处理和表面处理工艺的组织。

退火：一种热处理工艺，在特定的时间内将钢加热到特定的温度，然后在炉中缓慢冷却。其目的是减少内应力，提高强度和成型性，降低硬度和改善加工性能。对高碳钢进行退火处理，可在粗加工前和工件准备后降低硬度。

正火：一种热处理工艺，其中对钢进行高温处理，不要立即取出，之后在空气中散热。特定温度下的加热温度与钢的碳含量有关，通常低于固体 200℃左右。其目的是提高钢的强度和硬度，使工件具有足够的硬度，并且容易加工。低碳钢经正火处理后可提高其硬度，在粗加工前和工件准备后。

回火：一种热处理方法，将高温处理硬化的钢，等候一段时间，置于空气或水中降温，以稳定结构，减少脆性。

调质处理：其目的是实现精细、均匀的结构，并改善部件的整体机械性能，一般用于中等碳含量的钢和合金。

时效处理：它的功能是消除工件生产和加工过程中出现的内应力。一般安排在毛坯制造出来和粗加工后。常用于大而复杂的铸件。

淬火：这是一种热处理方法，将钢加热到一定温度，保持充分时间，然后在冷却介质中淬火以获得硬化结构，其目的是提高工件的硬度，通常在研磨前进行。

渗碳处理：在部分表面处理之前或之后，工件表面的硬度和耐磨性可以得到改善。为增强零件表面的耐磨性和耐腐蚀性而进行的热处理，甚至包括为装饰目的而进行的热处理，如镀铬、电镀、喷漆等，通常在工艺的最终过程展开。

③测试工序的组织。测试工序的组织方式应确保部件生产的质量，并在下列情况下减少浪费：粗加工全部结束之后，送往外车间加工的前后，工时较长和重要工序的前后，最终加工之后。

除了组织几何尺寸检查过程外，一些部件还需要检查程序，如缺陷检测、密封、称重和平衡。

④其他工序的安排。工件的不平整表面和内部毛刺对机器装配的质量有很大影响，必须在切割后去毛刺。

清洁过程通常在部件组装前进行。零件内侧钻孔和部件外壳之间的间隙容易开裂，在打磨、研磨或其他精加工操作之后，待加工的零件表面轻松地覆盖上细小的磨料砂粒，必须注意确保清洁。

零件磁化后，必须做消磁处理，以防零件在装配线上被磁化。

2.6　思考与练习题

①什么是物料编码？物料编码有哪些方式？

②什么是物料清单？物料清单分为哪几类？

③物料清单有哪些表现形式及作用？

④简述工作中心的概念及作用。

⑤谈一谈你对提前期的理解，并说说提前期的具体作用有哪些。

⑥简要回答工艺路线的概念，想一想工艺路线有哪些作用，你该如何制订一个合理的工艺路线。

2.7　案例分析

某电子厂的供应商及客户编码

（1）供应商编码

通常用 6 个阿拉伯数字为供应部的供应商编码。

6 个数字从左到右分别表示的意思为：第一个数字规定为"1"，代表供应部；第二个数字是指承包商提供的材料类别，表示为"1、2、3、4"。"1"为贴片料，"2"指的是后焊料，"3"为组装料，"4"表示外部协作加工；剩下的数字为供应商代码。

范例：110001

说明：由左至右各数字代表含义：第一个"1"代表供应部；第二个"1"代表贴片料；"0001"代表相对应的供应商。

（2）客户编码方案

销售部客户编码规则：

客户编码为 6 位数字，通常用"2"代表销售部门，第二到四位数字表示一级客户，起始编号为"001"，其余数字表示一级客户以下的客户，起始编号为"02"。

子客户根据不同地区收货人姓名编号排序。

以编码"200101"为例，这是一级客户的编码，"200102"则为一级客户的下设客户编码。主要的判别标准为最后两位数字，"01"为一级客户编码，其余为子客户编码。

客户编码不固定，可以进行调整及删除，并且在删除后能够再次使用。

思考：

该案例中使用了本章节中哪些编码方式？说明编码流程及操作须知。

第3章
销售管理

扫码获取本章课件

3.1 销售预测

所谓销售预测，就是在过去销售情况的基础上，利用系统内自带或者用户定制的销售预测模型对未来销售情况进行预测。销售预测能直接产生同类销售计划。销售计划中最为核心的一项工作就是销售预测，无论企业规模大小或者销售人员数量多少，销售预测对销售管理的各个方面均有影响，其中包括计划、预算以及销售额的确定等。

3.1.1 影响销售预测的因素

在预测并筛选出最合适的方法前，明确影响销售预测的各个因素至关重要。总的来说，销售预测时需要考虑的因素主要有两类，如图 3-1 所示。

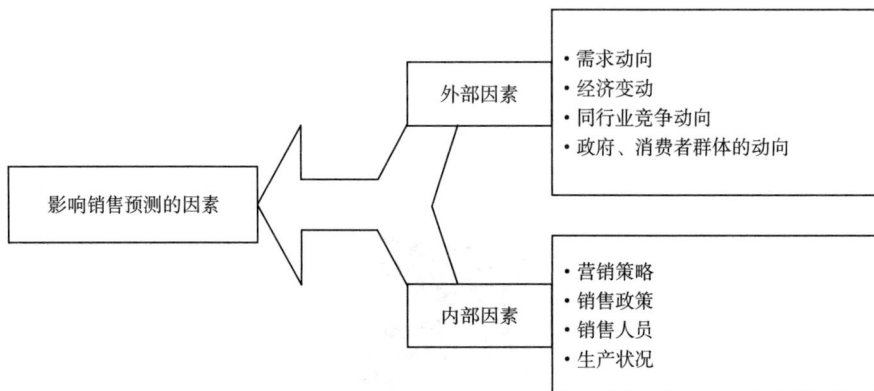

图 3-1 影响销售预测的因素

3.1.1.1 外部因素

（1）需求动向

需求是一个主要的外在因素，如时尚趋势、爱好改变、生活改变、人口流动性等，都有可能成为影响产品（或服务）需求质量和数量的因素。所以，企业应尽可能多地收集有关客户需求和购买动机调查等统计资料，以把握市场需求趋势。

（2）经济变动

经济因素显著地影响产品销售，为了使销售预测更精确，企业应特别关注产品市场上的供需情况。特别是近年来，科技、信息的迅猛发展所带来的不可预知的影响因素使企业销售收入出现了波动。所以，企业要正确地预测，就需要特别关注资源问题的进一步发展、政府和金融部门对经济政策的意见以及基础工业、加工业生产和经济增长等指标的变化。

（3）同行业竞争动向

企业自身的销售水平与同行业竞争对手行为密切相关。古人云"知己知彼，百战不殖"。为了生存,企业就得把握市场上竞争对手的一切行为。例如,竞争对手的目标市场是什么、产品价格是高还是低、促销和服务措施是什么等。

(4)政府、消费者群体的动向

考虑政府经济政策、方案和措施以及不同消费者群体的不同要求。

3.1.1.2 内部因素

(1)营销策略

市场定位、产品、价格、营销渠道以及广告与促销各项政策改变等对销售额所产生的作用。

(2)销售政策

考虑交易、付款条件以及销售方式对销售额的影响。

(3)销售人员

销售人员的因素对销售额的达成产生相当深远的影响。

(4)生产状况

产品供应是否充足是确保销售需要的重要条件。

3.1.2 预测分类

按时间的长短,预测可划分为短期、中期和长期三种类型。如表3-1所示。

表3-1 三种预测类型比较

预测种类	时间涵盖	特性	应用范围	预测实例
短期预测	最多为1年,通常少于3个月	具体、详细、使用数学模式	产品采购、人力需求和生产排程规划	各产品线周产或销量预测,未来3个月人力需求预测
中期预测	通常从3个月到3年	较具体、明确、使用较多数学模式	产品销售计划、生产计划和预算	年度物料需求预测、未来数年经济增长率预估
长期预测	通常为3年及3年以上	通常以定性描述方式,预测时间不具体	规划新产品或技术、资本支出、生产设备使用以及研究发展	某一新产品或技术在未来数年的产量或产值趋势

3.1.3 预测方法与模型

预测分析方法包含定性和定量两种,如图3-2所示。

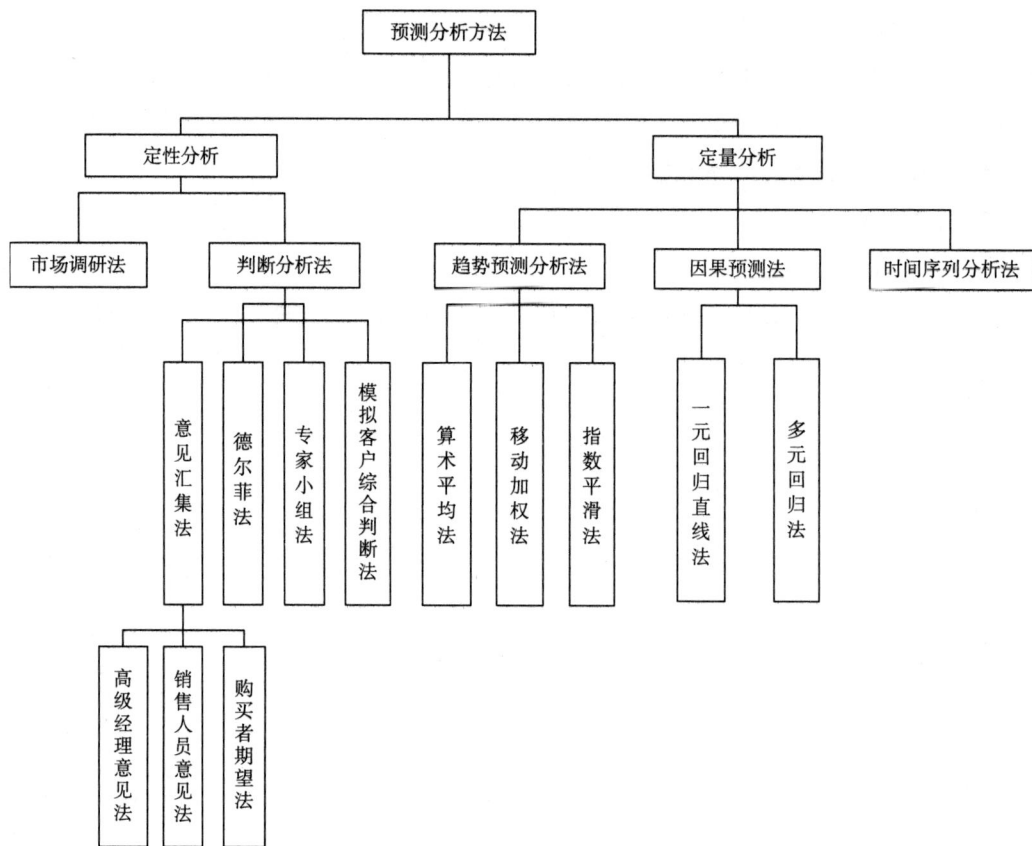

图 3-2　预测分析方法

3.1.3.1　定性分析

定性分析主要以文字数据来推导未来趋势，并以数字辅助说明。预测人员在大量实务经验与广博专业知识的基础上，依据自己的分析与主观判断来判断预测对象的本质与发展趋势。该方法多应用于企业拥有的数据不够完整、准确的情况。定性分析主要包括市场调研法和判断分析法。

（1）市场调研法

市场调研法是指通过细致地考察某一产品在市场中供给和需求情况的变化，来熟悉各种因素对这一产品市场销售所产生的作用，并据此推测出这一产品市场销售量大小的分析方法。

（2）判断分析法

判断分析方法主要是以专家对未来市场变化情况的掌握和综合判断为依托，在对可预见期内的销售情况进行综合分析和研究的基础上，对产品销售趋势做出判断。参与判断和预测的专家可能是企业的内部员工，如销售部门的经理和销售人员，也可能是企业的外部人员。

判断分析法包括以下四种：意见汇集法、德尔菲法、专家小组法以及模拟客户综合判断法。

①意见汇集法。意见汇集法是指企业内部熟悉销售业务、对未来市场发展变化趋势比较敏感的负责人和业务人员，根据自身多年实践经验，集众家之长，对各种不同意见进行综合分析和评估并做出判断和预测。这种方式是基于企业内部各相关人员因工作岗位不同以及业务范围与分工不同，虽然熟悉自己的经营情况，明确市场状况与企业的竞争地位，但是他们认识问题的范围与深度往往会受到限制。在此背景下，各相关人员不仅要充分了解社会整体经济发展趋势以及企业发展战略，同时要综合企业销售现状，交流信息，取长补短，并以此为基础，做出较为全面且客观的销售判断。意见汇集法主要包括高级经理意见法、销售人员意见法、购买者期望法等。

②德尔菲法。德尔菲（Delphi）法主要是通过通信形式向见多识广、知识渊博的有关专家发送有关预测问题的调查表，搜集和征询专家的意见，经过多次反复，综合、整理、归纳各专家的意见做出预测。

③专家小组法。所谓专家小组法，就是企业将各方面的专家组成预测小组，通过举行各种形式的座谈会，在充分广泛的调查研究和讨论之后，运用专家小组的集体科研成果做出预测。

④模拟客户综合判断法。此方法的操作步骤：首先，让专家模拟不同类型的客户，做出购买决策，比较公司和竞争对手的产品质量、售后服务和销售情况，然后收集准备购买公司产品的客户需求信息，形成销售预测。

3.1.3.2　定量分析

定量分析主要以历史数据来推导数学模型预测未来特定时间区的数值结果。此类方法的使用以尽可能丰富的数据为条件，使其能够通过分析数据类型来确定特定的适用预测方法，从而从数量上估算出产品市场需求。定量分析主要包含趋势预测分析法、因果预测法和时间序列分析法。

（1）趋势预测分析法

趋势预测分析法的操作步骤：首先将该企业历史销售资料按照时间顺序排序，再利用数理统计方法对计划期内销售数量或者销售金额进行预测。这种方法的优点在于收集资料容易、速度快；缺点在于没有充分考虑到市场供需的变化情况。趋势预测分析法主要包含算术平均法、移动加权法和指数平滑法。

①算术平均法。即利用最近几个时期销售量或销售额的算术平均数来预测计划期内的销售情况。

②移动加权法。移动加权法的操作步骤：首先根据近几期销售量或销售额，按其到预测期的远近加权，然后计算其加权平均数，作为计划期内销售预测值。“移动”是指在计算平均数过程中连续地向后移动。例如，8 月销售量预测是根据 5、6、7 月的历史数据来进行的。通常近期的实际销量对预测数的影响最大，所以，与预测期时间越相近的实际销量，其加权数越大。

③指数平滑法。指数平滑法就是对历史时间序列进行层层平滑计算，剔除随机因素的

影响，从而判断经济现象基本趋势并用于对未来的预测。它在短期预测中效果最佳。在利用指数平滑系数进行预测的过程中，对近期数据的观察值赋予较大的权重，而对前期数据的观察值则按递减的顺序赋予较小的权重。在同类型预测法中，指数平滑法由于近期观察值已含有未来状况信息，故公认其精度最高。

（2）因果预测分析法

因果预测分析法是利用事物在发展中存在的因果关系，对事物的发展趋势进行预测。它一般根据以往掌握的历史资料，找出预测对象内部变量和相关变量之间的依存关系，根据这些依存关系建立数学模型来预测因果，然后通过解数学模型来确定产品在计划期内销售量或销售额。因果预测分析法所采用的具体方法多种多样，目前运用最多、最简单的是回归分析法。回归分析法主要包括一元回归直线法与多元回归法两种。

（3）时间序列分析法

时间序列分析法就是通过对先前数据进行分析，运用变量与时间的相关关系对未来数据进行预测。

3.1.4 预测与销售计划的关系

销售预测是制订销售计划的前提，而销售计划是对销售预测的进一步应用。

3.1.5 预测与销售订单的关系

销售预测为未来销售订单提供依据，企业也可以根据历史的销售订单进行下一阶段的销售预测，这是一个循环的过程。

3.2 销售管理

销售是依据买卖双方的同意而完成的交易行为，若双方无法取得某种同意，则销售无法产生。这种交易行为实现了所有权的转移。买方获取有形产品或者无形服务并获取其效用；卖方取得产品或服务的市场价值，获得货币。对生产型企业而言，大部分销售活动都是在各类中间商进行交易时展开的。对经销商或者零售商而言，销售就是指向最终客户销售货物或者提供服务。企业是以盈利为宗旨，通过出售其产品和服务使社会受益，靠出售获利而求得生存和发展的经济组织。

通常情况下，销售业务包括内销和外销两种情况。对于一般的内销业务，其完整的销售流程是：当客户有购买需求的时候，就会对商家询价，商家会给客户报价单，经过讨价还价，双方达成协议，形成销售订单，之后是出货或生产后再出货。

销售管理就是对直接达到销售收入的销售业务全过程（报价、订货、交货、开票）进行管理。从广义上讲，销售管理就是对销售活动进行全面管理；从狭义上讲，则只着眼于对直接买卖活动进行管理。虽然企业各有不同的行业属性，销售形式也多种多样，但其销售管理的核心都在于动态地管理销售活动，从而实现企业的营销战略、获取销售利润。所以，销售管理一定要围绕销售计划来进行，并注重和企业其他营销战略的协调一致，循序渐进地进行各种销售活动才能最终达到企业目标。

3.2.1　销售业务过程

在销售管理中，产品销售业务呈现出较强的流程性特点，主要包括以下内容：

①制订产销大纲计划和产品报价。

②开拓市场、创建销售渠道，并分类管理客户。

③进行市场销售预测。

④编制销售计划。

⑤拟定销售订单，并通过调查企业生产中的可供货、产品定价，以及客户信誉等信息确认销售订单。

⑥依据订单交货期整理货源、签发提货单，同时组织交货，再向财务部门移交交货情况。

⑦开销售发票催收客户的销售货款后转财务部门入账。

⑧为客户提供售前、售中及售后等多种有关服务并跟踪记录。

⑨进行销售和市场分析。

依据销售管理的业务流程绘出业务流程图，如图 3-3 所示。

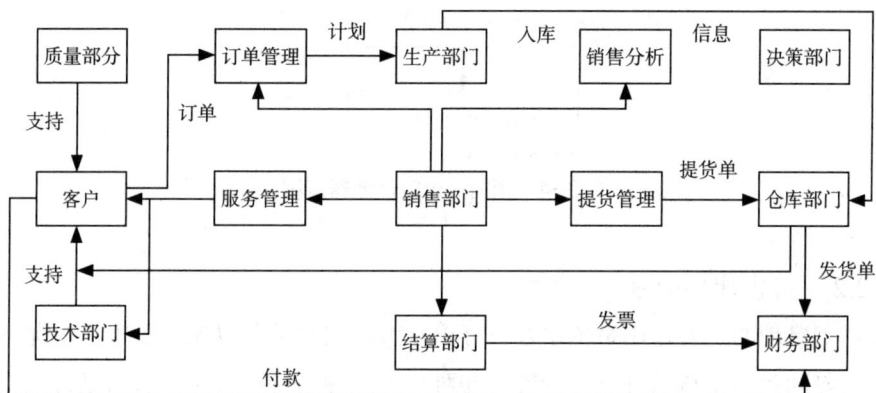

图 3-3　销售业务流程

3.2.2　销售管理的基本内容

销售管理的基本内容主要包括：销售报价管理、销售计划管理、销售订单管理、发货管理、销售出库管理、资金管理、客户管理、销售统计与分析。

3.2.2.1　销售报价管理

所谓销售报价，是指企业对客户所提供的产品、规格、价格及结算方式等信息，在达成一致之后，将销售报价单变成有效的销售合同或者订单，从而使企业能够根据客户的等级、存货类型及批量大小等情况给出不同报价。销售报价管理的主要作用在于辅助销售部门对每日报价单进行追踪和审核。销售报价管理的业务流程如图 3-4 所示。

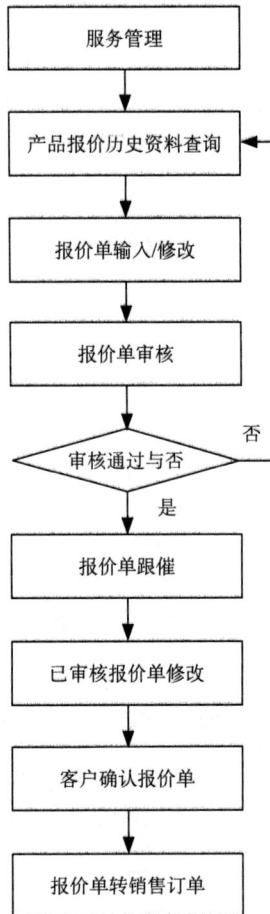

图 3-4　销售报价管理业务流程

3.2.2.2　销售计划管理

销售计划管理的主要作用是依据客户订单、市场预测情况以及企业生产情况等因素对企业在一定时间内的销售品种进行安排，并对每个品种销售量和销售价格进行预测。企业销售计划一般是以月份为单位编制（或者以连续数月为单位滚动编制），也可以针对特定地区、特定类型的客户和特定销售员在特定的时间内编制。

3.2.2.3　销售订单管理

销售订单作为企业和客户间需求关系成立的证据，规定了客户在企业销售中所采购产品的详细内容。该订单可作为销售人员和客户谈判后所产生的订购票据或订货口头协议。当销售部门识别出销售订单时，就会向生产部门传达销售订单信息，以便合理安排生产，并严密跟踪订单实施过程。销售订单管理贯穿于产品生产全过程，主要通过订单录入、修改和跟踪查询等操作来实现对执行状态的管理。销售人员实时跟踪销售订单执行状况，确保按时发货，通过销售日报表、订单交付状况查询等方式掌握销售订单执行状况，发现问题并及时处理。销售订单管理业务流程如图 3-5 所示。

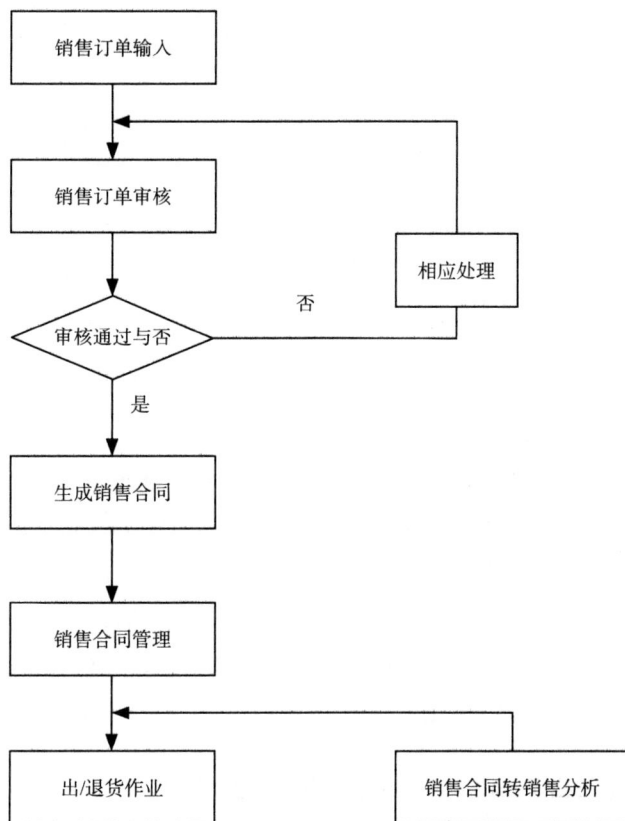

图 3-5　销售订单管理业务流程

3.2.2.4　发货管理

订单生成以后，企业应先审核该订单客户的信用控制额度，如果符合信用控制额度，销售部门根据订单详情录入或者系统自动生成销售发货单。为销售订单配送货源时，企业可对指定货源进行配送，还可根据可利用库存量进行自动配送，以达到给指定用户配送留货的目的，减少库存资源不足带来的配送矛盾。这种方法最好面向重点客户和信用度较强的用户，而不是对不确定需求保留或分配过多而导致产品库存积压。企业要根据销售订单来确定交货日期以及作出发货安排，同时把发货信息传递给财务部门。

3.2.2.5　销售出库管理

发货单与出货单一一对应，系统管理出货单时，会统计出货单的数量，并生成销售发票。

3.2.2.6　资金管理

销售发票就是所销售材料的内容说明，通常包括产品或服务说明，客户姓名，客户地址等信息和材料名称、单价、金额、总价及税额。资金管理就是依据销售发票的资料确认应收款项、销售结算并产生凭证转交到总账管理。

3.2.2.7 客户管理

在全球市场经济环境下，企业只有进行科学严谨的客户管理才能生存和发展。

①客户信息管理。客户信息管理包括收集客户资料，建立客户信息档案，对客户进行级别划分，根据客户级别制定不同的价格政策及销售策略，进而采取定制化客户服务，留住老客户，争取新客户。

②客户信用管理。信用额度是系统根据实际情况设置的用来处理客户应收账款的最高限额。信用期限设置了客户应收账款的限期，系统通过对客户历史交易数据的分析查看其信用度。

3.2.2.8 销售统计与分析

①销售统计。销售统计是企业销售部门对某一时期内所销售的产品的各种相关信息的汇总，包括产品的销售形式、地区、数量、成本、单价和销售总额等。企业管理人员在销售综合统计表中可以查找企业订货、发货、开票、出库和回款等各类销售业务信息。

②销售分析。销售分析对于企业提高销售管理水平与效率、降低销售成本具有十分重要的意义。企业根据系统原始销售业务数据可以定量分析历史销售情况。一方面，销售分析和其他子系统密切结合在一起，并通过接收它们所传递的信息来分析各类营销数据；另一方面，主要看销售是否达到目标，考察部门、业务员的绩效以及客户的贡献和产品的实际销售情况，分析市场需求并制定相应的销售策略。

3.2.3 销售管理模块与其他管理模块的关系

从整体上看，ERP 的销售管理模块为企业提供销售预测、销售计划以及销售合同（又可称为销售订单）等服务，是企业制订主生产计划的需求源泉。ERP 实施过程中销售管理业务采用销售管理模块形式，协助企业的有关销售人员做好销售计划管理、客户信用管理、产品销售报价管理、销售订单管理以及其他一系列销售业务。

ERP 中销售管理模块和其他管理模块的关系如图 3-6 所示。

销售管理模块通过调用物料信息管理模块生成销售报价单和订单；其生成的销售发票则直接传递给财务管理模块进行现金管理以及应收账款管理；其生成的销售订单可将相关成本数据直接传递给成本管理模块，以执行利润分析和提前预测该销售订单所能带来的利润。同时，销售订单创建后，客户所需的物料应立即在系统中转换为销售需求，以形成主生产计划。而销售产品出入库和退货入库流程由库存管理模块来实现，同时修改库存台账。

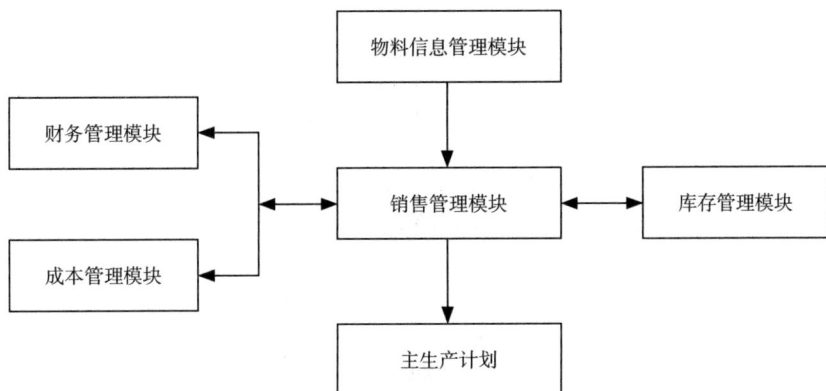

图 3-6　销售管理模块与其他管理模块的关系

3.3　销售评估与控制

企业通过销售分析、市场份额分析、营销费用与销售额的比率分析来实施销售评估与控制。以下具体阐述三种分析方法的主要内容。

3.3.1　销售分析

销售分析就是通过销售计划、产品、地区以及客户等各方面信息汇总进一步综合分析销售数量、金额、利润以及绩效等指标，以此评估企业的真实销售效果。企业通过销售分析既能够区分实际生产经营中是否实现了预期目标，又能从销售分析中找出系统存在的一系列问题，如战略的正确与否、组织机构的适应程度、措施的恰当程度等。

销售分析有以下三个目标：

①对销售员取得的利润进行效率效果监督。

②增加产品销售透明度，以便对已实现或未实现的销售目标进行成因分析。

③掌握企业的销售业绩和各项资源使用情况，寻找与实际最大利润目标的距离，以便通过优化企业管理水平进一步提高企业经济效益。

3.3.1.1　销售分析工作流程

销售分析工作流程如图 3-7 所示。

①制订销售分析计划。为明确分析内容、范围目的及要求、时机进度等，以便分析工作顺利开展，首先要制订一个销售计划。

②收集分析数据。数据为分析工作提供了重要基础。

③整理分析数据。正式进行销售分析前，首先检查和验证分析数据的正确性，再结合特定的分析方法来整理数据资料。

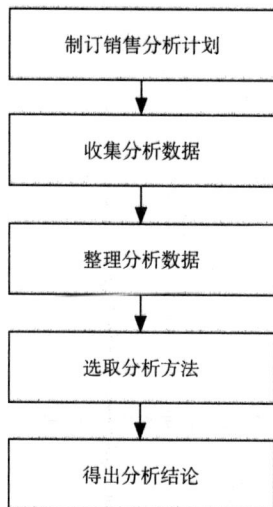

图 3-7　销售分析工作流程

④选取分析方法。销售分析有很多方法，比如比较法、比率分析法和差额分析法等都属于数量分析方法。就比较法而言，可将当期实际指标和前一年度或者前一个月实际指标进行比较，亦可将当期实际指标同计划指标或者定额指标进行比较。就比率分析法而言，它可由不同期间某一指标或者各指标间相对数来分析。企业做销售分析的时候，可按要求从上述各方法中选择某一种。

⑤得出分析结论。选择分析方法后，企业可依据现有资料加以分析，得出分析结果，进而形成销售分析报告。

3.3.1.2　销售分析的功能

ERP 系统中的销售分析模块实现了查询、分析及报告等功能。

①查询。销售分析模块按照销售分析过程搜集和整理订单所传达的有关信息，以随时了解销售历史情况、销售现状、客户情况、销售员销售表现、库存销售资料等。

②分析。销售分析模块为销售数量、金额、利润、绩效等分析提供比较法和比率法。例如采用表明一定时期内销售数量和该年度迄今累积销售数量所占百分比比率法、采用销售员定额和实际销售对比比较法。

③报告。销售分析模块可提供销售分析报告，其中包括销售员排名、客户销售排名和产品销售排名。

3.3.2　市场份额分析

①总市场份额：运用企业总销售额在整个行业总销售额中所占比例表示。采用这一分析方法须作出两个决定：一是用单位销售量还是用销售额代表市场份额；二是正确确定产业的类别，也就是清楚该产业应该包含的产品、市场等。

②服务市场份额：运用企业总销售额在其服务的市场中的比重表示。其一是指企业产

品所适用的市场，其二是指企业市场营销所及的范围。

③相对市场份额（相当于三个最大竞争者）：运用企业总销售额占三个最大竞争者销售额之和所占比例表示。

④相对市场占有率（与市场领导者的比较）：运用企业总销售额与市场领导者总销售额之比表示。

3.3.3 营销费用与销售额的比率分析

营销费用和销售额之比，即市场营销费用在销售额中所占的比重。营销费用占销售额之比反映出获得某一销售收入需要支付营销成本的大小，它是体现企业营销效率高低的一个重要标志。这一比率在多种随机因素作用下上下浮动，通常情况下允许出现适当偏差，但若浮动超过了正常值，则应予以重视。如能在早期发现端倪并采取应对措施，就能控制成本上涨势头。

3.4 分销网络管理

3.4.1 分销与分销网络

3.4.1.1 分销

从西方经济学来讲，分销就是要构建多个销售渠道。工业经济高度发展使工业企业之间经济协作与专业化分工程度越来越深入，在广大客户群体面前，生产厂商不仅要制造或者提供符合市场需求的产品与服务，还要以合适的费用迅速把产品与服务送到目标客户手中并实现营销，而这对产品生产厂商而言，未必能实现企业收益最优的目标。这使得通过其他中间企业充实和发展起来的市场体系进行产品分销已成为市场经济中的一种常态。

3.4.1.2 分销网络

分销网络是指参与分销过程的相互关联的一系列机构与个体的组合。这些机构与个体经过分工合作，构成了一个超越企业边界、将产品与服务有效地由生产者传递给销售者与客户的系统网络组织。分销网络作为网络组织中的特定方式，又可成为以独立的个人或团体为节点，以彼此间复杂多变的经济联结作为路线而建立的一种企业与市场间的制度安排，从而使其具备网络组织中合作性、创造性和复杂性等某些典型特点。

3.4.2 分销资源计划的概念

分销资源计划（DRP）是一种经营分销网络的系统，目的在于使企业具有对订单和供应迅速作出反应和对存货进行持续补充的能力。它主要解决分销物资供应计划与调度问题，在保证有效地满足市场需要的前提下节省配置费用，即 MRP 的原理与方法在物料配送中的运用。分销资源计划通过网络系统，为业务经营以及与贸易伙伴的合作提供了一种全新的方式。供销商和经销商之间可以实时递交订单、查询产品供应及库存情况，并在获得市场、销售信息及客户支持情况下，在供应商与经销商之间实现端到端供应链管理，有效缩短供应链长度，使企业的工作效率得到有效提高、业务范围得到有效拓展。

3.4.3 分销资源计划的基本原理

分销资源计划系统包括库存管理、质量控制、预测仿真、运输管理、采购管理、计划/调度管理以及订单管理等模块。

①库存管理。库存管理主要包括库存量查询、货位调控（实现过货位自动分配算法）、周期盘点、各类物料库存（不良品与多余品等）、出入库记录、退货管理等。

②质量控制。质量控制主要包括质量标准、质量信息跟踪、不合格品不再出货、质量统计报告以及质量记录和分析等。

③预测仿真。对原始数据进行回归分析和时间序列分析，实现对库存、订单和产能的预测，并对库存线路进行交互仿真查询。

④运输管理。构建承运商数据库，利用该数据库为不同出货位置配置最优承运商；待发运产品自动生成运单与出货通知；归类生成货运费用报表，到货及时率报表；发运与接收产品追踪记录；报关记录与分析。

⑤采购管理。构建供应商数据库，按计划执行订单下达、订单追踪、物料监控等工作。

⑥计划/调度管理。通过现实订单情况和客户需求预测生成生产计划及资源（人、设备、物料等）年、月需求计划并以此为基础进行周排产。

⑦订单管理。记录、跟踪、查询并分析各类客户的不同订单。

3.5 思考与练习题

①销售管理的主要业务处理内容是什么？

②简述企业进行销售预测的作用。

③简述常用的预测方法与模型。

④简述销售管理的业务流程。

⑤简述销售订单的处理流程，试举例说明。

⑥如何开展销售分析工作？

⑦简述销售管理模块和其他模块的关系。

3.6　案例分析

仟吉引入SAP一体化运营平台

武汉市仟吉食品有限公司（以下简称仟吉）作为快速消费烘焙食品行业的领先企业，凭借 SAP 产品的应用，成功完成了数字化转型。公司高效构建了一个适应市场需求多样性与专业化的系统架构，实现了业财一体化的精细化核算，显著提升了企业的效率与效益。

烘焙行业作为典型的快速消费品行业，随着消费者对数量和品质的需求不断增长，市场规模和产量持续扩大。伴随消费升级的趋势，烘焙行业在数字化转型过程中，既要实现企业财务、销售、供应链的一体化管理，又要支持线上、门店和会员营销等前端创新业务的需求。

仟吉将信息化建设作为企业战略的重要支撑。公司通过周密的战略部署，持续推进信息化建设，从基础骨干网络到信息安全保障，再到业务流程优化、全渠道经营、精准营销和大数据分析等各个方面，进行了深入设计与实施。通过信息化与业务的深度融合，仟吉不断完善并提升了新型能力，获得了支撑企业持续发展的竞争优势。

2018 年，仟吉启动了"麦田计划"数字化转型项目，引入 SAP 一体化运营平台，重点在营销、供应链和财务三个维度展开数字化建设。该项目精准解决了公司面临的业务痛点：一方面，通过营销数字化实现了线上线下一体化的全渠道经营，建立了统一的会员及营销体系，并围绕消费者打造了全新的营销架构，推动了销售和竞争力的提升；另一方面，原有 IT 架构存在的孤岛问题，导致企业在成本核算、价格管理、供应商管理、库存管理和生产管理方面遇到瓶颈。通过财务数字化，仟吉实现了集团化多公司、多业态的统一管控，推动了销售、采购、生产、仓库和物流业务的精细化管理。

项目上线后，仟吉成功实现了线上线下一体化经营，线上业务销售额增长了300%，同时通过统一的会员和卡券体系，有效促进了线下销售的增长，会员人数也实现了300%的增长。此外，通过线上小程序拓展消费体验，线上储值提升了60%。新的系统架构保障了线下业务的高效运作，整体业务效率提升了30%。项目还整合了企业内外部资源，优化了业务和财务共享机制，规范了内部管理流程，为仟吉构建了高效、完善的系统业务流程，确保了数据的及时性、完整性和准确性，进一步支持了精细化运营管理。

为了确保项目的成功实施，仟吉还对组织架构进行了重要调整。在项目实施前，仟吉没有信息数据中心，IT 团队主要负责运维工作，且缺乏专门的数字化业务部门，跨部门沟通效率较低。而在数字化转型后，仟吉建立了信息数据中心，全面整合了 IT 技术、企业运营流程和资源，打通了各部门间的协作。同时，仟吉还成立了数字化业务部门，专责推动数字化业务发展；成立了营销中心，将营销、品牌、全渠道和研发整合在一起。此外，还设立了门店事业部和工厂事业部，有效赋能子公司。

思考：

①在烘焙行业消费需求不断增长的背景下，仟吉如何通过数字化工具优化销售流程，提升客户体验，进而增强其市场竞争力？

②仟吉如何通过引入SAP一体化运营平台，优化其销售系统，确保线上线下一体化经营的顺利实施，并实现销售流程的精细化管理？

第4章
主生产计划

扫码获取本章课件

4.1 主生产计划的定义、作用与对象

主生产计划（Master Production Schedule，MPS），也称生产大纲，它是指导企业由上而下、由宏观到微观计划转变的行动准则。通俗地讲，主生产计划就是描述一个企业生产了什么，生产了多少及在哪些时间内完成的计划。它是一个企业物料需求计划的直接来源，是大致平衡生产负荷与能力之间关系的一种手段，也是联结销售与制造之间关系的重要环节，同时又是生产管理部门进行生产管理与调度的权威指南。

4.1.1 主生产计划的定义

主生产计划（MPS），是决定各个特定时期内各个产品的生产计划。计划的目标对象一般是最终产品，也就是每个具体生产销售的产品，但有时在完成最终装配计划之前也许要先考虑零件的MPS。企业的主生产计划包括一系列子计划。每个子计划都有相应的管理目标和任务，同时各子计划之间互相联系、互相作用、互相影响，形成一个有机的整体。所谓主生产计划，就是决定某一特定产品各时期内的生产计划。

我们可以从以下3个方面理解主生产计划的定义。

①主生产计划为企业编制最终产品生产计划提供了依据，也为企业生产管理系统提供了入口点。

②主生产计划解决了企业准备生产哪些产品、何时生产、生产数量等问题，在ERP系统中处于重要的计划层次。

③主生产计划是通过关键资源的粗能力计划，以便平衡地安排产品生产计划，从而确保获得一个既能满足市场需求又比较稳定的方案。

编制主生产计划应综合考虑产品的特性、市场需求以及企业内部条件等因素。主生产计划的平稳和平衡是ERP得以顺利实施的根本。

主生产计划来源包括：客户订单、预测、备品备件、厂际需求、客户选择件和附加件、计划维修件。

4.1.2 主生产计划的作用

在ERP中，主生产计划的制订是首要任务。主生产计划制订的好坏，将极大地影响企业生产组织工作，也会极大地影响资源使用。主生产计划不仅可以指导生产作业活动，还能帮助协调与管理生产过程，保证各环节之间的平衡和配合。主生产计划在销售运作规划上对产品系列进行了具体化，具有由宏观转向微观的功能。同时，主生产计划也是联结市场与主厂或者配套厂以及销售点与生产制造之间的一座桥梁，它使生产计划与能力计划能够与销售计划之间的轻重缓急保持一致，以便及时调整以满足日益变化的市场需求，并

且给销售部门的生产、库存信息以及可供销售量等提供依据，起到了内外沟通的作用。

主生产计划的主要功能如下：

①综合考虑企业的日常进度计划和高层次计划。

②驱动企业各种明细计划的制订。

③驱动企业财务计划的制订。

④为客户产品的订单交付提供保障。

⑤协调企业管理人员的管理活动。

简言之，ERP 系统中的主生产计划作为上下、内外相交的中轴线是至关重要的。它必须解决如何同时满足销售订单和企业目标一致的问题。

4.1.3　主生产计划的对象

主生产计划（MPS）主要涉及有独立要求及相对重要的物料。独立物料包括最终销售产品或成分，重要物料主要涉及资源劣势、市场供应不足、采购时间长、容易缺货的物料。

MPS 因销售环境及生产类型不同而有不同的计划对象。MPS 在各制造环境中的计划对象及计划方法如表 4-1 所示。

表4-1　MPS的对象和方法

销售环境	计划依据	计划对象	计划方法	举例
面向库存生产	根据市场估计组织生产，当产品完成后，它们被储存和出售，并开展促销	独立需求类型物料	单层 MPS 制造 BOM 计划 BOM	大批生产的定型产品
面向订单生产	根据客户订货合同组织生产	独立需求类型物料	单层 MPS 制造 BOM	标准定型产品
面向订单装配	产品系列具有多种类型，按照合同挑选构成	通用件、基本组件及可选件	多层 MPS 总装进度 FAS 计划 BOM 制造 BOM	标准系列产品，有可选件
面向订单设计	根据客户要求专门设计	独立需求类型物料	单层 MPS 制造 BOM	单件或小批生产

每个制造企业都应当为自己选择合适的主生产计划方式，简称生产计划方式或计划方式。由于产品的特点各不相同，企业可以根据产品特点选择差异化的生产计划方式。因收到客户订单后产品生产所处生产过程阶段的不同而在生产计划方式上存在差异。通常来说，制造业的生产计划方式主要有 3 种：面向库存生产（Make to Stock，MTS）、面向订单设计（Engineer to Order，ETO）以及面向订单生产（Make to Order，MTO）。其中，面向订单生产还可以进一步细分。

①面向库存生产。例如，企业 A 的产品很简单，即电源插座盖，品种也不多，加工过程是一个连续的塑料成型过程，没有装配过程，最后就是包装。该企业采取了一种以库存为导向的生产计划方法。运用这一计划方式时，安排生产是以需求预测为基础的，即先从需求预测出发购买原材料，安排生产，完成生产并将产成品投放到仓库，然后收到客户的订货。一收到客户的订单便直接由仓库交货。站在客户的角度，这类产品属于现货供应。铅笔螺钉、照相用胶卷、记事贴等，还有许多其他产品也属此类。其产品结构多为金字塔结构。

②面向订单设计。企业 B 设计并生产化工行业的流程设备。设备通常很大，而且很复杂，每件设备的价格都很高，是根据客户的不同需求来进行定制化设计及生产。因此只有在收到客户的订单后才可以着手设计，进而购买原材料并进行产品制造。

企业 B 使用面向订单设计的方式进行规划。这一计划方式与面向库存生产的计划方式是多种计划方式中的两个重点类型。面向库存生产方式生产出来的产品大多为普通产品，需求量较大，而且易于寻找替代产品。而面向订单设计的生产计划方式是产品按需求生产，价格昂贵。因此，这种模式下的企业需要大量的资金来支持，而且在生产过程中存在许多不确定因素，使得这种计划方式很难实施。以订单为导向设计出来的产品要么独一无二（用户自定义），要么结构复杂，生产量极小，如飞机、特种机床等。

③面向订单生产。在面向库存生产与面向订单设计两种计划模式之间，相应产品结构通常为倒金字塔结构或计时沙漏结构。面向订单生产的特点在于它在满足客户要求的同时又能最大限度地降低企业生产成本，从而使企业获得更大效益。所以被广泛应用于现代制造业。面向订单生产的计划方式可划分为 3 种情形：单纯以订单为导向，以订单完成为导向（Finish to Order，FTO），以订单组装为导向（Assemble to Order，ATO）。

在那些使用纯面向订单的生产计划方法的企业里，一个产品设计结束，要在收到客户订单后才能开始购买原料和组织生产。高度客户化产品通常采用这种计划方式。但是对一些采购提前期较长的原材料来说，企业可能会在收到客户订单前就按照预测去购买。

采取面向订单的生产方式，以需求预测作为基础，根据客户的订单完成规划。企业要想达到客户的要求，就必须提前制订生产计划，以保证能够及时提供客户所需的产品。在收到客户订单之前，该产品生产过程中除最后一个环节外，其他各环节均已按照预测进行。接到客户订单后按照客户的要求，再次执行最后一个环节。例如，会议室用的桌子，产品做到只剩添加客户标记和着色的程度，待接到客户订单之后，按客户的要求把客户的标记琢刻在桌子上并完成着色。

以订单装配为导向的计划方式与以订单完成为导向的计划方式之间存在一定的相似之处。它组织生产以需求预测为基础，以客户订单为导向。具有很多选项的汽车产品是 ATO 产品的一个很好的例子，用于商业建筑的电梯是 ATO 产品的另一个很好的例子。4 种生产计划方式的生产能力如图 4-1 所示，对应的不同产品结构如图 4-2 所示。

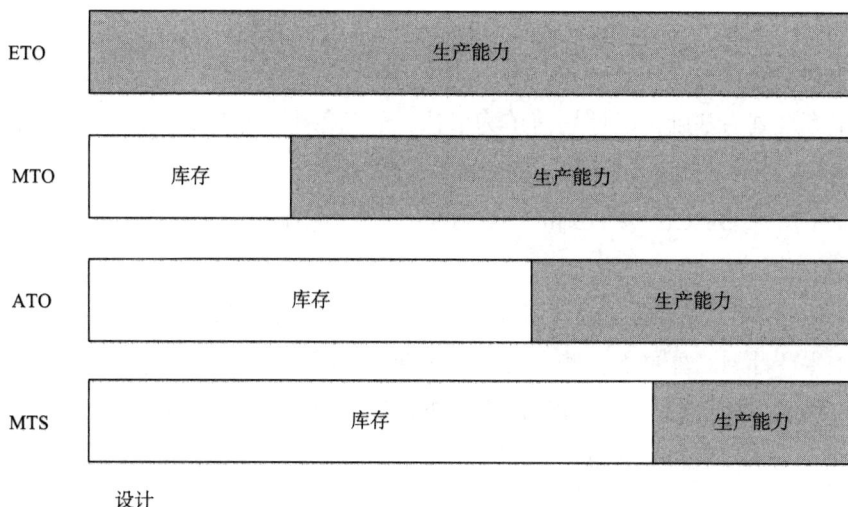

图 4-1　四种不同生产计划方式对应的生产能力

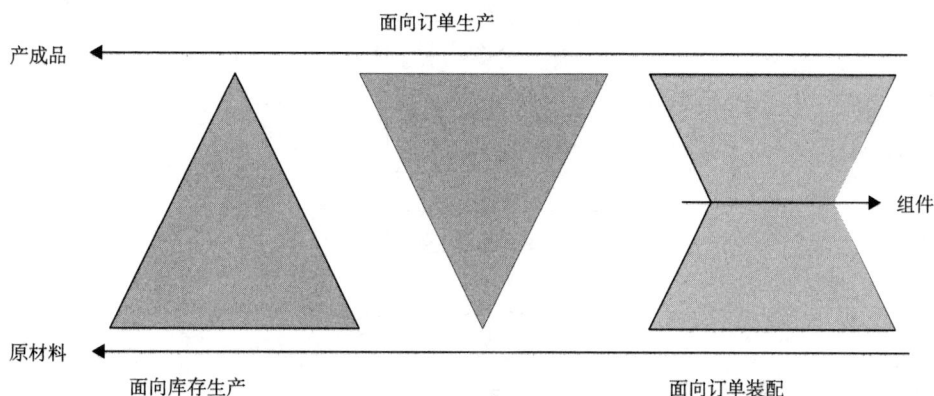

图 4-2　四种不同生产计划方式对应的产品结构

4.2　主生产计划的编制

4.2.1　主生产计划的编制策略

4.2.1.1　MPS 的编制过程

MPS 在编制过程中不断循环，动态调整。因此，在实施 ERP 系统之前，要对编制的 MPS 进行必要的修正和补充，从而确保其正确有效地执行。笔者从两个方面探讨如何提高 MPS 的编制效率。首先，MPS 只有在 RCCP 通过之后才能成为一种可行的 MPS。若某个 MPS 方案无法在 RCCP 中得到平衡，就不得不对此 MPS 进行修改。其次，在收到未预知的客户新订单后，需要对 MPS 进行重排。只有在所制定的 MPS 较为合理的情况下，调整计划出现的次数才不至于过快，否则就需频繁调整。ERP 系统开始工作时，也许会出现隔几天编排一次 MPS 的情况，而在系统工作正常后，也许会出现一周或者数周编排一次 MPS 的情况。

①以生产规划为基础，以计划清单为依据，明确每个主生产计划的目标，并对生产作出预测。

②基于生产预测、已经接收到的客户订单、配件预测和本项目最后非独立需求量来计算总需求。

③在总需求量与预先设定的订货策略的基础上，按照批量、安全库存量与期初库存量，利用主生产计划测算过程，测算每个时区期望可用量。

④采用粗能力计划对主生产计划的选择进行评价和模拟选优。

MPS 编制过程如图 4-3 所示。

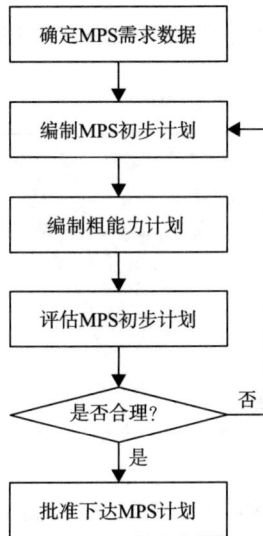

图 4-3　主生产计划编制过程

4.2.1.2　MPS 的编制原则

在编制 MPS 时，主要遵循以下 5 个原则。

原则一：用最少的项目数来安排。

MPS 要尽量表现企业产品系列。若 MPS 内项目数量较多，预测与管理难度则较大。所以，应针对不同制造环境选择产品结构不同等级以制订主生产计划，使产品结构该等级制造与组装时产品（或零件）造型数量最少。

笔者现就几种生产环境中 MPS 应该选择产品结构中哪个层次以达到最少项目数原则作以下阐述。

①备货生产（MTS）企业以大量的原材料及部件生产出数量较少、品种较规范的产品。MPS 一般指的是最终产出产品的制造计划，如电视机等。

②订货生产（MTO）企业利用少量的原料及零件按用户要求制造各种不同种类产品。

MPS 一般指的是原材料及零件（如飞机等）的制造计划。

③订货装配（ATO）企业是制造选择性较高的产品（如轿车）。此时主生产计划就是子装配件的生产计划，比如发动机和车身等。

原则二：仅列可构造的项目，不包括计划清单。

对于一些项目组来说，MPS 应该罗列出真正独立且有具体机型的产品项目。这类产品可分解为特定和可辨认的部件或零件，是一种可买可造的产品，不属于计划清单上的产品。

原则三：列明对生产能力和财务或者关键物料具有重要影响的方案。

对于生产能力、财务或者关键物料具有显著影响的工程，可以叙述如下。

①对于生产能力来说，它是指对生产、装配等环节有较大作用的工程。例如，某些批量大，达到生产能力瓶颈环节的工程。

②对于财务来说，它是指给企业带来最大利润的工程。例如，制造费用最高、含有贵重零件、高昂物料、高成本工艺或者特殊零件的工程以及给企业带来主要利润来源的工程等，其价格相对不贵。

③对于关键物料来说，它是指提前期较长或者供应厂商受到限制的工程。

原则四：考虑预防性维修设备的时间。

可将预防性维修安排为 MPS，或根据预防性维修时间减少工作中心容量。

原则五：对于具有多个选择性的产品，采用成品装配计划（Final Assembly Schedule，FAS）以简化 MPS 的加工。

FAS 也是一种以成品项目或者具体用户组态来说明的真实生产计划。其内容涵盖了从零件及子装配件制作到产品出货这一部分的制作与组装，如产品最后组装、检测与包装。对选择项比较多的工程，通常把 MPS 建立在基础部件这个层次上，利用 FAS 对最终工程进行组装，从而不需要对准确的最终工程配置进行预测，只需依据用户订单对产品组装制订短期生产计划即可。

使用 FAS 后，MPS 准备工作得以简化，MPS 与 FAS 协同工作，实现从原材料购买、零件制造、最终产品交付等全过程规划。

4.2.2　主生产计划的相关概念

4.2.2.1　提前期（Lead Time）

（1）提前期的概念

所谓提前期，就是某项作业执行的时间周期，也就是自作业开始至作业结束所经历的一个时期。提前期这一概念以"需求"为主。提前期信息对于产生 MPS、MRP 及采购计划等信息具有非常重要的作用。

提前期是通过 MRP 测算出的计划发出时间的主要因素。对于产品而言，存在交货期，对于该产品的下级件，完工日期一定要早于产品交货的时间。对于下级件的下级件而言，完工日期也要早于下级件的交货期，这样就实现了级件向下转移。产品结构树梢的零件与原材料必须具有最早的交货期，所以提前期就是产品及零部件进入各个工艺阶段所需时间早于生产完工时间的天数。

（2）提前期分类

提前期根据是否发生改变，可分为固定提前期和变动提前期。

①固定提前期是指生产采购不受成批规模影响，均采用固定的时间作为提前期。它主要涉及产品设计、生产准备及设备调整、工艺准备等所需的时间。固定提前期不随采购量或生产量的变化而变化。

② 变动提前期反映了生产采购受需求批量的影响程度。变动提前期在很大程度上受订货数量多少的影响。当订货量大时，变动提前期短；反之，则变动提前期长。其适用于自制件作为提前期使用。

此外，依据生产中完成的职能，提前期还可分为生产准备提前期、采购提前期、生产加工提前期、装配提前期、累计提前期、总提前期六种类型。

①生产准备提前期是指自生产计划制订之日起至生产准备结束为止的一段时期。

②采购提前期，即采购订单下达以后到物流结束完成入库所需要的期限。

③生产加工提前期，即从生产加工开始输入（生产准备结束）至生产完工入库所需要的整个时间。

④装配提前期，是指从组装投入初期至组装结束的整个组装时间。

⑤累计提前期，即采购、加工、装配提前期之和。

⑥总提前期是指一个产品的全部制造周期，它由产品设计提前期、采购提前期及加工、装配、检验和发运等各方面时间之和组成。

4.2.2.2　时区（Time Zone）与时界（Time Fence）

ERP 系统中根据需求把计划期按顺序分为三个时区：需求时区、计划时区、预测时区。每一个时区都包含若干计划周期，不同时区中的划分点叫作时界或者时间栏。

制订 MPS 时，时区划分会产生重要影响：

①需求时区中，订单已确定，这时该时区的产品产量及交货期通常无法改变。

②计划时区中，企业已经着手生产，产品的产量、交货期等信息通常不可能通过MPS 来自行更改，需更改时应当经过高层领导的同意。

③预测时区中，因对客户需求了解较少而不得不使用预测，而预测时区中产品的生产数量、交货期等信息可以通过系统随意更改。

4.2.2.3　毛需求量（Gross Requirement）

毛需求量是指任何给定计划周期中工程的总需求量。

计算项目毛需求量与项目需求类别（单独还是相关）有关。主生产计划只关注具有独立需求项时的毛需求量，关于相关项毛需求量的确定在物料需求计划中完成。

测算主生产计划项目毛需求量时应全面考察项目所处时区之间的关系：

①当需求时区中订单已定，客户需求则代替预测值，这时的毛需求量就是客户订单中

的产品需求量。

②计划时区的预测需求与实际需求之间应进行融合，这时的毛需求量一般是实际需求量或者预测需求量中数值比较大的需求量。

③以预测时区的毛需求量作为预测值。

MPS 项目毛需求量确定实例如表 4-2 所示。

表4-2　MPS项目毛需求量确定实例

时区	需求时区			计划时区			预测时区			
计划周期	1	2	3	4	5	6	7	8	9	10
预测值	60	80	75	75	70	80	80	85	85	80
订单量	55	85	70	70	80	85				
毛需求量	55	85	70	75	80	85	80	85	85	80

4.2.2.4　批量规则（Lot Sizing）

MPS 计划量与实际净需求量并不相等，MPS 计划量因实际制造或订购时，其准备处理、订购、运输和打包均须按"一定数量"完成。这个"一定数量"叫作 MPS 批量，决定这个量的规则叫作 MPS 批量规则。

批量规则由库存主管在库存管理要求与目标之间权衡之后选定。批量的大小对于一个企业而言是非常关键的：批量太小，占用资金太多，生产不稳定；批量太大，占用资金少，生产稳定，但加工成本高，经济效益低。

批量产生的原因有：订货成本下降、准备成本下降、运输成本下降、在制品成本下降。

当前 MPS 批量规则包括：直接批量法、固定批量法、固定周期法及经济批量法。

（1）直接批量法（Lot for Lot）

直接批量法是全部依据实际需求量决定计划量 MPS，也就是计划量与实际需求量相等。这类批量规则通常适用于那些在产量或订货数量及时间上基本可以予以保障的物料，且所需的物料价值较大，不能过多地制造或保管物料。直接批量法的案例如表 4-3 所示。

表4-3　直接批量法案例

计划周期	1	2	3	4	5	6	7	8	9	10
净需求量	30	35	40	60	60	60	55	50	65	70
MPS 计划量	30	35	40	60	60	60	55	50	65	70

（2）固定批量法（Fixed Quantity）

固定批量法就是每一次 MPS 计划量都相等或等于某个常量的整数倍，而发出的间隔期却未必相等。

这一规定通常适用于订货费用高的物料，实例如表 4-4 所示。从表中可以看出，

60 是一批次，第一循环的实际需求量是 50，批量是 60，剩余量是 10；第二循环的实际需求量是 30，第一循环剩余量无法满足第二循环需求，再定一批 60，剩余量为 40；第三循环无需求，剩余量仍为 40；第四循环实际需求量是 120，剩余量为 40 无法满足净需求，再定一批为 120（2 批），满足需求，剩余量为 40。下面的计划周期以此类推。

表4-4 固定批量法案例

计划周期	1	2	3	4	5	6	7	8	9
净需求	50	30	0	120	40	10	5	0	40
MPS 计划量	60	60	0	120	0	60	0	0	0
剩余量	10	40	40	40	0	50	45	45	5

（3）固定周期法（Fixed Time）

所谓固定周期法，就是 MPS 的计划分配间隔期一致，而它们的分配数量不同。

此批量法通常用在处理自制品的生产计划编制中，容易掌控。案例如表 4-5 所示。前四周的净需求量之和是 150，批量是 150；相隔三周（固定周期四个计划周期）又设一批量 55，以达到 5、6、7、8 周净需求量之和；接着相隔三周又设一批量 60，自然也就达到了后四周的净需求之和。

表4-5 固定周期法案例

计划周期	1	2	3	4	5	6	7	8	9	10	11	12
净需求量	50	0	0	100	40	10	5	0	40	0	10	10
MPS 计划量	150				55				60			

（4）经济批量法（Economic Order Quantity）

所谓经济批量法，就是在某物料订购费用及保管费用总和最小的情况下，确定 MPS 最优批量的方法。订购费用包括从订购到入库所需的差旅费用和运输费用。保管费用由材料储备费、验收费、仓库管理费、流动资金利息费和物料储存消耗费等组成。

经济批量法通常适用于需求为常量且已知的情况下，费用与提前期亦为常量且已知，而库存可即时补充时，也就是说，其适用于持续需求且库存消耗平稳的情况。所以，当需求为离散 MRP 方法时，库存消耗会发生变化，这时经济批量法效率并不高。

4.2.2.5 其他相关概念

（1）计划接收量（Scheduled Receipts）

计划接收量为早于计划日期产生报表时已发出订单、计划日期当天及其后已完工或已到账的数量。计划产出量如果得到证实，还可显示于计划接收量上，并全部依据计划员要求，在系统中进行预设。

（2）预计可用库存量（Projected Available Balance）

预计可用库存量是在现有存货量中减去为其他目的留出的已分配量后可用于计算下一

时刻净需求的数量。预计可用库存量计算公式如下：

预计可用库存量 =（上期期末可用库存量 + 本期计划接收量 + 本期计划产出量）- 本期毛需求量

（3）安全库存量（Safety Stock）

所谓安全库存量，就是库存量的最低限度。

建立安全库存量的目的是防止需求或者供应中出现无法预测的起伏，以免导致生产或者供应中断，并缓解客户需求与厂方，供应商与厂方以及制造与组装间的冲突。充分利用已有的人力、物力及财力等资源来适应客户的需求变化。

（4）净需求量（Net Requirement）

净需求量为任一计划周期对某种物料实际需要量。类似地，物料净需求量计算和物料需求的类别（独立或相关）有关。主生产计划只关注有独立需求物料的净需求量。

在计算独立需求物料净需求量时，应考虑到毛需求量及安全库存量、期初余量和当期可规划产出数。计算公式如下：

净需求量 = 当期毛需求量 -（前期期末可用库存量 + 当期计划接收量）+ 安全库存量

如果计算值小于 0，就没有净需求。

如果计算值大于 0，净需求等于计算值。

（5）计划产出量

在需求无法满足的情况下，由系统依据设定计算出来的供给量叫作计划产出量。此时计算的是建议量，而不是计划投入量。

（6）计划投入量

根据计划产出量、采购提前期及物料合格率等计算出的投入数量叫作计划投入量。

（7）可供销售量

一定时间内，产品的产出量有可能超过订单（即合同）数，这一差额即为可用的销售量。"一定时间"是此产品先后两次输出的时间跨度，即从一次输出的时间跨度至下一批再次输出的时间跨度。可供销售量是指可供出售的货物量，不会对其他（下一批）订货的交付造成影响，并给销售部提供依据。

可供销售量的计算公式如下：

可供销售量 = 某期间的计划产出量（包括计划接收量）- 该期间的订单（合同）量总和

4.2.3 主生产计划计算流程

4.2.3.1 确定 MPS 的需求数据

（1）需求种类及与 MPS 的关系

ERP 中的需求，就是具体产品所需的数量与时间。需求可分为两类，一类是独立需求，另一类为相关需求。独立需求通过 MPS 进行规划，相关需求通过 MRP 进行规划。

MPS 引导生产，使其符合独立需求。独立需求泛指最终工程，通常由预测获得。

（2）MPS 的主要数据源

MPS 的主要数据源包括：未交订单、最后工程预测、厂内需求、备件、客户可选件与配件，因预防维修而提出的需求。笔者简要说明相关数据的含义：

①未交订货和客户订单系指尚未交货的订货项，可为前期尚未完工所欠，也可为当期新增需求所需。

②对最终项目进行预测，即利用已有及历史数据对未来可能需求进行估算。

③厂内需要把大型零件或半成品件处理为最终项目产品，满足厂内其他部门需要，例如汽车厂的发动机可以看作厂内需求。

④备件就是某些售卖的使用部件，以便在使用和维修过程中达到更换要求的零件。

⑤客户可选件及配件在出售时与成品无关，按客户要求分配，这类选件亦为独立要求。

（3）精确识别 MPS 需求数据的重要程度

确保 MPS 准确可靠是正确编制 MRP 计划中车间作业控制及其他方案的依据。MPS 需求数据一旦失准将造成以下后果：

①如对需求的估计过低，就会引起原材料的短缺、任务暂时增加，从而导致生产周期延长，过程失去控制。

②若对需求估计不足会导致库存品、在制品增多，资源闲置、资金积压等状况也会出现。

4.2.3.2　MPS 计算流程

MPS 计算流程包括以下几个环节：需求数据的搜集、整理、展望期与计划周期的设定，以及时区的划分，毛需求的测算，净需求的测算，初步 MPS 计划生成。在这些数据中，所搜集、整理的需求数据就是指与 MPS 相关的定量数据，如当前存货、安全存货、客户订单以及预测数据。

MPS 计算流程如图 4-4 所示。

MPS 计算步骤如下：

①按系统的设定推算出毛需求量。毛需求量推算遵循的原则是：预测时区使用预测量。计划时区采用预测量与实际需求量的总和。需求时区为实际需求量。

②计划接收量和期初库存量的测算，也就是预计库存量的测算。

③净需求量测算。

④计划产出量的测算。对第一个计划中可用库存量为 0 或者为负值的时间段，统计净需求量；然后确定计划产出量；在此基础上，计算该时间段内计划可用库存量。

⑤以提前期与成品率为基础，测算计划投入量与可供销售量。

⑥以此类推。

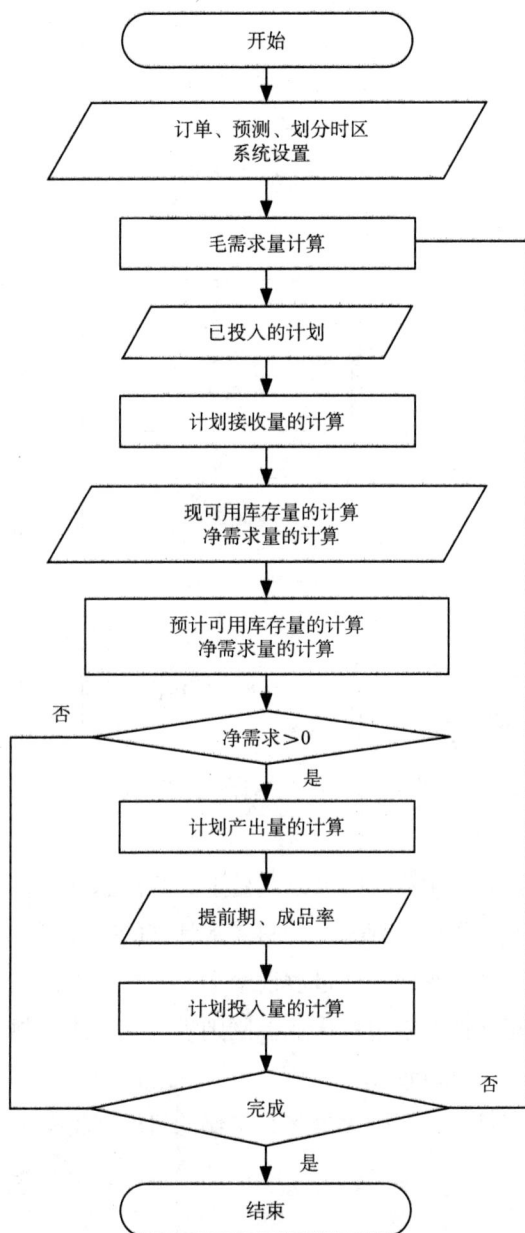

图 4-4　MPS 计算流程

4.3　主生产计划模块与其他模块的关系

在 ERP 5 个层次的计划中，主生产计划位于第三层，同时又隶属于决策层规划，其与其他规划之间的关系如图 4-5 所示。

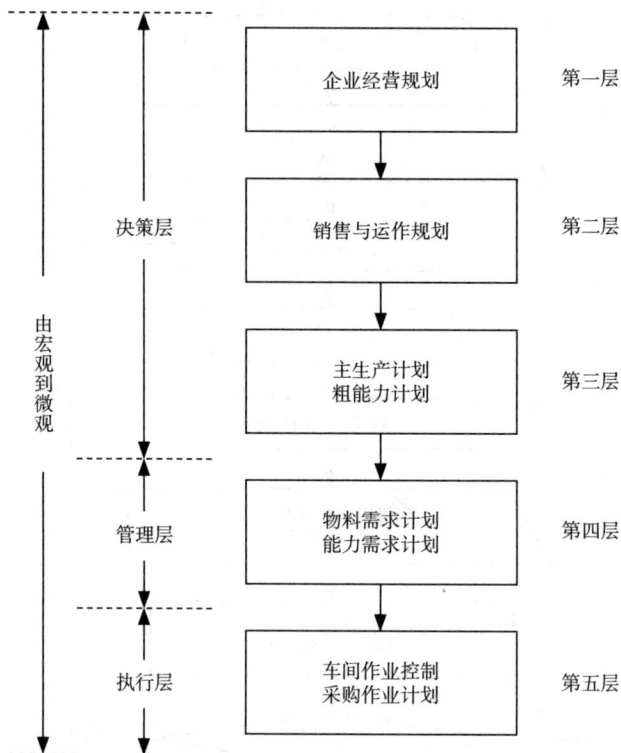

图 4-5　ERP 中计划与控制层次

　　主生产计划的制订建立在生产计划大纲基础上，其汇总结果要等于生产计划大纲的总量，而主生产计划又是制订下层计划——物料需求计划的基础。

　　主生产计划是从宏观到微观的一个过渡性水平。物料需求计划为微观计划的起点，是一个具体细致的规划；车间作业或生产作业控制则进入实施或控制阶段。一般将前 3 个层次称为主控计划（Master Planning），表明它是建立企业经营战略目标的需要。企业的规划一定要符合实际、切实可行，否则无论多么宏伟的目标都将毫无意义。

4.4　思考与练习题

　　①什么是主生产计划？

　　②主生产计划的作用有哪些？

　　③主生产计划的编制原则有哪些？

　　④一家汽车制造企业制造了一个品牌的轿车，期初存货 480 辆，安全库存为 30 辆，MPS 批量规则为 500 辆，提前期为 1 周。其销售预测：第 1 周到第 8 周均为 300 辆；实际需求：第 1 周到第 8 周依次为 280，330，210，230，260，350，330，130；预测时区是第一周至第二周；计划时区是第三周至第六周；需求时区是第七周至第八周。制订并准

备好 MPS 计划，包括毛需求量、净需求量、MPS 计划量、预计库存量等。

⑤简述主生产计划的编制步骤。

4.5　案例分析

主生产计划员小传

星期三上午 11：50，C 电器设备公司首席生产计划员朱女士正准备去吃午饭，忽然电话响了起来，是这家公司分管销售工作的副总经理打来的。

"朱小姐，您好！ 刚才接到了我们浙江销售代表打来的电话，说要是能比 D 公司发货还快的话，能与某大型企业做 A3 系统这个大买卖吗？"

"这可真是个喜讯啊！"朱女士答："一个 A3 系统能卖出 100 万元！"

"没错。"副总经理表示，"这将成为新的重要客户，虽然始终被 D 公司所掌控，但是只要迈出第一步，后续业务也就随之而来。"

朱女士深知副总经理打来电话绝不是为了向他通报这一喜讯。"要是能比 D 公司发货快的话"，这就是来电的理由。身为主生产计划员的她预感到副总经理接下来要说的话是重点，因此聚精会神地倾听。

"朱女士，您知道吗？ 发货是一个很大的销售问题，D 公司已将其交货期由最初的五个星期减至四个星期。"副总经理顿了顿，可能要朱女士有思想准备。之后继续问："要想把这个业务接下来，就要比 D 公司做得好，能不能在三个星期内给公司一个 A3 系统？"

今天早上，朱女士刚刚视察了 A3 系统主生产计划。她了解到近几个星期生产线已全部排满，A3 系统累计提前期为六个星期，似乎不得不修订该方案。"是不是三个星期后出货？"朱女士问。

"怕是没办法，三个星期就要到客户码头！"副总经理回答。朱女士及副总经理均清楚，A3 系统体积过于庞大无法空运。

"那么，我这就去解决这个问题。"朱女士说，"两个小时后我会回电给你，我要核对一下主生产方案，还要跟相关人员商量一下。"

副总经理前去吃饭。朱女士一直在努力解决这个问题。她对 A3 系统的主生产计划进行再审视研究。多套 A3 系统正在生产过程中，这些生产计划都是针对其他用户。考虑到目前可利用的技能和材料，她要尽力让销售代表赢得这一新的重要客户，同时她也要让别的老客户感到满意，这就是她的任务。

13：50 朱女士致电副总经理："请你告诉你的销售代表，从现在起三个星期内，一个 A3 系统能到客户码头。"

"太棒了！朱小姐，您怎么解决的啊？"副总经理开心地问。

"情况是这样，我们有个 A2 系统在投产，我让你的助理打电话给 A2 系统用户代表，与对方商量是否能延期两周发货？我们向这个用户保证，只要用户同意延期两周发货，我们就会替用户延长产品保修期，用户同意后我们财务部门会审批。我可以修改方案，用现有材料及容量将 A2 系统提升到 A3 系统即可准时发货。但还存在一个难题，如能得到解决，这对你们浙江销售代表来说是绿灯。"

"什么问题？"副总经理有些着急。

"你们广东的销售代表在 A3 系统上有个单子正在跟进，如果按刚才我讲的修改方案，这单可能要延期三四天，你看行吗？"

副总经理明白，任何对原计划的修改都需要花费一定的时间成本。"嗯，我去解决它。"副总经理表示。

问题最终解决了。朱女士看了看手表，此时为 14：15，她感到了饥饿。

思考：

根据这个案例，大家认为作为企业的主生产计划员需要具备哪些素质？为什么？

第5章
物料需求计划

扫码获取本章课件

5.1　MRP的定义与作用

物料需求计划（Material Requirement Planning，MRP）的定义会根据行业的不同而有所差别，但其定义的核心观点包含两点：第一，它是制造企业内部对物料使用计划的管理模式，计划层级按照各产品之间的从属和数量关系展开，计划所针对的对象为每个物品，时间基准为完工时期，即从最终完工时间倒序安排各个物品的使用情况，而各个物品使用的先后顺序则根据提前期的长短具体而定。第二，它是帮助企业进行材料加工和订货的实用技术，它关注的数据为加工进度和订货日程，计算二者的过程为：首先，根据产品的市场调研生成市场需求预测和客户订单，从而制订生产计划；其次，根据生产计划生成进度计划、材料结构表和库存状况；最后，对物料需求量和需求时间进行详细计算，最终确定加工进度和订货日程。

MRP 逻辑流程如图 5-1 所示。

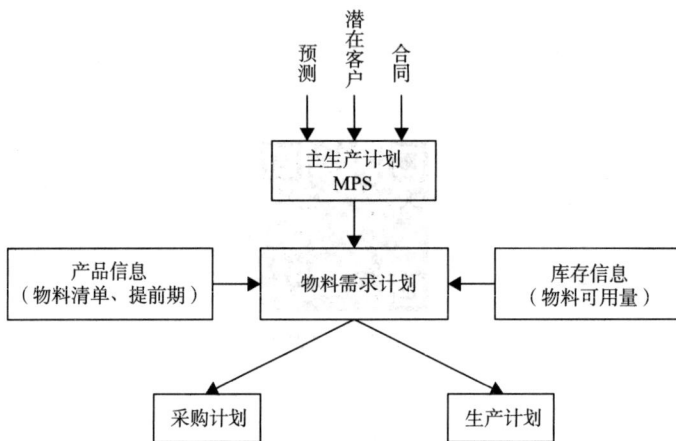

图 5-1　MRP 逻辑流程

图 5-1 中，根据市场调研预测产品销量趋势、挖掘潜在客户以及与有意向的客户签订合同，这三部分构成主生产计划；产品的物料清单涉及产品结构，提前期涉及产品的零件采购，二者共同构成了产品信息；物料可用量则反映了产品零部件的库存信息。管理者根据主生产计划、产品信息以及库存信息制订物料需求计划。制订的物料需求计划作为采购和生产计划的依据。

5.1.1　MRP的基本思想

MRP 是一种基于点管理方法计划中的发展方向和软件布局的新库存计划和控制方法。其主要内容包括三部分：客户需求管理、生产计划、原材料计划和库存记录。

其中，客户需求管理包含客户订单控制措施和销售分析。把真实客户订单和科学的消费者市场需求分析相结合，就可以获得消费者具体的需求类型和需求量。必须注意的是，客户市场需求分析应当是一种科学的分析预测，而非一种客观猜想或只是一个客观性的想法。

生产计划涉及最终消费者的持续时间和总数，这将是选择人力资源、机械设备、原材料和财务资源的基础。此计划应该是考虑客户满意度和目前库存量之后得出的结论。其中，产品规划的需要非常准确，因为产品的错误规划很可能会导致网络资源的过度消耗或无法满足客户的要求。

原材料计划是在产品生产计划中基本制订的原材料使用计划，描述产品生产所需原材料的细节。在考虑选购的原材料以前，需要查验现阶段的库存记录从而确定选购的数量，因而，保证库存数据信息的精确性至关重要。

MRP（物料需求计划）的重要理念是紧紧围绕原材料变换来组织生产加工，完成按需、按时以及最经济实惠的生产，这样既避免了拖延工期，也避免了提前完成的现象。

5.1.2　MRP相关概念

①主生产计划：详见第 4 章。

②物料清单（BOM）：详见第 2.2 节。

③库存记录：它详细记录了构成产品的各类零部件的库存使用情况。例如，零部件和供应商的属性信息、零部件的库存现有量、在途量、订货周期及批量、安全库存，以及根据客户订单确定的产品交接日期等。

④提前期：它是指产品或各个零部件投入生产的时间比最后完工时间的提前量，它对于下达生产计划时间十分重要。提前期具备两个特点：第一，某个产品的下一级部件的完工日期必须早于该产品的交货期，部件和零件的关系同理于产品和部件的关系，以此类推。第二，根据提前期的定义可以断定，产品结构树梢上的最精细的零件或原材料交货最早，然后递推部件和产品的提前期。

值得注意的是，库存记录中具有两部分重要数据：一部分是描述物料类型的数据，要在实施 MRP 之前确定，如原料编号、描述、提前期、安全库存等；另一部分是可视化所需的数据，如总需求、库存、净需求、计划配送（订单）数量等。MRP 运行时，可视化数据是不断变化的。这两类数据描述了库存状况，包括以下概念：

①总需求（Gross Requirements）。它是包括直接相关和间接相关的所有需求的总和。它的来源可根据产品的层级具体细分，如产品级原料的总需求来自 MPS，而零件级原料的总需求则来自顶层原材料的计划订单数量。

②预计到货量（Scheduled Receipts）。尚在生产或采购而没有入库的产品或零部件。

③现有数（On Hand）。仓库中可供实时生产调配的库存量。现有数 = 上期期末现有数 + 本期预计到货量 - 本期总需求量。

④净需求量（Net Requirements）。净需求 = 总需求 - 库存量 - 预计到货量。

⑤计划接收订货（Planned Order Receipts）。公司所生产的产品不足以满足客户需求时，需要额外订货，从而满足客户的需求，该额外订货量为计划接收订货。

⑥计划发出订货（Planned Order Release）。它与计划接收订货数量上相等，但意义不同，它在时间上比计划接收订货提前一个时间段，此时间段记为"订货提前期"。

5.1.3　MRP的作用

MRP在整个供应链中起承上启下的作用，承上是指将主生产计划中的产品需求，通过物料清单BOM转化为物料需求；启下是指将物料计划转化为生产订单或采购订单。它的目的是精准确定物料所需的时间、数量和名称，即生产什么，用到什么，已有什么，什么时候、什么地点需要。由于内外界因素的不确定性，计划时刻在变，MRP需要灵活地适应变化，确保物料到货的及时性和准确性，以此来帮助企业计划生产和库存，以确保客户在规定时间收到他们需要的产品。同时，它还可以帮助供应商实现管理、采购、成本分析和优化供应链运营。

MRP的作用如下：

①使企业能够保持生产的及时性，根据物料需求计划定时获得生产所需的原材料及零部件，并及时投入生产，从而保证按时满足客户的需求。

②使仓库中保持尽可能低的库存水平，以避免断货。

③能够提前计划企业的生产与采购活动，从而使各类零部件、外购件与装配件等在时间和数量上精确衔接。

④帮助企业管理数据库和文档。数据驱动的生产制造依赖众多信息的形成、分析和展现。MRP系统能够降低依赖性，从而加快信息管理全过程。

⑤帮助企业及时发现因原材料紧缺而导致的生产流水线短板。MRP系统使生产商可以依据目前原材料重新考虑生产制造。

⑥提高企业员工的工作内容的准确率。针对调优的工作内容，必须在恰当的时间段以合理的总数给予合理的原材料。制造企业可以运用MRP系统来均衡调度。拥有MRP系统，制造企业可以降低消耗，依据预测分析分配生产制造。

⑦帮助企业进行商谈。为了改变当代供应链管理的多元化，必须协调供应商关系。MRP系统精准地追踪供应商的采购单、落地式成本和其他有关成本。它使合同谈判井然有序开展，进而为管理者提供精确的合同书信息。生产商可以按照这种信息商议特惠合同。

随着新技术的不断发展，MRP系统在过去的时间里发生了较大转变。MRP越来越模块化并可定制化。融合了云服务项目后，MRP系统不但减少了成本，也提高了生产效率。它使公司可以操纵购置成本和分配交货时长，以顺利达到客户的要求。

5.2　MRP的编制

MRP 的使用逻辑包括以下步骤：第一步，依据产品结构表，明确每一个层级原材料的总需求；第二步，依据库存量情况，明确每一种物品的净需求；第三步，依据设备的最后交货日期与生产过程的关联，反推各部件或零件的投入和生产制造日期；第四步，依据订单总数和提早期明确订单日期和生产总量。

MRP 有两种运作模式：再生模式和净变化模式。再生模式是依据主生产计划按时再次测算 MRP。这类方式适用方案平稳、需求变化并不大的 MTS（库存量导向型生产制造）。净变化模式是当需求模式发生变化时，只解决变化的数据信息，测算这些受影响的需求变化部分。净变化模式可以在所有时长或每日完毕时解决。

编制物料生产计划流程如图 5-2 所示。

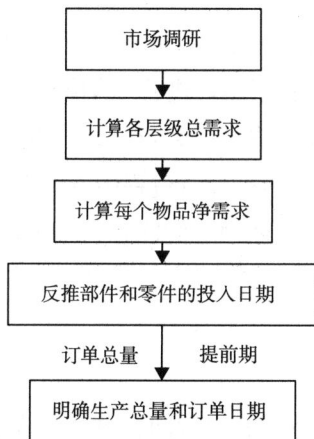

```
          ┌──────────────┐
          │   市场调研    │
          └──────┬───────┘
                 ↓
          ┌──────────────┐
          │ 计算各层级总需求 │
          └──────┬───────┘
                 ↓
          ┌──────────────┐
          │ 计算每个物品净需求 │
          └──────┬───────┘
                 ↓
          ┌────────────────┐
          │ 反推部件和零件的投入日期 │
          └────────┬───────┘
    订单总量            提前期
                 ↓
          ┌────────────────┐
          │ 明确生产总量和订单日期 │
          └────────────────┘
```

图 5-2　MRP 编制流程

在制订物料需求计划之前，掌握主生产计划、物料清单、库存记录、提前期四项数据是基本要求，计算均围绕这四项数据展开。任何元素中的数据不详细，都将导致 MRP 公式的不正确。因此，企业制订物料需求计划之前，必须充分获取、处理及分析这四项数据，并确保它们的可靠性和及时性。

一般来说，计划和物料要求的制定基于生产计划主管披露出来的相应物料的要求和持续时间，然后定义物料前一阶段的生产或持续时间订单的计算概念。实际上，还需要如下计算：

①分别计算产品级、部件级、零件级以及原材料级总需求。将产品层层分解，首先计算大型生产计划和物料细节的第一级物料对象的总需求，然后在第一级物料对象下方计算下一级物料对象的总需求，直至最小单位，即原材料的总需求。

②网络要求。根据总需求、可用库存等计算每个物料的网络要求。

③大规模账户需求。对于产品的生产、采购等产生重大影响的账户群，这部分账户的总需求也需要考虑在总需求中。

④计算库存价值、拒收率、损失率等。这些因素会影响库存量、在途量、订货周期等，对库存管理、生产调度以及物料需求计划的制订有重要影响。

⑤订单上的计划信息。即在交付日期之前生成的预订信息订单。根据物料需求计划生成的实际生产计划只有在考虑实际生产环境及生产策略之后才能发布。

5.3 MRP与其他模块的关系

5.3.1 制造资源计划

制造资源计划（MRP Ⅱ）是一套对制造业企业生产活动进行规划与控制的管理模式，作为一种企业管理理论与方法，MRP Ⅱ在国际上具有一定的代表性。MRP Ⅱ是MRP的进一步拓展，其范围包括企业生产活动的所有领域。通过把企业所需进行的经营计划、销售、分销、采购、制造等活动进行归纳统一，从而形成面向生产管理的集成化系统，即 MRP Ⅱ。MRP Ⅱ以整体最优为目标，结合计算机技术和科学方法，从而计划、组织、控制和协调制造业企业生产经营过程中所涉及的制造资源和生产经营活动，在保证连续均衡生产的同时，又对各种物品的库存量进行限制，能够有效提高企业的经济效益。

5.3.2 主生产计划

主生产计划（MPS）根据已有的客户合同，对生产制造活动进行时间划分，主要负责对企业的产品生产数量及产品交货期进行提前规划，并实现对企业生产制造活动的安排、跟踪和生产调度。概括地说，MPS描述了企业"将要生产什么"。MPS是MRP Ⅱ的一个重要计划层次，同时也是制订MRP与能力需求计划（CRP）的主要依据，整体上具有承上启下的作用，并且MPS也是宏观计划向微观计划过渡的关键节点。

5.3.3 企业资源计划

1990 年，企业资源计划（Enterprise Resource Planning，ERP）被提出，是一种系统化的供应链管理思想。ERP以信息技术为基础，实现对制造业企业物料、人员、资金和信息的集成化管理。作为一个实现跨组织进行信息集成化管理的企业软件，ERP能够为供应链的运行提供支撑功能，实现企业多部门的协调，提高业务流程的灵活度，以及对市场需求的响应速度。ERP进一步拓展了 MRP Ⅱ，加入了质量管理、实验室管理、业务流程管理、产品数据管理、人力资源管理等功能。ERP将企业管理范围拓展到了供应链层面，从整体上提高了企业的资源利用率和业务运作效率。

MRP、MRP Ⅱ、ERP 三者间的发展过程如图 5-3 所示。

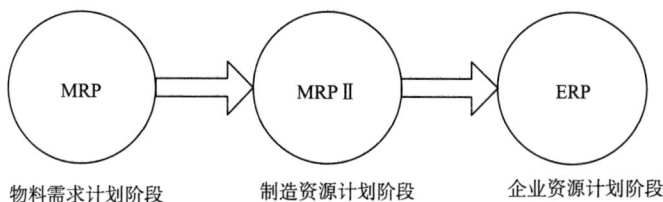

图 5-3　MRP、MRP Ⅱ、ERP 三者关系

MRP 是 MRP Ⅱ 的基础，而 ERP 则是在 MRP Ⅱ 中增加了现代管理技术，从而实现了更加广泛的应用。三者之间的不同可以概括为以下三点：

① MRP 是一种保证物料及时供应的计划方法，主要包括原料、生产、销售和产品结构，虽然 MRP 实现了企业物料信息的集成，但不能对企业的经营效益进行评估。

② MRP Ⅱ 基于管理会计概念，围绕产品结构，实现物料、人员、资金和信息的集成化管理。MRP Ⅱ 的管理范围更多地限制在了企业内部。

③ ERP 是 MRP Ⅱ 的扩展与延伸，能够实现供应链范围的管理信息集成。发展至今，ERP 已经超越制造业这一限制，成为具有广泛适用性的企业管理信息系统。

5.4　思考与练习题

①制造企业为什么使用 MRP 系统管理物料？

② MRP 系统的三项主要输入是什么？

③ MRP 的目标是什么？

④ MRP、MRP Ⅱ、ERP 三者间的区别和联系是什么？

5.5　案例分析

A企业生产控制系统软件智能化

A 企业的生产单位坐落于当地南边的一个小社区里，由生产主管胡先生负责生产经营活动。由于 A 企业不存在产品库存量，椅子的生产量往往因时节变化而不同。以下是对 A 企业目前生产经营活动流程的详细描述。

一、客户订单的处理方法

每一份客户的订单有一个指定配送日。当企业接到订单后，就按照客户指定的日期对当月的生产量进行规划。这些规定了特殊配送日期的订单，大多会在交付期前半个月内接单，因为A企业很少能够在三个星期内完成订单。当一个月的订购量到达生产极限值时，胡先生就要确定选择终止接收订单或者提高生产量。A企业每周都会形成一份历时三个月的生产报告，以记录客户的来单状况、现有订单情况及计划生产水平。

A企业运输产成品的渠道包括铁路货车和道路货车。A企业根据运送计划，将生产计划以周为单位进行划分，以方便分配货运物流。表5-1为未来三个月的运送安排。

二、物料需求整体规划

A企业的生产控制部有一个主管和三个员工。他们依据运送计划标准构件构造明细（BOM）确定完成订单所需要的零件，物料需求命令的下达以周为单位。

作为生产控制部门的主管，胡先生认为现有的零件生产控制管理体系应该做一番改动。在他看来，目前有三个地方需要调整：零件生产命令（Parts Ordering）、设备负载（Machine Loading）和生产率设置（Production Rate Setting）

胡先生目前的困扰在于：一些零件存在积压情况，另一些零件又出现缺货情况。每日总会出现工人汇报某些零件缺货的情况。随之而来的就是组装工人在面临零件缺货情况时，选择使用非标准零件，这往往是由于组装工人想要赚取更多的计时工资。

当零件缺货时，按照规定，配送工人应当及时反馈这一情况，并且严格控制配送零件的质量，但是这些要求很少能够强制执行。

三、生产控制系统软件智能化

假设你为某咨询管理公司工作人员。胡先生决定聘请贵司为A企业评估生产控制系统软件智能化的项目可行性，以及制订合适的调整方案。因为是企业收益最大的产品并且构造简单，弹簧垫椅被选为A企业生产控制系统软件智能化的示范点。生产控制部提供的资料显示，A企业生产的弹簧垫椅有两种类型，其关键构件主要包括：架构、装饰品和椅罩。每一个具体构件由多个小零件组合而成。表5-1～表5-3为成品构件构造明细，表5-4为各类材料的库存产品状况和订单计划。

表5-1 弹簧垫椅运输计划

周	1	2	3	4	5	6	7	8	9	10	11	12	13
豪华型		350	250	400	150	350	300	400	140	350	300	350	150
超级型		150	150	150	75	150	160	100	100	160	150	120	75

表5-2　豪华型弹簧垫椅部件结构清单

编号	等级	项目叙述	父母代	单位需求	前置时间（周）
001	0	成品 DELUXE	001		1
004	1	框架 FRM-DLX	001	1	2
005	1	装饰品 UPHLSTRY	001	1	1
006	1	椅罩 CVR-DLX	001	1	1
0017	1	五金组件 HRDWRE	004	12	2
007	2	配件 FRM-A1	004	4	1
008	2	配件 FRM-B1	004	2	1
009	2	配件 FRM-C1	004	1	1
010	2	配件 FRM-D1	004	1	1
011	2	配件 FRM-E1	004	4	1
012	2	配件 FRM-F2	005	4	1
013	2	配件 FRM-G2	005	1	1
014	2	配件 FRM-H2	005	1	1

表5-3　超级型弹簧垫椅部件结构清单（一）

编号	等级	项目叙述	父母代	单位需求	前置时间（周）
002	0	成品 SUPER			1
003	1	框架 FRM-SPR	002	1	2
005	1	装饰品 UPHLSTRY	002	1	1
015	1	震动器组件 VBRTR	002	1	2
016	1	椅罩 CVR-SPR	002	1	1
017	1	五金组件 HRDWRE	002	12	2
007	2	配件 FRM-A1	003	4	1
009	2	配件 FRM-C1	003	1	1
011	2	配件 FRM-E1	003	4	1
018	2	配件 FRM-J1	003	2	1
019	2	配件 FRM-K1	003	2	1
012	2	配件 FRM-F2	005	4	1
013	2	配件 FRM-G2	005	1	1
014	2	配件 FRM-H2	005	1	1
020	2	配件 FRM-O2	015	1	1
021	2	配件 FRM-P2	015	1	1
022	2	配件 FRM-Q2	015	1	1

表5-4　超级型弹簧垫椅部件结构清单（二）

材料	等级	SOQ	现有存货	前期拖欠	计划收货	收货时间
DELUXE	1	LFL	0	0	350	第1周
SUPER	2	LEL	0	0	550	第1周
FRM-SPR	3	LEL	0	0	0	
FRM-DLX	4	LEL	400	0	400	第1周
UPHLSTRY	5	500	500	0	0	
CVR-DLX	6	500	350	0	0	
FRM-A1	7	LFL	2000	0	0	
FRM-B1	8	LFL	700	0	0	
FRM-C1	9	LFL	400	0	0	
FRM-D1	10	LFL	600	0	0	
FRM-E1	11	LFL	1800	0	0	
UPH-F2	12	500	1800	0	0	
UPH-G2	13	500	450	0	0	
UPH-H2	14	500	450	0	0	
VBRTR	15	LFL	0	0	150	第4周
CVR-SPR	16	500	0	0	0	
HRDWRE	17	2500	4000	0	4000	第2周
FRM-J1	18	LFL	250	0	0	
FRM-K1	19	LFL	250	0	0	
FRM-02	20	250	150	0		
FRM-P2	21	250	250	0		
FRM-Q2	22	500	1000	0		

思考：

请利用你所学习的 MRP 相关知识，根据案例中所提供的信息，为 A 企业生产控制系统智能化示范点的研究提供参考方案。

第6章
能力需求计划

扫码获取本章课件

6.1　粗能力需求计划

粗能力需求计划（Rough-cut Capacity Planning，RCCP），即在闭环 MRP 中首先设置主生产计划，而后再以关键工序的生产制造能力与计划生产量为依据，从而判断主生产计划是否具有可行性。

RCCP 可以说是用以明确主生产计划可行或者不可行的一种专用工具。RCCP 所发挥的作用主要是对 MPS 中计划目标的生产制造计划进行转换，将其转换为工作中心的能力要求。在此情况下，MPS 中的生产制造计划便是生产制造负载，关键工作中心便是生产制造能力。而当生产制造能力大于或等于生产负载，即说明 MPS 是可行的；反之，MPS 不具可行性。若无 RCCP 判断这一步骤，MPS 则不具有可靠性，因为生产制造企业很有可能达不到 MPS 中计划设定的任务目标。

6.1.1　粗能力需求计划的对象和特点

一般来说，企业内具有的关键资源即是 RCCP 服务的对象。所谓关键资源，是指物料、资金以及员工，可分为有形资源和无形资源，通过下列管理方法进行管束：

①瓶颈工作中心。其对资源的加工存在局限。

②经销商。其对企业提供货物等资源的能力比较有限。

③自然资源。企业能够投入生产制造使用的物料比较有限。

④专业能力。企业必需但欠缺的优秀人才。

⑤能够承包的工作中，例如，涉及商业机密等私人原因，本身能力不够却无法外包的工作。

⑥资金。企业内部的流动资金比较有限。

⑦运送。企业的运送能力受各种影响存在盲区。

⑧仓库。企业用于储放物料的仓储室内空间不足。

与能力需求计划不同的是，RCCP 更偏重对关键资源的产能和负载的衡量，极大地简化了全部能力平衡工作，不涉及工艺路线等信息的关键点。与此同时更利于缩短能力平衡所必需的时间，从而使能力平衡工作效率更高。因此，有利于在更早的 MPS 环节而不是 MRP 阶段就进行能力平衡，降低中后期工作具体能力平衡的压力。

但是，由于 RCCP 忽视了一些其他影响因素，RCCP 所生成的方案也存在一些不足，如图 6-1 所示。

首先，真实度差。这是因为在 RCCP 中只衡量关键资源，但在一些情况下，非关键资源也可能会转变为关键资源，因此难以确保由 RCCP 平衡的计划一直可行。

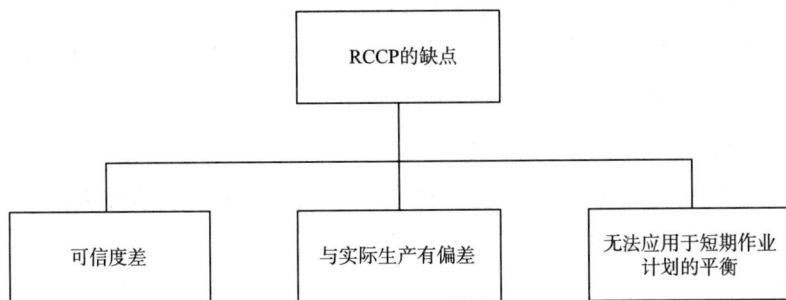

图 6-1 RCCP 的不足

其次，存在误差。由于 RCCP 并没有考虑目前库存量、在制品总数、提前期等 MPS 的数据信息，这就导致 RCCP 的平衡计划与实际情况产生误差。

最后，RCCP 只适合针对中、长远计划的平衡工作，对 MPS 的可行性加以指导。然而 RCCP 并非基于实际，且其也并不算是一种细致的方法，所以并不适用于短期计划的平衡作业。

6.1.2 粗能力需求计划的编制方法

一般来说，编制 RCCP 的方法有两种，即资源清单法和分时间周期的资源清单法。这两种方法的显著区别是，资源清单法是一种相对简易的方法，忽略提前期对结果的影响，经常导致负载虚高；分时间周期的资源清单法，顾名思义，由于考虑了提前期对结果的影响，因此相较资源清单法更准确。可见，分时间周期的资源清单法是在资源清单法的基础上加入了对提前期的考量，资源清单法可以看作是基础，因此现阶段普遍使用的也是资源清单法。

①资源清单法的具体编制步骤如图 6-2 所示。

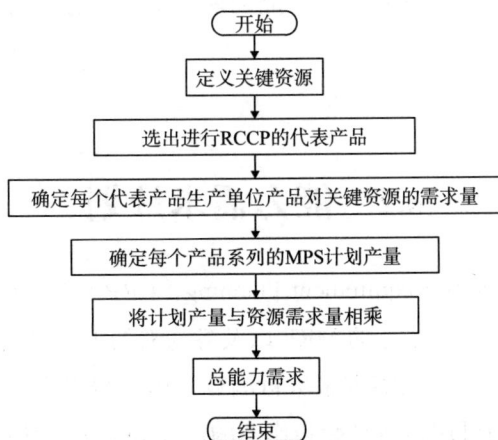

图 6-2 资源清单法的编制步骤

步骤一：对关键资源进行概念界定。

步骤二：针对 MPS 的所有系列从中挑选具有代表性的产品开展 RCCP。

步骤三：根据所选的代表产品，通过 MPS、BOM、工艺路线、具体零件的各个平均批量等方法明确生产单位产品的关键资源需求量。

步骤四：明确产品 MPS 计划生产数量。

步骤五：将 MPS 计划生产量和能力清单中的资源需求数量两者相乘得出结果。

步骤六：在乘积的基础上再加上非产品系列需要的能力，最终的结果即是相对应计划的总能力需求。

②分时间周期的资源清单法具体编制步骤如图 6-3 所示。

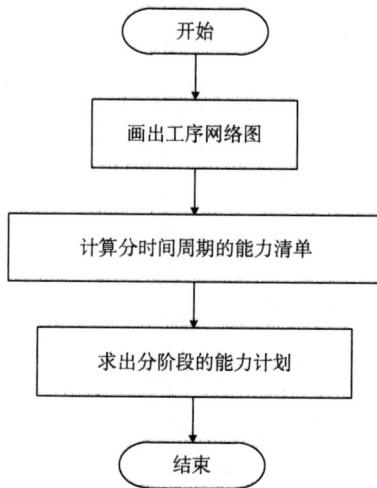

图 6-3　分时间周期的资源清单法编制步骤

步骤一：将选择的具有代表性的产品工序图画出来。

步骤二：计算出其不同时间周期的能力清单。

步骤三：依据主生产计划和各代表产品的能力清单，分别得出不同阶段的具体能力计划。

6.2　能力需求计划

能力需求计划（Capacity Requirement Planning，CRP）是一种测算 MRP 需要产能的计划管理方案，CRP 将各工作中心的 MRP 以及各物料的工艺路线作为测算依据，精准地对各生产工序、各作业对资源的需求量进行测算，由此得出人力负荷、设备负荷等相应结果，再按照各作业期的可用能力平衡各作业的产能和负荷，从而实现企业的生产目标。CRP 是平衡资源和能力的过程。CRP 工作流程如图 6-4 所示。

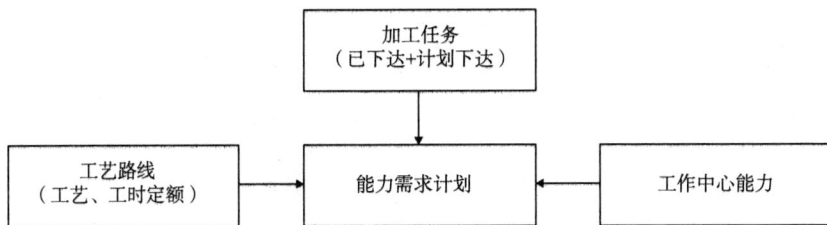

图 6-4　CRP 工作流程

6.2.1　能力需求计划的对象和特点

能力需求计划（CRP）的对象通常指的是工作中心。

CRP 是 MRP Ⅱ 系统软件的重要组成部分，是能够对生产制造计划与各类生产制造资源联合开展管理和计划的一个功能。CRP 用于在 MRP 具体实施下达至车间以前，对 MRP 的可行性进行验证分析，即：通过工作中心界定的能力，判断该生产能力是否满足生产制造的需求，以此检验 MRP 的可行性。若不可行，则对 MRP 进行相应调整；若确定可行，即可直接将计划交予车间，车间按照生产计划开始实施。CRP 将依据既定的工艺路线对每个订单进行检查，主要依据工艺流程的开始时间、完成时间和总数量核验时间和能力资源。

MRP Ⅱ 系统中的能力平衡一般包括无限能力计划和有限能力计划两种。无限能力计划对能力进行假设，将能力假定为不存在限制，直接对所有工作中心的负荷求和，从而找到超出或过低的负荷；而有限能力计划依据优先顺序配置给每一工作中心负荷。大多数 CRP 系统没有处理能力有限的难题，也就是依据 MRP 形成的计划是无限能力计划，尽管开展了能力计划，但没有更合适的处理能力矛盾的实施方案，正因如此，计划必定会偏离真实情况，其中一部分误差可以通过车间即时生产调度来清除，但一旦存在不能清除的误差，就会对实际生产制造产生影响。从另一方面来看，产生这类误差的原因是整体计划不适用，因此造成生产制造的混乱，所以，怎样产出合适的 MRP 既是整个 CRP 系统成功与否的重点，也是 CRP 系统能否用于实际情况的重点。

CRP 系统的特点（功能）如下：

①即时维修保管资源清单，也能够提供实际工序数据产生的资源。

②对能力核算展望期的界定和维护是可调的。

③灵活多样的粗能力需求计划结果，可分时间段总结，也可查询具体明细。

④精准详尽的细能力要求计划综合考虑了各种因素对结果的影响，如在制品等。

⑤能够正向或反向进行不同的排序。

⑥即时维护维修工作中心能力的输入／导出功能。

⑦可变的时间周期长度和周期数。

⑧能力需求的反查功能能够反向查询 MPS、MRP 等。

6.2.2 能力需求计划的制订方式

一般情况下，CRP 有两种制订方法，即无限能力负荷计划和有限能力负荷计划。

无限能力负荷计划在计算时不考虑能力负荷的限制问题。该计算方式的起算时间是订单的交货日期，依据工艺路线中的工作中心计划和工时定额开展反推计算。但这类计算仅仅是临时忽略生产能力的限制对结果的影响，在计划真正执行中，无论是什么原因，只要生产制造企业无法按时完成订单，就需要选用生产计划、加班、外包、替代工序等方法顺排，以此保证最终能够按时交货。这种时候，就是有限能力负荷计划发挥作用的时刻。

有限能力负荷计划的计算是根据工作中心能力不会改变的假设，将延迟时间订单的当期日期还剩余未完成的工序当成第一个编码序列，往前顺排，在能力容许的情况下，连续顺排后续的工序步骤从而持续达到计划目标，在规定时间内交货。

6.2.3 能力需求计划的编制方法

能力需求计划的编制包括四个步骤，如图 6-5 所示。

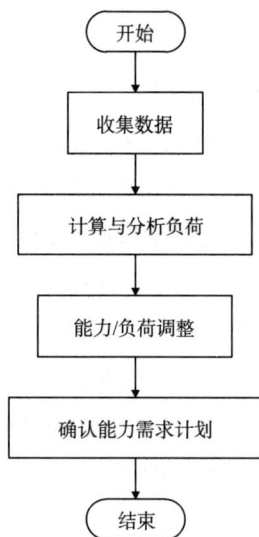

图 6-5 能力需求计划的编制步骤

（1）收集数据

CRP 的计算数据量非常庞大，计算过程中涉及任务单、工作中心、工艺路线、工序等各种来源的数据。一般来说，在计算 CRP 时，MRP 传达的计划订单中的总数和需求时间段可以作为计算依据，乘以自身工艺路线中的定额时间，从而转变为需求资源清单，这个结果再加上生产车间中尚未达成订单目标的工作中心时间，即为总需求资源。然后依据工作具体能力创建可用能力清单。只有得到以上所需的数据，才可以进行 CRP 计算和平衡。

（2）计算与分析负荷

将全部任务订单分派给相关工作中心，然后确定这些工作中心的负荷，依据任务订单的工艺路线——计算这些工作中心各自的负荷。再对这些负荷结果进行研究，分析实际工作中问题产生的原因，从而更好、更准确、更高效地解决问题。

其中，负荷的具体计算方法为：

负荷 = 该物料产量 × 占用该工作中心的标准工时

由上式可进一步得出，若能力 - 负荷 ≥ 0，即表示能力富余或恰好足够满足加工要求；而若能力 - 负荷 < 0，则说明能力并不能够满足加工要求。

（3）能力 / 负荷调整

如果出现负荷能力过高或过低的情况，一般从三个方面来考虑：调整能力、调整负荷或者两者同时调整。从能力方面调整的话，主要采用加班加工时、增加工作设备以及工作人员、提高工作效率、变更工艺路线、考虑外包或外协合作等方法；如果要从负荷方面调整，可以采用改动计划、调整生产批次、延迟交货日期、取消订单、交叉作业等方法进行。

（4）确认能力需求计划

经过详细研究和调整，将修改后的数据信息重新输入相关文件和记载，然后将能力、负荷调整到平衡状态，即可确定 CRP，下发任务单。

6.3 能力需求计划管理与其他模块的关系

能力需求计划（CRP）与物料需求计划（MRP）在结构分布上类似，同处于 ERP 系统的管理层，它与其他计划的关系如图 6-6、图 6-7 所示。（车间作业管理，Production Activity Control，PAC）。

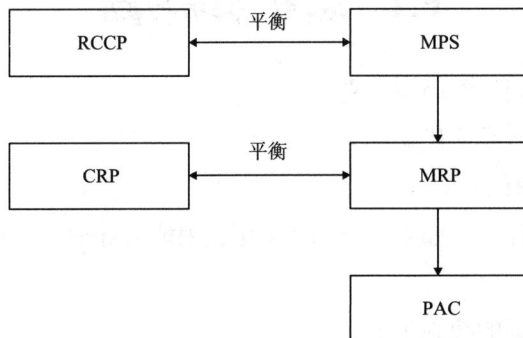

图 6-6 CRP 在 ERP 计划管理系统中的层次关系

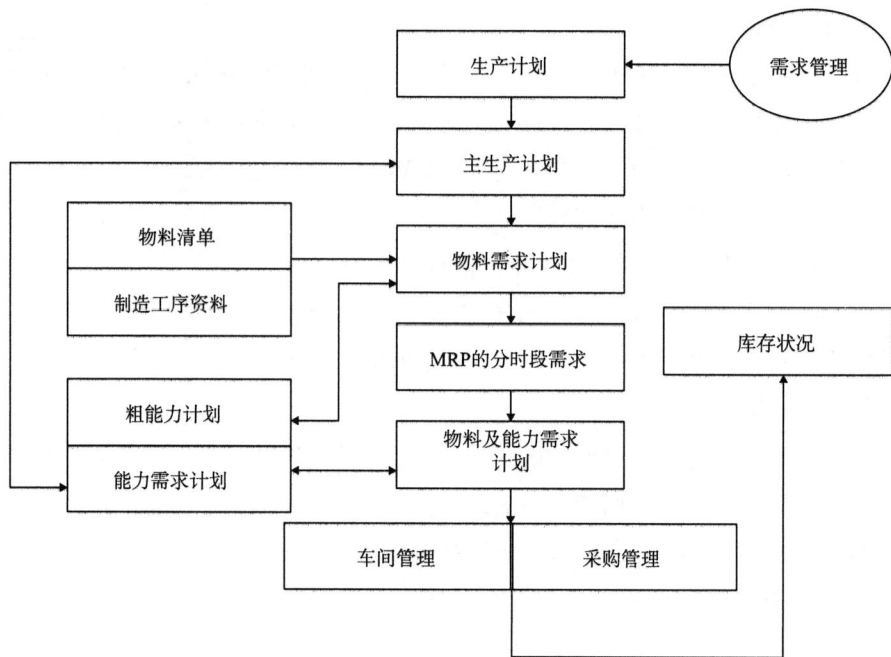

图 6-7　CRP 在 ERP 体系中的位置

　　粗能力计划是为了对关键工作中心的能力进行测算而产生的一种能力需求计划，该项计划面向的是那些设置为"关键工作中心"的工作中心能力。另外，粗能力计划也可以验证主生产计划的可行性。而能力需求计划是精准测算每一个生产制造环节和工作中心必需的各类资源，计算出资金、人、设备等资源负荷的状况，同时平衡好生产过程中的能力和负荷情况，其致力于根据对物料需求计划中的需求与企业目前生产制造能力的比较研究，尽快找出能力方面存在的问题，为企业生产任务的完成提供充分、即时的能力保障。

6.4　思考与练习题

　　①简述能力需求计划的作用与意义。

　　②粗能力需求计划有哪些优缺点？

　　③简述 RCCP 与 CRP 的区别。

　　④什么是无限能力计划？如果企业选择采用无限能力计划，能够反映企业怎样的管理思想？

　　⑤简述能力需求计划的编制步骤。

　　⑥若生产能力不足，调节能力的方法有哪些？若负荷过高，调节负荷的方法有哪些？

6.5 案例分析

编制产品A的能力需求计划

图 6-8、表 6-1、表 6-2 分别代表产品 A 的具体产品结构、主生产计划以及工艺路线，其中零件 D、G、H、I 为外购件，"（ ）"内数字为需要数量。

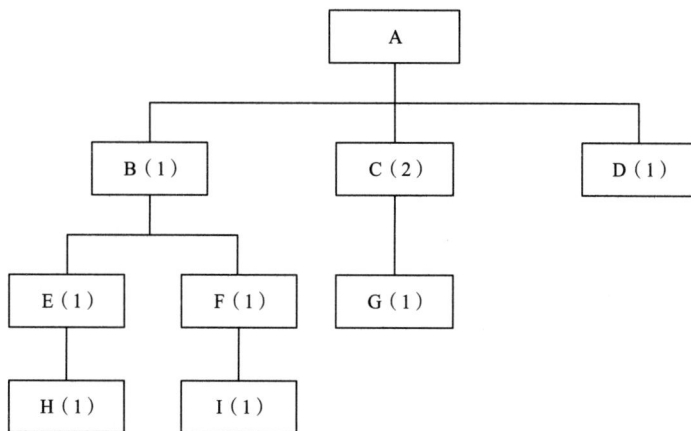

图 6-8 产品 A 的产品结构

表6-1 产品A的主生产计划

周次	1	2	3	4	5	6	7	8	9	10
主生产计划	25	25	20	20	20	20	30	30	30	25

表6-2 产品A的工艺路线

零件号	工序号	工作中心	单件加工时间	生产准备时间	平均批量	单件准备时间	单件总时间
A	10	30	0.09	0.40	20	0.0200	0.1100
B	10	25	0.06	0.28	40	0.0700	0.0670
C	10	15	0.14	1.60	80	0.0200	0.1600
	20	20	0.07	1.10	80	0.0138	0.0838
E	10	10	0.11	0.85	100	0.0085	0.1185
	20	15	0.26	0.96	100	0.0096	0.2696
F	10	10	0.11	0.85	80	0.0106	0.1206

思考：

通过以上资料数据，请根据本章对能力需求计划编制过程的讲解，尝试编制产品 A 的能力需求计划。

第7章
采购管理

扫码获取本章课件

7.1 采购管理概述

7.1.1 采购与采购管理的概念

笔者通过以下三个方面对采购的概念作出解释：

①采购是从物料市场获取所需物料的过程。

②采购行为属于经济范畴，是商业流程与物流活动的结合。

③发展原料来源：包括确定供应源，确保可持续供应及替代供应。

所谓采购管理，是以满足企业物料需求为目标，围绕采购计划而展开的一系列管理活动。在这个过程中，需要协调采购人员和企业其他部门人员，他们的使命就是动员企业所有资源、满足物料供应、保障经营战略目标的实现。

7.1.2 采购管理的作用与地位

企业的正常运营离不开采购管理活动。任何一个企业如果想为市场提供产品或服务，就必须依靠购买原材料或者消耗品来实现。对制造业企业而言，物料成本在全部产品成本中占有很大比例。当然，更为重要的是企业采购部门需要选择恰当的时间点，确定适当的价格、数量和质量，完成生产部门生产所需原材料及外加工零件的购买。采购成为企业运行的核心环节和获得利润的主要渠道，并由战术地位上升为战略地位。采购管理的地位如表7-1所示。

表7-1　采购管理的地位

价　值	地　位
价值地位	采购成本组成了企业运营成本的主体
供应地位	采购位于供应链管理中的主导地位
质量地位	采购品质量在一定程度上决定了产品质量

7.1.3 采购管理的基本内容

采购管理就是对整个采购活动进行管理，它涉及采购人员、部门、流程、供应商等。采购管理是为了用最少的成本确保采购工作正常开展，避免因采购业务出现问题对企业生产及产品质量造成影响。在实务操作中，采购管理包括质量、成本、库存、供应商以及采购信息5方面的管理。

7.1.4　采购管理基本流程

采购管理业务的执行包括一系列的活动内容与模式，其基本流程如图 7-1 所示。

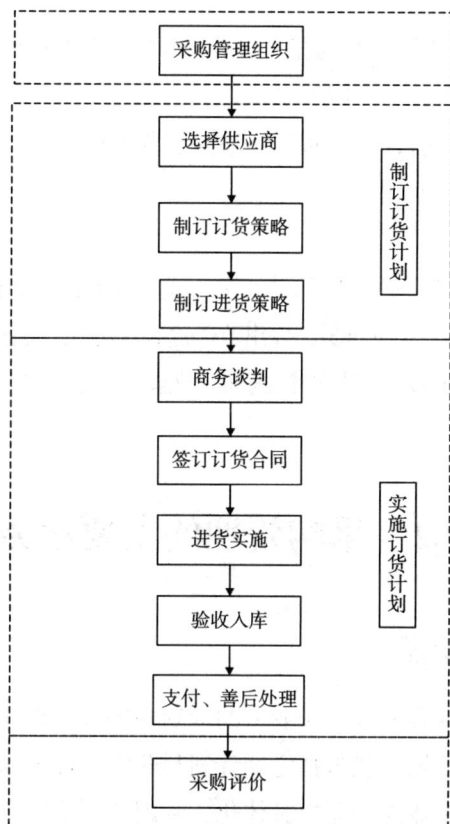

图 7-1　采购管理基本流程

（1）采购管理组织

采购管理组织作为采购管理中的基础单位，需要形成合理完善的管理机制，以实现企业繁杂的采购管理业务，并配备一定能力的管理人员与操作人员。

（2）需求分析

需求分析是为了明确企业需要购买哪种物料、购买数量、何时购买、质量要求等。在对企业物料需求整体把控的基础上，采购部门应当制订物需求计划，为制订科学、合理的采购计划奠定基础。

（3）物料市场分析

物料市场分析的基础是企业自身物料需求，包括市场物料分布、供应商、品种、质量、价格、物流等。其中，供应商分析和品种分析是重点，其目的是为采购计划的编制做好准备。

（4）制订采购计划

采购计划围绕物料需求品种和供应商状况展开，可行的采购计划包括目标供应商、物料品种、订货策略、物流策略及具体实施计划。它具体地解决了何时订货、订什么货、订多少货、给谁订货、如何订货、进货方式和付款方式等一系列计划性问题，是采购活动的整体概要。

（5）采购计划实施

采购计划的执行需要将采购计划与相关人员相匹配，并按照规定执行流程，具体流程为：

①与目标供应商进行沟通并开展贸易谈判。

②在订货合同成功签订后，进行货物运输并验收入库。

③支付尾款并进行善后处理。

（6）采购评估与分析

采购评估的时间点一般在单次采购活动结束后或者月末、季末和年末。其主要内容为：测评采购活动成效，反思不足，发现问题，提出改善途径与办法。通过总结和评价，企业能够肯定成绩，找出存在的问题，并制订相应的措施加以改进，使采购管理水平得到持续提升。

7.2　采购管理的主要业务

7.2.1　采购计划管理

采购计划管理的核心内容是编制企业采购计划并进行管理，确保采购计划及实施流程的适时性和准确性。采购计划一般包括定期计划与非定期计划两种。通过制订涉及多种对象和元素的采购计划，使企业采购需求具体化，利用这一系统，企业能够选择多种采购模式，如以销定购、以销定产、以产定购等，并为采购订单生成过程提供支撑。

（1）内容

①采购物料的数量、规格参数及标准。

②采购物料的价格及供应商。

③表单填写时间、完成时间要求、计划完成时间、实际到货时间。

④采购计划单中，物料信息不能手写。

⑤生产部输出的申请单与计划单中的编号相对应。

（2）采购计划的执行、控制

采购计划在实施与控制过程中，一是采购部需要同时按照总经理/主管副总已审批的计划单，下达给供应商，并追踪订货合同的签订情况，防止出现延期供货现象而影响生产进度或者其他部门正常运转；二是采购人员逾期完成采购进度时，需要填写"采购进度异常报告单"，并说明异常原因和预期完成时间，由总经理/主管副总审查后，转请购部门制订应对措施予以处置。最后，在请购货到齐时，由采购人员履行有关受理手续，与有关人员共同做好所购物料的收货工作。采购计划管理流程如图7-2所示。

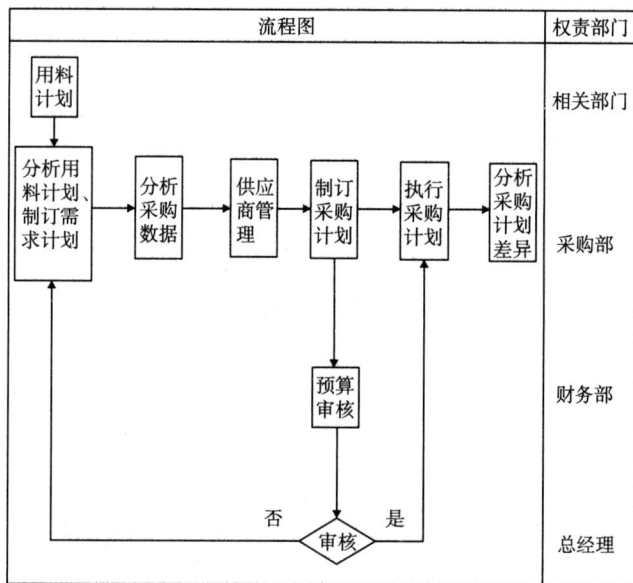

图 7-2　采购计划管理流程

7.2.2　采购管理

采购申请也叫请购，它主要由企业相关部门依据库存、销售等信息，结合随时搜集到的仓储及销售人员的采购意见，按时填制物料采购通知单，报主管业务部门管理者审批。物料采购单可导入，也可手动制作。每个需求部门将今后一段时期所需物料的品种和数量及其他有关资料提交给负责购买的部门。采购申请流程如图 7-3 所示。

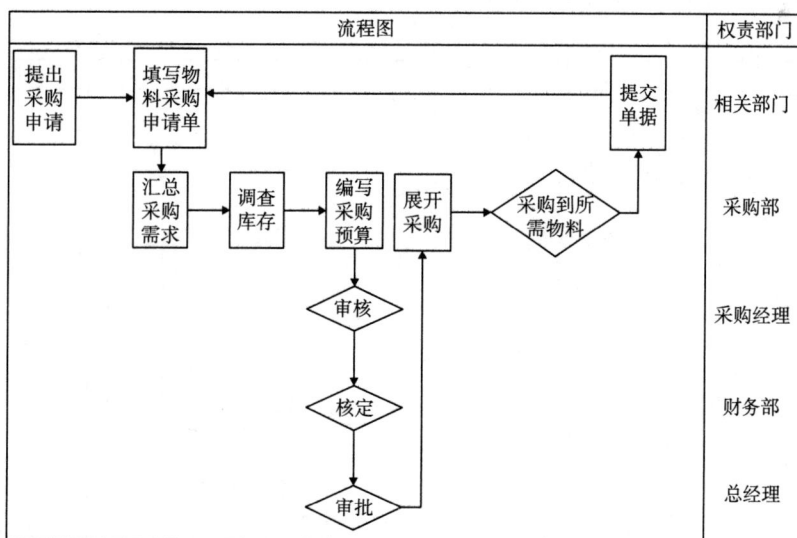

图 7-3　采购申请流程

（1）目的

对公司成本在源头上加以控制，保证采购行为精准、合理、高效地实施。

（2）适用范围

适用于原材料和耗材的采购，但不包括量产交货。

（3）职责

采购管理职责如表7-2所示。

表7-2 采购管理职责

部门	职责
需求部门	填写物料采购申请单
采购部门	判断采购物料价格，供应商执行采购活动
品质部门	依据采购物料的参数和性能进行物料验证
审批人	需求部门主管，采购主管，分管副总，总经理

（4）申请来源及走向

①内部申请：流程向内部物料、内部销售订单发展。

②采购申请：流程向外部发展为物料采购订单。

7.2.3 采购订单管理

采购订单管理的依据是采购计划或者请购需求，从确认采购订单到最后入库，采购订单流转过程中的每一个环节都要精准追踪采购业务协调，从而达到全过程管理的目的。流程配置能够实现不同采购流程的选择，如订单入库方式是直接入库还是通过质检再入库等，整个流程涉及采购存货计划状态、订单运输情况以及到货待检情况等方面的监测与管控。电子商务系统的应用使采购订单可以直接在线发送到供应商手中，从而实现在线采购。采购订单的管理流程如图7-4所示。

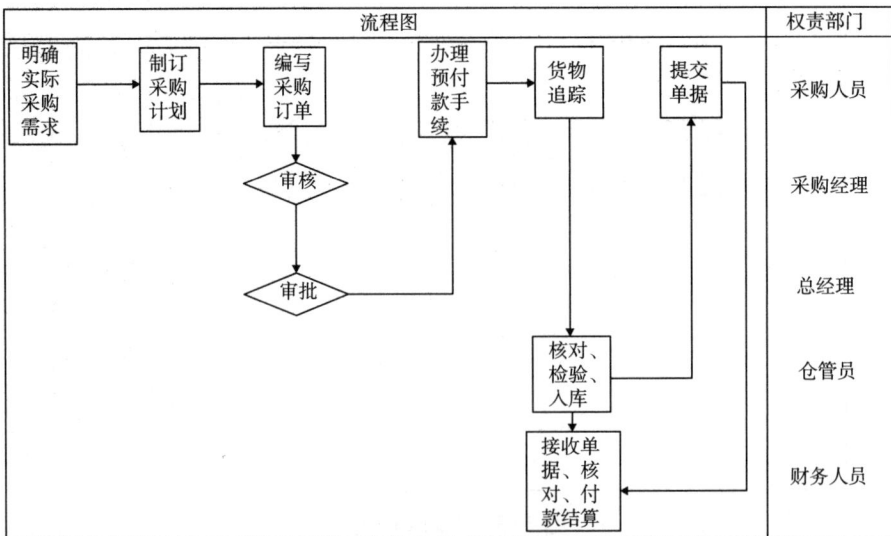

图7-4 采购订单管理流程

（1）目的

反映全部采购订单的严谨程度并保证采购物料能满足生产计划需求。

（2）适用范围

适用于公司所有正常下达的采购订单。

（3）职责

采购订单管理职责如表 7-3 所示。

表7-3　采购订单管理职责

部门	职责
技术部	负责对业务订单 BOM 表进行整理审查
PMC	负责所有物料的采购申请
采购部	负责有效地下达所有采购订单和追踪所有采购物料

7.2.4　收退货管理

（1）目的

为了加强对退货物料进行有效的管理，缩短处理周期，及时采取改进措施，以免造成不应有的浪费，企业建立了退换货处理制度。

（2）适用范围

物料质量问题，在运输中由于保护不善导致物料损坏，接近有效期，以及其他原因导致退换货。

（3）职责

①采购部：负责与供应商联系退货事宜。

②仓库：负责所退物料的出库及发运。

（4）工作程序

①退换货条件，如表 7-4 所示。

表7-4　退换货条件

序号	条件
1	物料品质问题，如损坏、不在保质期内等
2	数量短缺
3	质量不合格

②退货流程，如表 7-5 所示。

表7-5 退货流程

流程	条件	处理方式
1	物料到货	仓库的工作人员对到货物料进行检验，合格的物料进库，不合格的物料集中存放在不良品区域内
2	采购人员接到反馈	应以邮件方式告知仓库包装和出库发运情况，如不能返修则由采购人员与供应商商议换货或就地报废事宜，并请供应商重新发运等量合格物料

③采购退货流程，如图7-5所示。

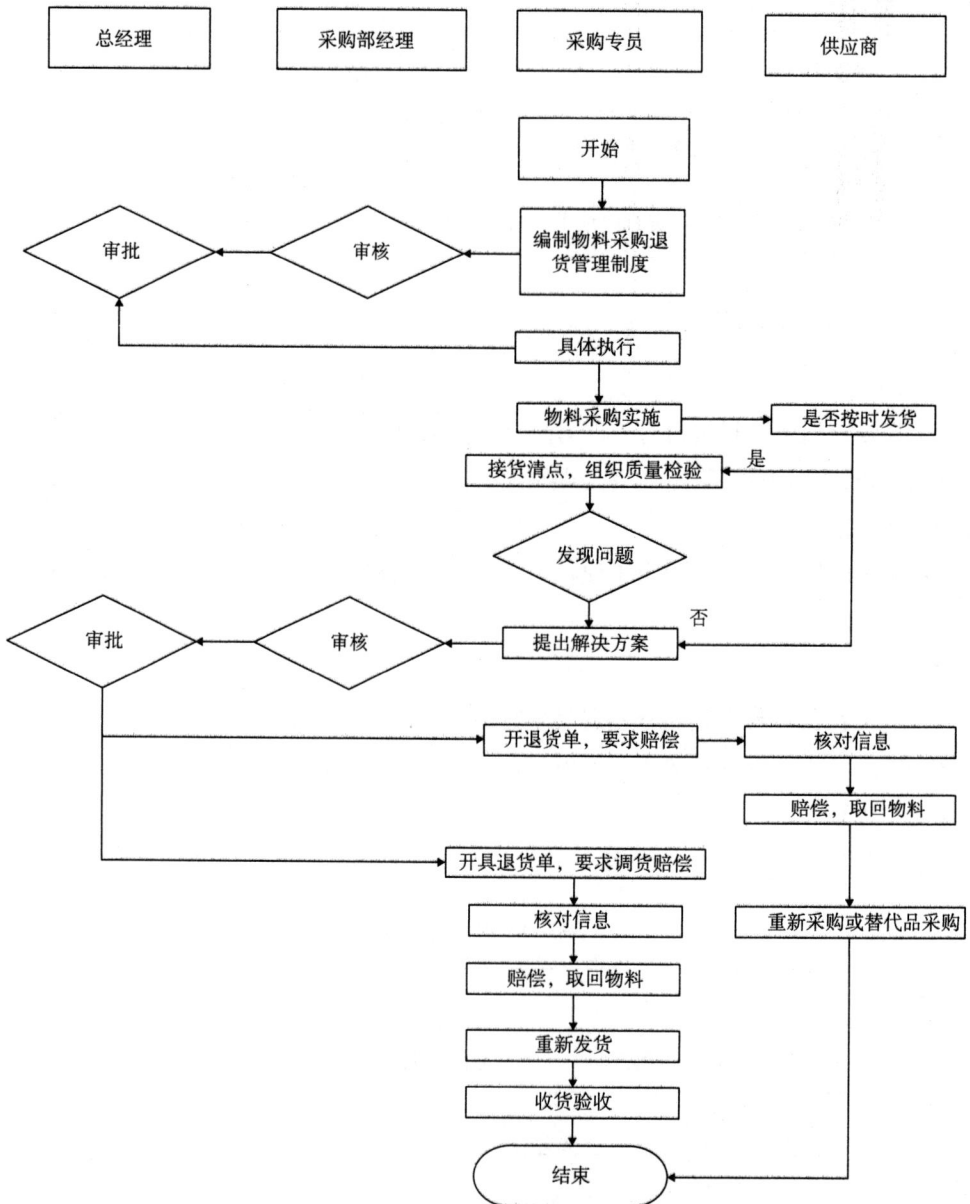

图7-5 采购退货流程

7.2.5　采购发票管理

（1）目的

规范采购货物发票的全过程管理，提升采购货物发票签发时间管理水平，有效地控制供应商超期限签发发票或者未签发发票风险，提高"三单匹配"效率，强化公司采购货物发票日常经营环节中的管理。

（2）适用范围

适用于公司所有采购相关业务。

（3）内容

①采购货物发票的管理是按照货到票到原则进行的，如果票不随货物到达而出现特殊情况，则签发时间不能超过货物交付后的半个月，若超出时间，应由采购人员发布书面函件催开发票。

②"四单"不符不准转财务部门。"四单匹配"中的四单包括采购货物发票、采购入库单、采购订单、收货验收单。

③采购人员从接到供应商出具的合格货物发票之日起，应当在 5 个工作日内向结算专员交齐发票 3 张，供应商于每月 23 日前（含 23 日）出具合格发票，采购人员须于当月 25 日以前交齐，若出现其他原因未能及时交齐，采购人员须向结算专员反馈理由，并于每周五向结算专员反馈本星期内交齐发票时间延迟理由情况表。

④在将发票交付给结算专员前，采购人员必须小心保存，如果此前发生发票遗失的情况，采购人员应负责赔偿；转交给结算专员后，应履行送达手续。

⑤不合格产品和不能当场解决、需要退货的产品，发票管理参照不合格品物料退货管理流程进行。退货须随发票一并退还给供应商（采购人员对发票退回供应商时的安全负责）。若经协商达成退换货共识，须与供应商订立退换货协议。

7.3　供应商管理

7.3.1　供应商管理

供应商管理就是向买方供应产品或者服务并据此收取费用，即能够为公司的生产提供原料、设备和工具等资源。供应商管理的目标如下：

①获得符合质量和数量要求的产品或服务。

②以最低的成本获得产品或服务。

③开发潜在的供应商，确保供应商服务质量，并按时发货。

7.3.2 供应商的选择和评估

根据合作时间，供应商的选择标准包括短期和长期两种。如表 7-6 所示。

表7-6 短期标准和长期标准

标准条件		选择原因
短期标准	物料质量合适	符合采购要求的物料质量是企业开展运营活动的必备条件，也是采购单位在物料采购过程中必须关注的首要问题
	成本低	供应商报价单成本分析是选择供应商的有效途径之一，成本包括采购价格和原料或零部件使用期间及生命周期终结之前产生的全部费用
	交货及时	供应商的交货时间准确与否也是选择供应商时需要考虑的要素之一。供应商是否能够按照商定的交货期限及交货条件安排供货，会对企业生产与供应活动的持续产生直接影响
	整体服务水平好	对采购者而言，能否用好所购物料决定了这一采购过程能否顺利完成，多是供应商谋求广泛合作的工具，供应商给予采购者相关技术支持才能实现共赢
	履行合同的承诺与能力	首先应判断供应商是否具备履行合同的承诺与能力
长期标准	供应商的财务状况是否稳定	对其交货、履约等业绩有直接影响，资产负债表可用于评价供应商在一段时间内销售业绩和成本费用
	供应商组织运营水平高低	能够反映出合作后期供应商的供货效率及服务水平
	供应商员工的状况是否稳定	能够体现企业管理中有无问题

选择供应商的常用方法如表 7-7 所示。

表7-7 选择供应商的方法

方法	内容
直观判断	通过考察、寻求建议、整体分析判断等方式选择供应商，具有很强的主观性，其主要判断依据来自具有丰富采购经验人员的意见或直接操作
考核选择	对供应商进行深入调查和了解，在仔细评估的基础上选择合适的供应商
招标选择	在物料大量采购及市场竞争激烈的情况下，招标是选择供应商的一种可行方式
协商选择	采购单位选择供应条件较好的供应商，与之单独谈判，然后做出决定

在确定供应商之前，会先对供应商进行审核，这么做是为了甄别出最佳供应商，并改善供应商组成以增强竞争能力。常用的审核方法如表 7-8 所示。

表7-8　供应商审核方法

审核方法	内容
调查法	预先编制若干标准统一的调查表格，寄给多个供应商填写，回收后进行对照分析
现场打分评比法	预备几个需要回答的问题，将其进行格式化处理，由各部门专业人员进行实地调研和确认
供应商绩效考评	对已有供应商所供应的物料质量、价格及其他性能进行追踪、评价与评比
供应商综合评审	以供应商公司层次为对象，组织质量、企划、采购等专业人员共同参加的综合评审
总体成本法	供应商加深合作程度能够有效减少供应商的整体成本

供应商审核的基础是企业对供应市场的调查研究，由于供应商水平参差不齐，因此评分标准需要避免主观性，并且评审内容应较为详细。

①供应商的运营情况：经营年限、管理者水平、注册本金数额、职工规模、完工历史数据、经营状况。

②供应商的生产能力：生产设备、技术开发状况、生产作业的人力。

③技术能力：供应商的技术来源是否为自行开发、有无与研发机构合作、现有产品技术含量、产品研发周期、研发员工占比及素质。

④管理制度：生产流程的流畅度、生产效率、物料把控、生产计划的管理。

7.3.3　供应商绩效考核

对供应商的绩效进行评价是为了保证供应商的服务品质，基于不同供应商的评比结果，选择与表现良好的供应商继续合作并过滤绩效表现不好的供应商。主要有以下考虑：

①总体目标的确立需要考虑供应商和企业双方的总体经营层面。

②外部因素会作用于供应商的绩效，因而被考虑在内。

③供应商业绩考评要求及指标不同。

④跟踪交货业绩，并向供应商支持和服务层面的更高层次拓展。

相关负责人在对供应商绩效进行评价时，制订一个供应商考评方案或工作流程是必要的，考评前要选定被考评的供应商，并与之充分沟通，主要对关键指标进行重点分析，如表 7-9 所示。

表7-9　供应商绩效考核关键指标

关键指标	内容
质量指标	供应商考评的最基本指标
供应指标	有关供应商货物提交状况和规划水平的考评因素
经济指标	始终和采购价格、成本挂钩，却很难定量

7.4 采购模式

7.4.1 JIT采购模式

（1）JIT采购概述

JIT采购即准时化采购，这一概念来自准时化生产（Just in Time，JIT）的管理思想。其基本观点是将适当数量和适当质量的物料，在适当时间提供给适当场所，从而保证客户的满意度。

（2）实施JIT采购模式的优势及基础

JIT采购能够显著降低在制品库存，降低零部件、原材料库存和缩短原材料供应周期，并能够有效促进供应链整体优化，其优势表现为：

①可实现多频次的按时交货（即多批次采购）。

②采购批量可以得到有效减少（即小批量采购）。

③缩短提前采购期限，为供应商按时交货提供保障。

④所采购物料的质量得到保证（即供应质量稳定）。

JIT采购最根本的理念就是和供应商订立合同，约定在必要的情况下提供能够满足需求的零部件和原材料，其前提条件如下：

①买方生产安排清晰，物料用量可以预测。

②向少数供应商交付较大且较稳定的订单，以激励供应商表现忠诚。

③采购协议持续时间长，需要较少文书工作。

④只有经常小批量交货才能尽早暴露质量问题。

⑤指定供应商，能够灵活回应物流及包装标签方面的要求。

（3）JIT采购的主要步骤

①创建JIT采购管理团队。

②对JIT购买的物料进行分析并识别出优先型供应商。

③提出完善JIT采购模式所应达到的特定目的。

④制订具体的JIT采购实施方案。

⑤不断改进JIT采购的具体措施。

⑥JIT采购绩效的PDCA评估。

⑦继续改进，扩大成果。

（4）JIT采购的各部门配合

JIT采购的各部门配合如图7-6所示。

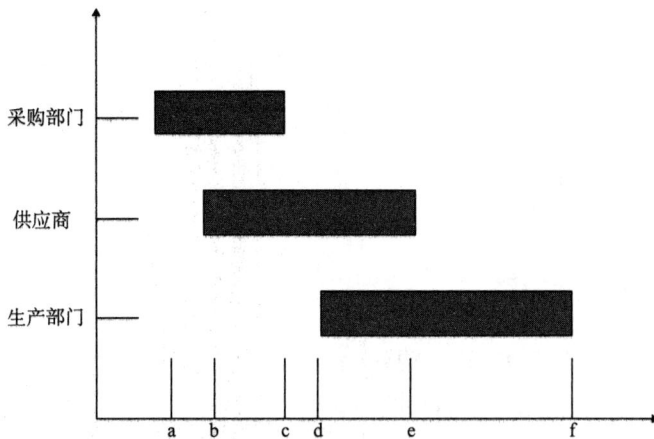

图 7-6　JIT 采购的各部门配合

a：采购部门开始准备　b：供应商开始准备供货
c：订单提交，同时供应商开始供货　d：生产部门开始准备
e：供应商完成供货，同时生产部门开始生产　f：生产完成

7.4.2　MRP采购模式

（1）MRP 采购的概念

物料需求计划（Material Requirement Planning，MRP）系统作为生产企业制订物料需求计划和生产管理的应用软件，在企业中得到了广泛应用。企业物料投产计划和外购件采购计划的制订都可以通过这个软件进行，适用于生产、加工、组装等企业，可快速制订较为细致而繁杂的生产计划及采购计划。

（2）MRP 采购的优点

①能迅速而准确地算出按比例、匹配的物料需求量。

②确保产品组装过程中不会出现缺货，确保企业生产正常。

③确保所购产品库存量不高、不低，恰好能达到生产计划的要求。

④既不导致库存积压，又不导致缺货。

⑤节约保管费用和计划人员的费用等。

（3）MRP 采购计划的制订

采购数量受到包装单元、运输单元等因素影响，有必要进行适当调整。具体如表 7-10 所示。

表7-10　采购数量调整

条件	结果
本周订货后库存量＝上周订货后库存量＋本周在途到货量＋本周计划接收订货量－本周需求量	正常
上周订货后库存量＋本周在途到货量－本周需求量≤ 0	本周计划接收订货量＝订货批量
上周订货后库存量＋本周在途到货量－本周需求量 >0	本周计划接收订货量 =0

（4）MRP 采购的特点

①需求的相关性。

②需求的确定性。

③计划的精细性。

④计算的复杂性。

7.4.3 供应链采购模式

7.4.3.1 供应链管理环境下采购的特点

（1）从为库存而采购到为订单而采购的转变

①供应合同签订程序趋于简单，无须再由采购人员进行重复谈判，最大限度地减少了交易成本。

②采购的物料不再经手其他部门，采购部门工作强度降低，无价值行为减少，供应链运行更加精细化。

③信息传递方式的改变实现了以流程为导向的作业管理模式变革。

（2）采购管理向外部资源管理转变

供应商产品设计与产品质量控制过程都包含采购活动，是由普通买卖关系到战略协作伙伴关系的转变。传统采购模式下供应商和需求企业只是单纯的买卖关系，所以不能很好地解决某些关系全局性和战略性的供应链难题，以战略伙伴关系为主的采购方式则为上述难题的解决创造了条件。

7.4.3.2 采购方法

（1）集中采购

由企业在其核心管理层设立专门采购机构来统一安排企业需要物料的采购业务、缩短采购渠道、以批量采购方式取得价格优惠等的采购方法。其中集中采购的主体和客体如表 7-11 所示。

表7-11 集中采购的主体和客体

主客体	对象
主体	集团范围实施的采购活动
	各级政府机关实施的采购活动
客体	大批量物料，高价值物料或总价高的物料
	关注程度较高、大型工程或重要服务类项目

集中采购是经营主体权、利、意、质、制的集中体现，它有助于稳定企业同供应商的关系，对经营主体减少进货和物流成本，争取市场，调控节奏，维护产权、科技、商业秘密，提高收益起重要作用。集中采购的"集中"特征主要体现在以下四个方面：

①体现在财政预算的安排上。

②体现在采购项目的委托上。

③体现在采购项目的具体操作上。

④体现在采购项目的调试和验收上。

集中采购流程如图 7-7 所示。

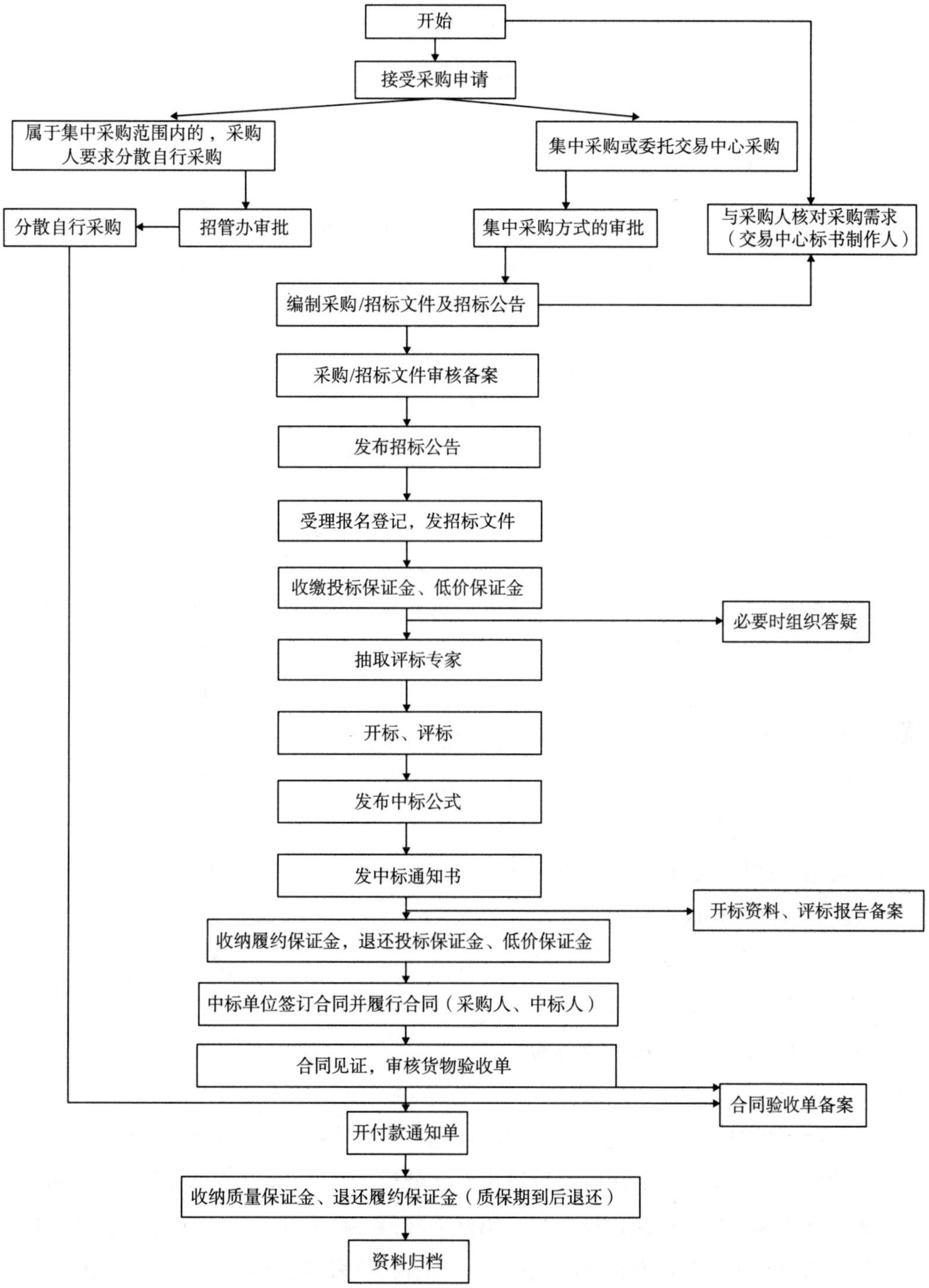

图 7-7 集中采购流程

（2）分散采购

分散采购是集团权力下放的一种采购活动，即企业下辖各单位为满足自身运营需求的采购活动，如子公司、车间等。

分散采购的特点如下：

①小批量或单个物料，具有低价值、开支小的特点。

②流程简短、手续简略、负责层次不高。

③操作灵活，信息反馈周期短，目标突出。

④占用资金少。

分散采购的主体和客体如表7-12所示。

表7-12 分散采购的主体和客体

主客体	对象
主体	二级法人单位
	远离供应源或主要生产基地
	异国、异地供应的情况
客体	小批量、价值低的物料
	分散采购优于集中采购的物料
	市场资源有保障的物料

（3）第三方采购

所谓第三方采购，即由第三方公司来负责采购企业需要的产品或服务业务。在选择第三方公司时需要考虑的标准有：

①低价，即所提供物料的价格低于客户自己采购时支付的价格。

②质好，即物料的质量能够达到客户提出的质量标准。

③诚信，即能够向客户做出物料准时送达的保证。

第三方采购的优势主要有：

①缩减原有物料采购环节的成本。

②节约直接的采购成本。

③能够保证所采购物料的质量。

④能够提供更为快捷的服务。

⑤防止业务进程中的贪污腐败行为。

（4）招标采购

招标采购是指先公开企业的需求，明确计划采购的物料或项目合作条款，依据筛选标准对所邀请供应商或承包商提出的报价进行对比分析，并选择最优者签订采购合同的一种采购方式。当可选择的供应商比较多时，招标采购是一种非常合适的方法，常被用于大型建筑工程、初创企业挑选长期合作的供应商、政府物资采购或大批量采购等情况。招标采购主要包括国际竞争性招标和国内招标。如表7-13所示。

表7-13 国内外采购方式

国内外采购方式	招标方式	内容
国际竞争性招标	无	招标范围为全世界，并制作英文标书，将招标公告刊登在国际各种传播媒体上
国内招标	邀请招标	招标单位将投标邀请书发送到其他企业
	议标	通过商谈选择目标，确定后直接邀请目标企业进行协商
电子采购	协同招投标管理系统	招标采购管理平台将用户数据进行集成，将不同信息门户协同化，打破时空上的壁垒
	企业竞价招标采购平台	网上竞价采购管理平台主要应用于供应商及其和买主之间的跨地域交流，能够实现采购竞价的远程参与
	电子目录采购系统	是一种综合解决方案，涵盖物料及供应商相关数据，实现在线交易
	面向电子商务的谈判支持系统	基于互联网运行，能够为谈判双方或多方提供支撑环境

7.5 采购管理系统与其他模块的关系

采购管理系统与物料需求计划、库存、应付账管理、成本管理等子系统相关联。具体可以概括为：MRP 库存及其他需要生成购买需求的信息、购买物料接收并检查后根据所分配库位直接自动进库。物料购买费用计算及账款结算通过费用及应付账子系统来实现。采购子系统与其他模块的联系如图 7-8 所示。

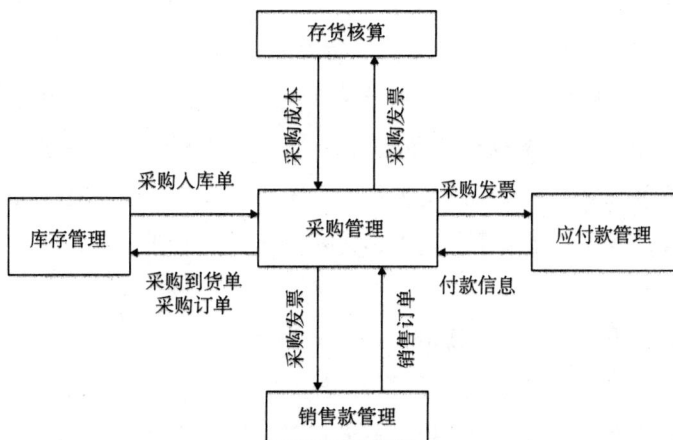

图 7-8 采购管理与其他模块的关系

7.6　思考与练习题

①简述集中采购的定义。

②简述实行 JIT 采购的优势和前提。

③简述 JIT 采购实施步骤。

④简述电子采购的定义。

⑤常见的电子采购平台有哪几种？

⑥简述第三方采购的定义。

⑦第三方采购的优势体现在哪些方面？

7.7　案例分析

盒马鲜生创新采购供应链

盒马鲜生是一家"生鲜电商"O2O 超市，通过线上 App 加线下门店的方式为客户提供生鲜食品和餐饮服务，隶属于阿里巴巴集团有限公司之下。盒马鲜生可以看作线上线下一体的超市。它不同于一般超市的地方在于：线上它追求将商品极致快速（30 分钟内）并且高品质地配送到消费者手中，线下注重消费者的实体体验；作为主打生鲜的超市，生鲜产品要更新鲜、更高质、更方便。

在盒马诞生之前，已有生鲜零售渠道包括传统农贸市场、大型超市生鲜区以及线上生鲜电商。其中社区型农贸市场分布最广、发展时间最长，但其供应链体系也最传统低效。随着大型超市在中国的布局展开，也带来了更为现代化的供应链技术和管理方式，比如沃尔玛的集中仓储配送系统和 FDC 配送系统等，在降低成本的基础上也成就了沃尔玛宣称的"天天低价"。2000 年以后，互联网电商发展带来的物流基础建设、冷链物流的发展和消费需求升级，诞生了诸多生鲜电商，再次升级了生鲜供应链，也带来了更高的品质体验。

（1）坚持产地直采 + 直达 + 溯源相结合的采购模式

盒马鲜生坚持产地直采 + 直达 + 溯源相结合的模式，能较低成本、高效、高质量地提供新鲜、可信赖的生鲜产品。盒马鲜生有专门采购团队用于开发、引进、品控最优质的生鲜产品，统一运输直达盒马鲜生加工中心（暂养基地）、统一加工、统一包装、统一定价、统一标准后，冷链送到门店保鲜柜进行销售。用数字化来精准分析消费者需求，合理安排销售计划、生产计划，通过与合作方数据共享来去掉所有中间环节，降低生鲜品的耗损。同时，用技术为消费者提供产品溯源服务，保证商品质量、安全，赢得消费者的信任。

（2）特色温控加工检测中心

温控加工检测中心（DC）是盒马鲜生暂时中转中心，在这里主要进行商品统一检测、品控、统一加工、统一包装，实现商品标准化。盒马还在这里推出水产暂养的基地，把原产地直采来的生鲜暂时养起来，保证生鲜新鲜度。

（3）前置仓（门店）

盒马鲜生门店采用前店后仓模式，前面是线下体验店，承载着销售、餐饮等线下互动体验服务，后面是仓库，是线上平台 App 线下仓储、分拣及配送中心。盒马鲜生通过门店前置仓模式满足周边 3 km 范围内的消费者对生鲜食品采购、餐饮以及生活休闲的需求。实现盒马门店高效运转的背后最关键的是一套完整的智能化数字化解决方案。从供应链整合，到销售、线上线下融合、分拣、配送的履约是完全数字化和智能化的，主要包含智能订货库存分配系统、智能履约集单算法、智能店仓作业系统、智能配送调度系统四个智能化系统。

盒马鲜生从供应链开端直接帮顾客挑选最好的产品，选精品，做精品。针对精品打造智能订货库存分配系统。一方面是对盒马门店的历史销量和订单分析；另一方面通过分析盒马门店历史数据和依托淘系数据不断演算、迭代优化，预测不同区域商品分配情况，形成智能的库存分配体系，可以做到千店千面，提高门店库存周转效率，达到库存周转、销售和顾客需求满足的最大化。

思考：

①盒马鲜生如何通过"产地直采＋直达＋溯源"模式，确保生鲜产品在降低成本的同时保持高品质，并在供应链中实现高效、低损耗的流通？

②盒马鲜生如何利用数字化技术来优化采购决策，避免生鲜产品的过度采购或缺货，并提升库存管理效率？

③盒马鲜生如何通过智能化系统优化不同门店的生鲜产品采购和配送策略，实现"千店千面"的个性化库存管理？

第8章
库存管理

扫码获取本章课件

8.1　库存管理概述

库存管理是一个复杂的过程，主要任务是执行制造商的库存和增值任务。库存管理是一种利用客户需求将产品分配到不同分销渠道的方法。

8.1.1　库存管理的概念

库存管理是对公司库存的管理，重点包含管理库存数据并以此为基础做出决策，实施有效的控制，最终实现库存管理目标，使财务利润最大化。库存管理是一个全面的过程，执行制造商的库存、价值链库存政策。反应或拉动式库存方法主要是通过客户需求来管理产品在分销渠道的分配。另一个管理概念是计划方法，即根据产品需求和可用性主动管理渠道中的产品供应和分配。第三种方式也称为综合方法，是将前两种方法与逻辑推理综合起来，形成适合多样性产品和动态市场环境的库存管理概念。

8.1.2　库存管理的作用

库存管理的最终目标是在合适的库存成本区间为客户提供高质量的服务。为实现这一目标，库存水平应尽可能保持平衡，关于订单时间和数量的决策应由库存控制人员执行。库存管理的目的是根据客户服务的需要管理公司的库存水平，尽量减少库存水平，提高物流系统的运转效率，增强公司的核心竞争力。库存管理的功能作用在物流运作中较为突出。

8.1.2.1　库存管理在企业经营中的作用

库存的存在使商业过程每个阶段的每个层次的经济活动相对独立。同时，库存管理有助于管理不同层次的供需、时间差异；作为联系的纽带，库存管理将采购、生产和运营的各个层面联系起来。关于库存管理在企业管理中的功能作用，不同部门有不同的看法，库存管理部门的目标与其他部门的目标之间存在冲突。为了实现最佳的库存管理，所有部门都需要协调他们的活动，这样每个部门不仅可以有效地完成任务，还可以为企业的共同利益而努力。

8.1.2.2　库存管理在物流管理中的作用

目前，供应商、制造商、批发商和零售商组成的供应链中的库存问题数量正在显著增加。曾经，供应链上的各成员企业之间的关系是融洽友好的。因此，企业不习惯分享信息资源、协调库存管理，更不习惯在整个供应链中分享和交换数据、信息及资源等，相互之间无法实现库存的协调管理。这通常导致库存量过高，客户对企业所提供的产品或服务不满意。

8.1.3　库存管理的内容

8.1.3.1　持有库存

一般情况下，增加对库存管理的投资能改善客户服务。一直以来，库存管理作为生产和销售实物的纽带，在企业活动中发挥重要作用。一定水平的库存有助于企业确保正常、持续和稳定的生产，在产品质量和数量上满足客户的需求，维系企业的声誉和保持市场份额。

8.1.3.2　保持合理库存

库存管理的最终目标是维持适当的库存水平——不要太多，也不能太少。企业领导者感到困惑：库存管理的标准有哪些？有多少库存可以被合理控制以满足客户要求？如何明智地分配库存？这些都是在库存管理过程中需要面临的风险问题。

8.1.3.3　零库存

该情形下认为库存是不必要的，零库存是管理企业库存最有效的措施之一。

8.1.4　库存管理流程

8.1.4.1　存货采购环节

第一，正确规划库存，制定合理、经济的采购批次和数量，以备使用。第二，严格执行采购纪律，在采购系统中引入反欺诈机制，对主要采购人员实行定期轮换或强制休假规定，加强对采购的监督和控制。第三，建立一个要求、审查和批准清单的机制。第四，建立招投标管理、大额采购制度，提升采购能力，保护自身利益，实现降低采购价格，减少采购成本。

8.1.4.2　验收入库环节

采购和生产存货必须接受质量检测，确保存货的质量满足合同条款约定和产品质量要求。不恰当的验收程序和不明确的检验标准会引发存货库存注销、劣质产品泛滥等严重问题。

8.1.4.3　存货仓储保管环节

企业必须实施强有力的库存控制和库存管理系统，增强对日常库存的管理，禁止未经授权的人员与仓库接触。为此，应采取的措施有：存货从一个仓库转移到另一个仓库时，应事先制订储存和运输程序；应在物资储存所需的条件下适当储存存货，并妥善落实防火、防水、防盗、防损坏等储存措施；应按类别储存不同项目、型号和目的地的存货，避免运输、存储成本的损失。

8.1.4.4　存货出库环节

如果库存的收付没有得到严格控制，可能造成资金损失。因此，企业需要明确发放和接收库存的权力，并改进其库存发放程序。库存控制应审查已批准的物料清单和销售文件的内容，以确保它们是完整的，名称、规格和单位正确。如果符合条件，可以接受或转发。管理人员还应当亲自检查货物，点清货物，在收据上签字，并将文件转给财务部。此外，高价值和危险货物出库需要特别授权。

8.1.4.5 存货盘点环节

定期或不定期的库存清点不但能核验库存质量是否有变化或损坏，还可以让企业及时采取行动，减少不必要的损失，最核心的是检查会计记录和实际库存水平之间的一致性。企业应建立存货控制和核算制度，建立符合实际情况的核算周期、核算控制程序，控制存货数量，及时发现损坏减值问题，盘点结果应该由盘点主管签署和批准。对盘点过程中发现的存货损失、浪费、损坏、变质、毁坏等情况，应查明原因，调查责任，并及时采取行动。

8.2 库存管理的主要业务

库存管理主要是通过对存货的入库、出库、发货、拣货、卸货和调整等过程的精细化管理，对整个物流过程和成本管理进行有效的管理和监控，并结合批次管理、库存核算和实时库存管理等功能，对企业的仓储信息进行完整的管理。

8.2.1 入库管理

入库管理是库存管理的第一环节，入库管理与其他模块密切相关，以各种方式促进仓库管理。采购入库管理流程如图 8-1 所示。

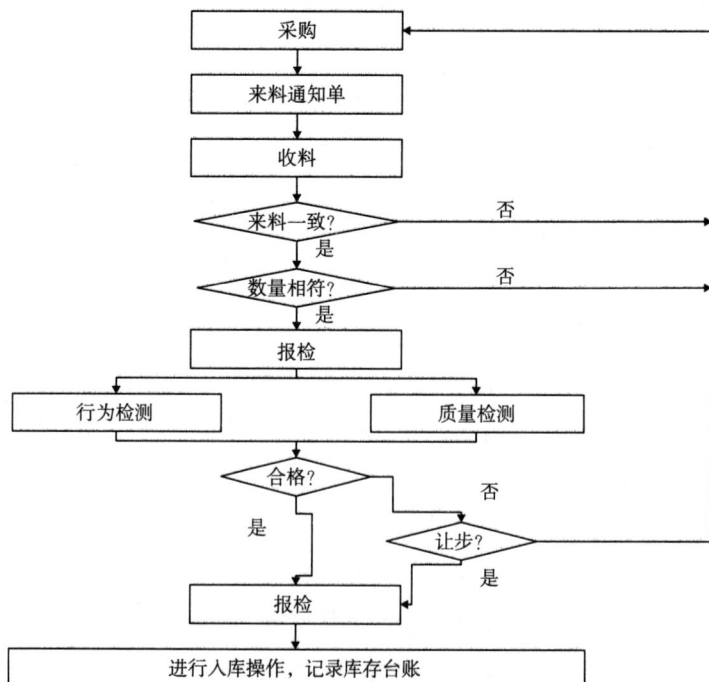

图 8-1 采购入库管理流程

采购入库是根据采购清单收到供应商发送的原材料，并将其入库的过程。在系统中，直接输入一个详细的采购订单，系统自动将相应的物料信息列入订单，并按照现实情况创建收据、办理入库。

入库管理与生产计划和订单挂钩，供应商发出物料并到达仓库，就能够添加一个采购订单文件，直接导入并快速接受，入库数量显示在"细节"标签中，一旦采购入库，仓库中的数量就会实时增加并及时更新。

生产计划中的成品准备好，在生产计划中选择成品，新增生产成品入库。

8.2.2　出库管理

出库管理模块是库存管理的重要组成部分之一，对外主要是从客户处获得订单，按照客户要求进行销售产品的出库；对内可以根据生产需要的物料进行出库等操作。出库管理流程如图 8-2 所示。

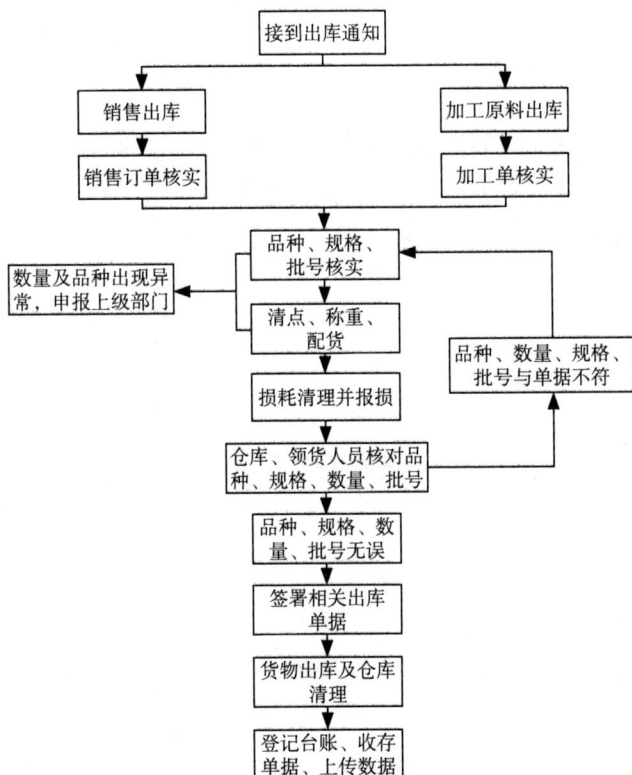

图 8-2　出库管理流程

普通出库用于非上游业务需求的出库，如生产领料、仓库调拨、呆滞物料处理等情况。

生产物料出库，需求来源于生产计划，可以直接导入生产计划的相关物料需求，实际出库数量灵活调整，不需要严格对应计划数量，系统会自动记录实际出库数量，在生产完成后，物料回库时自动处理，非常便于生产管理。

如果需要将生产成品或者其他物料销售，只需建立相关的销售订单，即可在销售出库环节导入该订单完成出库。

出库管理的出库方式不是单一的，是与许多模块关联在一起的。例如生产领料，或者从客户处获得订单，按照客户要求出库发货等，这时候都能用到新增出库单。

企业制订完生产计划，就需要领料出库给生产部门，这时候可以新增生产领料出库，在出库单中会显示这次生产计划的需求总数，需求总数包含备损量，生产计划出库可以分批进行，若仓库里有足够的库存，但不想因为损耗而重新发料，那么生产计划的产量可以高于总需求，但要小于在库数量，后续只需要尾料入库计算损耗即可。

在企业准备将成品进行销售，产生销售订单后，可以引用录入的销售订单出库，如果因为成品还未全部入库，但是需要提前出库一部分，可以分批出库，出库单会记录已出库的数量，并且计算出未出库的数量，待后续剩余产品入库，销售订单出库即可。

以上出库方式都是关联其他模块的，目的是出库可追溯，记录可查看，模块之间关联可大大减少工作量。

8.2.3　库存调拨管理

库存调拨是指两个仓库间的货物相互分配，如果一个企业有几个仓库，将货物从一个仓库转移到另一个仓库是很常见的。原则上，库存调拨对于平衡供应和消费是必要的。库存调拨管理如图 8-3 所示。

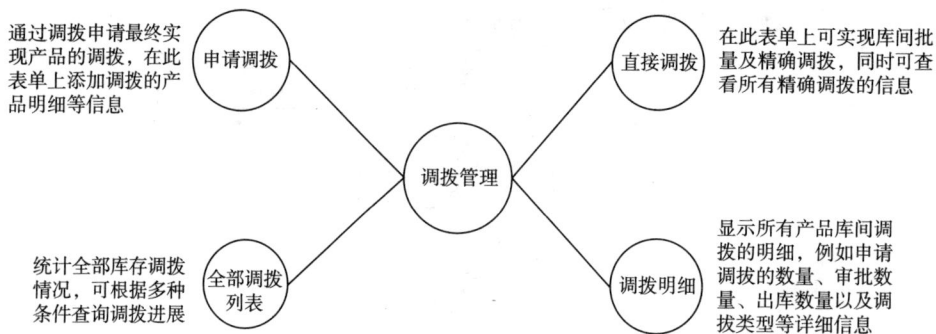

图 8-3　库存调拨管理

很多企业在库存调拨过程中可能面临如下风险：

①有的仓库的包装效率较低，在包装过程中可能发生错误。

②人工计数与实物单位不一致，分配差异无法得到及时纠正。

③低效率的调拨处理和运输意味着零售商不能及时知道是否有足够的库存。

④调拨过程没有得到标准化监控，造成库存数据不准确，增加了企业库存盘点的工作量。

8.2.4　库存盘点管理

库存盘点管理程序是一份用于管理和实施库存管理活动的文件，它识别、定义和控制库存组织、计划、记录、预计算、核查、控制、数据输入、库存表控制、数据更正、库存审查等，为仓库盘点管理工作指明了正确的方向并提出了相应的管理措施和手段。由于人员的局限性、客观过程和其他原因，计算机系统中的数据和实际库存并不完全相同，需构建一个综合库存管理系统来确保基础数据的准确性。

8.3　库存控制策略

大部分企业均需面对与库存有关的风险。库存会消耗资源和空间，并由员工管理，需要一定的成本来维护。过量的库存很容易导致库存过剩，这不仅消耗大量的资源，产生过多的存储成本，而且当所需的库存被赊购时，还会增加企业的利息成本。因此，制定有效的库存管理策略是仓储业务进一步发展的最大挑战之一。

8.3.1　定量库存控制

8.3.1.1　概念

在定量库存控制法中，一个特定的订货点 R 被预先定义，当某一订货点的库存不足时，就会及时下达数量为 Q 的订单。订单下达后，货物在订单周期 L 后交付，其中 L 为采购提前期。

以天为单位的提前期天数可能取决于交货距离、供应商的生产周期、其他条件以及保险期。订单量由经济订单量的公式计算获得。需要注意的是，定量库存控制方法的订单大小是不同的，当收到新的供应货物时，库存量可能高于或低于安全库存量，导致短缺。

8.3.1.2　模型

定量库存控制模型如图 8-4 所示。

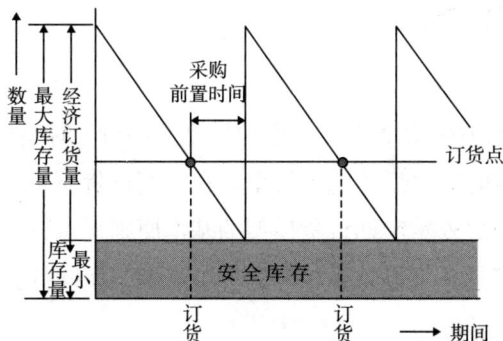

图 8-4　定量库存控制模型

在定量库存控制管理系统中，有 2 个核心控制变量：单次订货数量 Q 和订货点 R。

一般情况下，Q 能通过使用 EOQ 计算可得，但也可以是一个折扣价格分界点，即获得价格折扣的最低数量、特定容器的体积（如商业箱或卡车尺寸）或管理人员选择的任何其他数量。

$$R = \overline{D}_L + B$$

式中：$\overline{D}_L$ ——订购周期内的平均需求；

　　　B ——安全库存量。

8.3.1.3　实例

产品 X 是某公司库存中的一个标准项目。产品 X 的总装线每天都在运转。产品 X 的某一部件是（称之为部件 X_1）由其他部门生产制造出来的，该部门一天能完成 100 个部件 X_1。一天总装线上需要投入 40 个零件 X_1。

已知下列相关数据，请问：部件 X_1 的经济生产批量是多少？订货点在哪里？

日需求率 d=40 个 / 天；

年总需求量 D=10000 个（即每天 40 个 ×250 个工作日）；

日生产率 P=100 个 / 天；

调整准备成本 S=50 元；

单位产品的年库存保管成本 H=0.50 元 / 个·年；

部件 X_1 的单价 C=7 元；

采购提前期 L=7 天。

求解：

$$经济订货批量\ EOQ = \sqrt{\frac{2DS}{H} \cdot \frac{P}{P-d}} = \sqrt{\frac{2 \times 10000 \times 50}{0.5} \cdot \frac{100}{100-40}} = 1826$$

当一天生产的产品为 100 个时，那么需要连续工作 18.26 天，并可以给总装线供应 45.65 天（1826/40=45.65）的需求量。从理论上分析，这个部门有 27.39 天（45.65-18.26=27.39）完成其他任务，而不生产制造部件 X_1。

8.3.2　定期库存控制

8.3.2.1　概念

定期库存控制模型也被称为 P 模式。定期模型是一种"时间模式"，取决于预定货物的序列间隔，只有在预定时间之后才能下订单。在定期订货模型中，库存盘点只在盘点期间进行，而不是在盘点期之外。定期订货模型的基本原则是：订货周期和最高库存量事先固定下来，定期检查库存量并下订单，相同的订单周期，相同的交货时间，每个订单的数量是不同的。

8.3.2.2　模型

定期库存控制模型如图 8-5 所示。

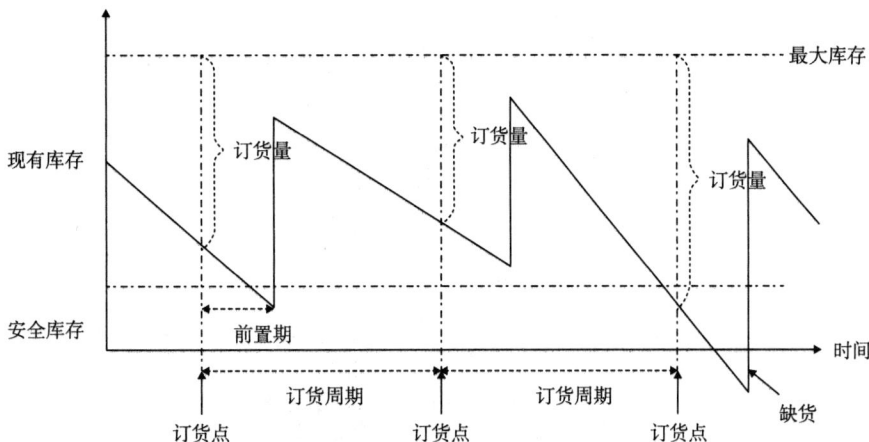

图 8-5　定期库存控制模型

订货量 = 最高库存量 − 现有库存量 − 订货未到量 + 客户延迟购买量

定期库存控制管理是一种可以用来定期检查订单周期和控制库存水平的方法。订单周期控制得当，就不会产生短缺，但可以控制最高库存水平以实现库存管理目标，即使库存成本最低。

在定期控制管理系统中有 2 个核心控制变量：观测间隔 P 和目标库存水平 T。

（1）P 的确定

①可以是任何方便的间隔，如每周五或每隔周五。

②用经济订货批量 EOQ 来计算成本最小的订货间隔。

（2）目标库存水平 T 的选择

①定期订货管理控制系统内，间隔时间为 P，库存量不定期发生变化，若进一步分析订购周期 L，则目标库存值的确定需要让 $P + L$ 间隔时间内的库存水平非负。

②T 必须至少等于 $P + L$ 间隔时间内的目标需求，进一步考虑安全库存 B，那么 T 的值应可以满足 $P + L$ 间隔时间内的需求变量的动态变化性。

订货周期 L 用经济订货周期公式来计算，即：

$$L^* = \sqrt{2S/(HD)}$$

$$H = iC$$

$$T = \overline{D}_{P+L} + B = \overline{D}_{P+L} + Z\sigma_{P+L}$$

式中：$\overline{D}_{P+L}$——$P + L$ 间隔内的平均需求；

σ_{P+L}——$P + L$ 间隔内需求的标准偏差；

Z——实现周期服务能力水平必备的标准误差倍数。

8.3.2.3　实例

某产品的需求量满足正态分布，其每周生产的产量平均值为 40 个，周需求量的标准误差数量是 15 个。订购的时间周期是 3 周。一年中的工作周为 52 个。在运用 P 系统的情形下，若 EOQ = 400 个，观测的时间间隔 P 应是多少？若客户服务能力水平为 80%，T 应设置成多大？

求解：年需求 D = 40 个 / 周 × 52 周 =2080 个 / 年

观测间隔使用经济订货间隔，则有：

$$P = \frac{EOQ}{D} \times 52 = \frac{400}{2080} \times 52 = 10 \text{（h）}$$

由于周需求的标准偏差 σ 为 15，$P+L$（=13）间隔内的标准偏差为：

$$\sigma_{P+L} = \sigma\sqrt{P+L} = 15\sqrt{13} = 54 \text{（个）}$$

根据正态分布表，找出客户服务能力水平 80% 的 Z 值对应的是 0.84，即 $\varphi(Z) =0.80$，则有：

$$T = \overline{D}_{P+L} + Z\sigma_{P+L} = 40 \times 13 + 0.84 \times 54 = 565 \text{（个）}$$

8.3.3　降低库存的策略

8.3.3.1　周转库存

因为仓库的周转库存量均值是 $Q/2$，减少周转库存数量的基本方法非常简单：减少 Q 的大小。目前，一些日本企业能在几小时内获得满足需求的周转量，但对许多企业来说，最少需要几周甚至几个月的时间。然而，仅仅减少 Q 而不在其他方面做出改变，会产生严重的后果。例如，与订货或转换供应商有关的成本会大幅增加。这样一来，需要就如何减少订货和转换成本采取具体措施。日本企业在这一领域取得了巨大成功，例如"高速换板系统"。另一个可以考虑的方案是通过使用单机、多机、集群和灵活的生产技术或"标准化"，增加生产周期的数量，减少工作变化的次数，也可以尽可能地使用通用组件。

8.3.3.2　安全库存

安全库存是通过提前订购以避免发生意外情形，或通过订购超过需要的数量来形成的。减少这些库存的措施也很明显：订货时间必须最大可能靠近需求时间，订货数量必须尽可能接近需求数量。与此同时，如果不能消除或减少供应和需求的不确定性，因不可预见的情况而导致供应和生产中断的风险也会增加，影响客户服务。

8.3.3.3　调节库存

减少和调整库存的主要策略是努力使生产适应需求的变化。然而，这说起来容易，做起来难。有两种方法：一种是专注于新产品的开发，并试图抚平不同产品的需求高峰和低谷，使其相互抵消，从而尽可能地实现平滑需求的波动；另一种是通过激励措施来调整需求，如非季节性降价。

8.3.3.4　在途库存

在途库存受 2 个因素的影响：需求生产和分配周期。因为企业很难控制市场需求的变化，减少库存的主要策略是缩短生产和流通周期。具体措施为：第一，提高标准库存水平。第二，选择最可靠的供应商和承运人，最大限度地减少不同存储地点之间的运输和存储时间。与此同时，库存信息管理系统还可以减少信息传输的延迟，从而增加运输时间。此外，减少批量 Q 可以减少运输库存，这是由于 Q 越低，生产周期越短。

8.4　库存分类和安全库存

8.4.1　库存分类的方法和依据

存货的内容及分类因企业所在行业的具体发展情况而异，存货在无特殊情况下根据企业的性质和业务环境以及使用目的来分类。

服务类型的企业，如旅行社、酒店、会计师事务所等为客户提供体验型服务，不制造或销售产品，但须存储员工日常办公或者服务所需的各类产品，这些资产被视作企业的存货。

在产品流通企业中，库存主要包括存货、材料、低值易耗品、包装材料等，企业的大部分库存都是为销售而购买的货物。

8.4.2　ABC库存分类

ABC 的分类和管理方法是基于三个层次的管理和控制，由储备材料和产品的类型、数量及所占用资金共同决定：重要级储备（A 类）、常规储备（B 类）和次要储备（C 类）。这种分类和控制方法能实现总储备的减少、专用资金的释放和材料的合理化。

A 类库存总类占所有存量的 10% ~ 15%，资金占总量约 80%，实施重点保护措施，例如，大件机器设备就采用 A 类库存管理。

B 类是普通类，品种占所有存量的 20% ~ 30%，资金占总量约 15%，它们日常一般采取适当的管理，例如用于日常生产和消费的原材料使用 B 类库存管理。

C 类占物品总存货的 60% ~ 65%，资金占总量约 5%，采用普通管理方式。例如，日常办公使用的产品不限时间就能采购，一般使用 C 类库存管理。

根据 ABC 分类法，企业能有效控制存货，减少储备资金的使用，加快资金周转，将重点措施手段应用于最重要的存货上，控制存货总量，制订合理的存货购置计划。

8.4.3 安全库存的概念和设置

8.4.3.1 安全库存的概念

安全库存（也称为保险库存）是为了预防订单需求受到不确定性影响而设立的储备库存（例如意外的大额订单或供应商的延迟交货），常被用于实现提前期的需求。实现零库存安全生产，这是所有企业均努力追求的目标。然而，零库存需要高水平的管理能力，这对传统企业来说是困难的。由于存在许多与日常需求、交货时间和与供应商合作有关的不确定因素，如果这些不确定因素没有得到很好的控制，企业可能会缺货，这将影响生产，随后影响企业的交货，造成企业的损失。所有企业都面临不同来源的不确定性因素。在需求或消费者方面，不确定性因素主要涉及消费者将购买多少和何时购买。需求预测是处理不确定性因素的一种常见方式，但需求量永远无法准确预测。在供应方面，不确定性因素与寻找零售商的需要和履行订单所需的时间有关，不确定性因素可能是由运输造成的，也可能由其他原因造成，但不确定性因素的结果通常是一样的。企业应该设置安全库存，对一些可能出现的情况进行缓冲处理，平均库存可以描述为订单量和安全库存的一半。安全库存在一般情形下不使用，只有在库存透支或交货延迟的情况下才使用。

8.4.3.2 安全库存的设置

（1）传统公式

安全库存 =（预计最大消耗量 − 平均消耗量）× 采购提前期

（2）统计学观点公式

安全库存 = 日平均消耗量 × 一定服务水平下的前置期标准差

一般来说，计算安全库存需要使用统计学知识，主要假设是客户需求和生产提前期时间的变化，所以，当客户需求、生产提前期时间或两者同时变化时，可以计算出各自独立的安全库存数量。

换句话说，假设客户需求呈正态分布，峰值需求通过一定的显著性水平来估计，以确定适当的库存。统计学知识中的显著性水平 α 称为缺货率，它与服务水平（$1-\alpha$，订单完成率）有关，显著性水平 = 缺货率 =1− 服务水平。

8.4.4 库存补充方法

8.4.4.1 订货点法

订货点法是 20 世纪 30 年代初对库存进行补充的计划方式，这是库存量不能少于安全库存的补充库存方式，与安全库存同等重要。一般认为订货点法是引入 MRP 之前的订货方法，因此错误地认为订货点法已经被 MRP 取代，不再适用。事实上，在某些消耗量较大的情况下，ERP 系统仍然会使用订货点法。在产品稳定消费的情形下，订货点法为固定的值。如果消耗量较大，维持订货点稳定，则应使用安全库存。为了保持稳定的库存，需要增加物品库存量以确保安全库存的正常运作。若库存量没有增加，安全库存没有被消耗，必须增加订货点，此时的订货点不再是固定值。对于随时间变化的材料，无法确定订货点，因此需要使用 MRP 来处理。订货点法只适用于稳定情形。

8.4.4.2　双箱法

若基于订货点法，将订单数量设置为安全库存，那么就是"双箱法"补充库存的方式。也就是说，双箱法是订货点法的一类变形产物。"盒子"即一个容器，当容器中的材料用尽时，就需要补充。在此阶段，使用第二个容器的材料并在两个容器之间切换。双箱法通常用于低值和短周期的材料，如紧实零部件。某些装配车间通常有特殊的材料载体，两个容器具有相同的材料（如螺钉、螺母、垫圈、针表面和其他零部件）。当一个容器中的材料用尽时，将其装满，并使用另一个容器的材料。这样一来，库存中有两个装材料的箱子，交替使用。

8.5　库存管理与其他模块的关系

8.5.1　库存管理与采购管理的关系

8.5.1.1　采购、库存管理之间的关系不密切

采购与库存管理的关系非常密切，两者缺一不可。但一些企业并不完全理解这一点，在企业现实生产运作管理过程中，采购与库存管理互相是独立的，对采购与库存管理的完善和进步产生了负面影响。第一，若库存管理不支持采购管理，采购相关方将不能控制企业的真实库存，造成采购计划缺少支撑材料，严重时还会出现重复供货、资源不足、成本浪费等不良现象。第二，库存、采购管理的相对独立使得管理效率大幅降低。在采购管理中，需要全面确认并分析库存管理的实际情况。在采购前明确资源的库存是最有效的方式之一，因此难以实现二者的独立。第三，若两个部分分离现象严重，将给企业的整体运作带来较为严重的负面结果。采购和库存管理是企业运作的两个核心部分，其管理质量及水平的下降对企业的日常经营管理产生重大影响。

8.5.1.2　采购管理和库存管理模式涣散

采购和库存管理水平能力不足是许多公司普遍存在的问题，其结果是造成管理体系不完善，在采购、库存管理及两方联合管理等方面存在问题。特别是协调系统分散、责任划分不明确、执行难以落实等严重问题，已经对企业的运营和正常运作产生了负面影响。此外，由于缺乏对企业管理层的监督和设置管理监督职能不健全，管理层缺少专业化培训。

8.5.1.3　库存控制策略简单

在库存管理过程中，企业利用其控制下的信息进行库存管理。有些供应商在供应和产品质量方面有一定的保障，但也有能力相对不足的供应商，由此引发一些产品的需求可预测性增加、一些产品的可预测性降低等问题，可以通过供应商间的异质性并采取库存控制

措施来解决。然而，大多数企业采用标准的库存管理手段，并没有根据供应商之间的差异或货物分类对库存加以控制管理。

库存管理与采购管理之间的联系如图 8-6 所示。

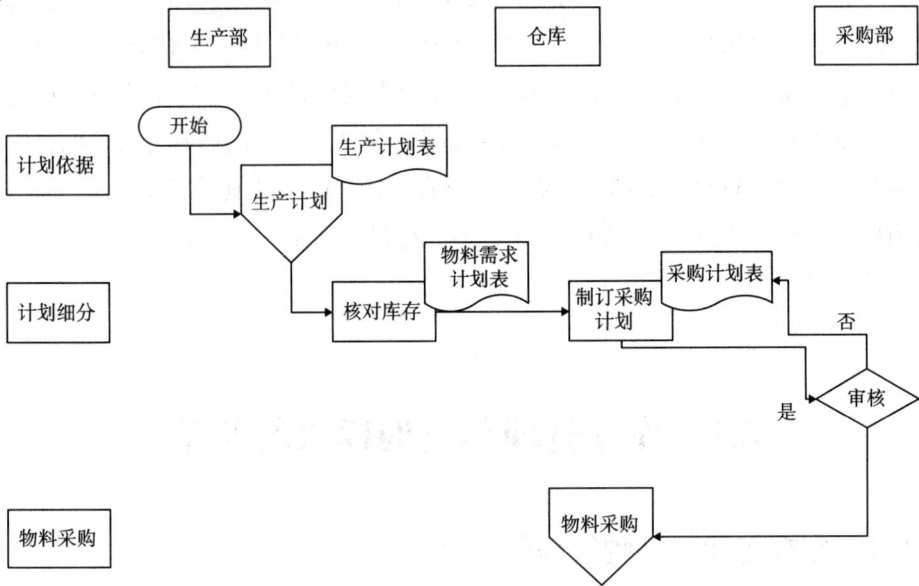

图 8-6　库存管理与采购管理之间的关系

8.5.2　库存管理与成本管理的关系

总的来说，库存成本随着库存周转率的提高而增加。例如，如果准时化生产（Just in Time，JIT）报价完全实现，理论库存可能为零。此时根据平均库存公式，库存周转率可以达到无穷大。此外，JIT 还增加了运输成本和其他内部加工成本，并增加了库存成本。

因此，有人指出制造行业及制造企业不要盲目追求库存周转率。但最终，这个结论也是基于理论假设的。假设 JIT 能够实现零库存，作为库存价值的重要组成部分，运输成本增加，库存周转率提高。此时，需要正确考虑提高的库存周转率与库存成本之间的比率。零库存只是一个理想状态，也就是说，在当前物流和供应链管理的环境中，想要达到零库存是不可能的，只可以无限靠近于零。日本 JIT 和 DELL VMI/SIO 尚未听说实现库存为零，然而，他们忠于 JIT 和 VMI，并继续努力提高库存周转效率。

以下几个方面是我国制造企业需要重点关注的：

①除了采购成本外，库存成本还包括运输、订单、存储及缺货成本。JIT 提高了供应和运输成本的频率，但有效地降低了存储成本。例如，因为库存水平的降低而使利率和市场成本相应减少，同时租赁仓库的成本显著减少，库存损失和折旧（成本）的风险也随之减少；订单价值和订单数量无关，许多企业使用 ERP 和其他信息处理工具来计算订货成本，但因为订货次数的增加而投入的订货成本基本上是可以忽略的。而对于销售价值来说，少量订单无法保证销售价值。相比之下，增加订单数量和提高供应灵活性将有助于减

小非生产性风险。库存周转率的提高并不一定会使整个库存的价值升高，特别是对于单位成本、体积和重量都很高的材料和成品，如电子或光学元件，无须计算，其效益大于库存成本，理论上，仍然存在所谓的二率背反问题。

②提高交货的频率并不一定会导致库存的减少，进而提高了库存周转率。那些认为只有提高交货频率和运输成本才能减少库存和提高库存周转率的想法是天真的。库存管理是一个系统架构，包括供应链管理和需求链管理的所有要素，不能通过具体的活动来实现。生产成品过程中也有大量的原材料，所以综合库存管理的核心是根据不同材料的特点系统合理地设计整个库存结构。此外，客观条件的影响使得无限期地提高供应频率是不现实的。

库存管理与成本管理之间的关系如图 8-7 所示。

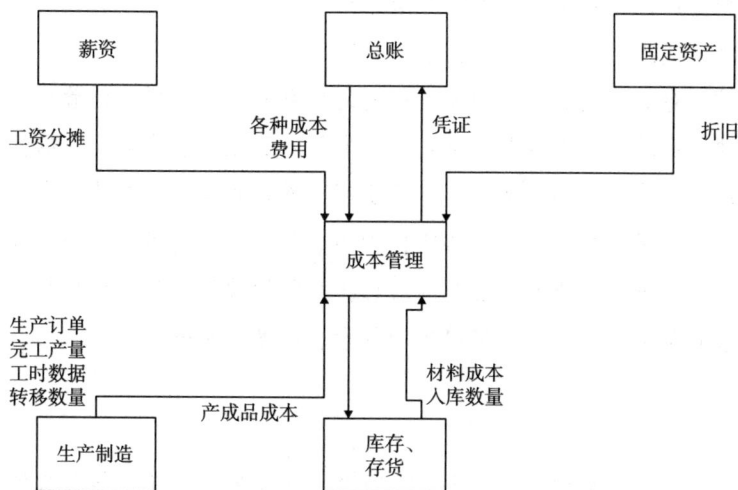

图 8-7　库存管理与成本管理之间的关系

8.6　思考与练习题

①简述库存管理的概念。

②简述库存管理的作用、内容及流程。

③简述库存管理的主要业务。

④你能想到哪些库存控制的策略？请结合实际谈一谈你的想法。

⑤库存分为哪几类？分类依据是什么？

⑥简述库存管理和其他模块的关系。

8.7 案例分析

戴尔供应链库存管理分析

戴尔的生产理念是通过设计进行定制。这种制造上的成功主要归因于一个优秀的仓库概念和基于先进软件平台的物流系统。戴尔公司的在制品轮换大约是每年264次，而且戴尔公司本身的库存也不超过6天，戴尔的生产原材料来自全球50～60个零部件供应商。

戴尔的供应链由两个有效单元组成：客户订单和制造，以及原材料和零部件的供应。对于客户订单和生产，戴尔采用推动模式来生产货物，然后促进销售；对于原材料和零部件，则运用拉动模式来寻找符合公司需求的材料和零部件供应商。

戴尔供应链库存管理模式是一种高度创新的计算机制造商供应链管理方式，反映了高效的供应链管理比品牌管理更重要的事实。它有效地防止了生产的无目的性，同时，帮助戴尔时刻了解每个销售点的销售情况，充分了解、感知和满足客户的真实需求信息，并在不影响生产效率的情况下按订单生产和交付货物。戴尔供应链库存管理模式积极改善了和客户之间的关系，充分了解所有供应商的信息，智能地规划非生产性库存的最佳水平，并在满足市场需求的基础上，智能地组织生产数量、调度和运输。

思考:

戴尔公司供应链库存管理模式具有哪些特点？主要使用了哪些库存管理知识？请仔细思考并联系实际说说你的理解。

第9章
车间管理

扫码获取本章课件

9.1 车间管理概述

9.1.1 车间和车间管理

9.1.1.1 车间的概念及特征

车间是企业内部直接进行生产活动，组织生产，行政管理及经济核算单位的基本经济单位和执行层管理组织。车间通常根据生产的专业性质而建立，有一定的场所，有完成某种生产任务所需的装备与设施，有一定的职工、技术人员与管理人员。每个车间运用这些生产条件，担负着完成某种产品、产品的某些工艺、某些零部件或辅助物料等的生产任务。车间具有以下特征：

①车间具备一定规模，一个或几个工作场地不能成为一个车间。

②车间具有一定的管理职能。

③车间具有相对明确的生产对象和一定的生产条件。

④车间作为企业生产活动最前线，生产活动是否科学、合理直接决定了生产效果及经济效益。

9.1.1.2 车间管理的含义

车间管理主要是指车间依据厂部所确定的目标、计划、指示及各种规章制度，利用其所具有的资源及权限，有计划、有组织、有指挥、有控制、有调度、有评价地管理车间生产经济活动，其中包括员工的激励、教育及生活福利等管理工作。

从管理层次上看，企业管理在最高层次，车间管理在中间层次，班组管理在作业层次。对于企业的最高管理层而言，车间管理是执行型的，而对于作业管理层而言，则是指令型的。车间不仅要执行厂部的命令并向厂部汇报情况，还要向工段和班组发出命令以协调全厂生产活动。

9.1.1.3 车间与车间管理的区别与联系

车间是根据企业内产品生产过程中每一环节或者产品中每一成分的专业性质以及各种辅助生产活动中的专业性质建立起来的，具有为完成生产任务所需的工厂或现场、机器设备、工具以及一定数量的生产人员、技术人员及管理人员。车间具有以下四个特点：

①车间是生产力诸要素按专业化原则形成的集结地。

②车间位于厂部和生产班组之间，是企业管理的中间环节。

③车间内产品通常为半成品或者企业内部制品。

④车间并不是一个单独的产品生产和经营单位，通常不与外界产生直接经济联系。

车间管理是针对生产车间而进行的规划、组织、指挥、协调、控制等一系列管理活动。车间管理具有以下三个特点：

①车间管理属于内向型管理。

②车间管理属于中间管理层。

③车间管理具有一定的独立性。

因此，车间是车间管理的基础，而车间管理又是企业车间正常运转的根本保障，它们是相互联系、不可分割的整体。

9.1.2　车间管理的内容

9.1.2.1　完善车间生产组织

车间以生产为中心提升车间管理水平，是车间管理工作的根本指向。因此，车间要在厂部生产指挥系统的指导下建立和完善生产组织，依据厂部任务要求对车间内各个工段进行生产及工作任务分配，并组织均衡生产，有效配置各类生产要素，获得最佳经济效益。

9.1.2.2　完善车间管理制度

车间应以执行企业规章制度为前提，根据本单位特点，以经济责任制为原则，建立各种管理制度，落实车间各个组织及工作人员的责任和标准。

9.1.2.3　加强劳动组织

劳动力作为生产力要素之一，起至关重要的作用。车间在组织生产过程中，应当营造一个有利于职工生产的环境氛围，学习科学的劳动组织与操作方法，科学编制定额，落实按劳取酬工资奖励办法等，以提高职工技术与文化水平为主要目标，从而达到提高劳动生产率的目的。

9.1.2.4　加强工艺纪律

车间生产过程既是产品形成的过程，也是多种资源持续消耗的过程。车间要想生产优质低耗产品，就必须强化工艺纪律和管理技术，完善相关管理制度，努力使生产成本在确保完成生产任务的前提下下降，并使投入车间生产的各因素以最优化方式得到最合理有效的安排，才能获得最佳经济效益。

9.1.2.5　深化技术革新

车间要想优质地完成企业交给的各项生产任务，就必须有步骤地进行广泛而深入的技术革新，利用新技术、新工艺改造老设备，对其生产过程中的技术经济活动进行合理而有效的规划，组织与控制，使其生产出的产品及所用的工艺方法、机器设备在工艺上具有先进性，在经济上具有合理性，从技术层面上保障车间生产效率的提高。

9.1.2.6　管好、用好固定资产

在车间生产中，设备占主导地位。车间要想更好地完成生产任务，就必须持续地提升设备利用率及完好率，制订合理的设备运行和维修制度，对其使用情况进行监督，并经常对设备进行维修和完善，继续加强对设备及工具的管理，预防设备及人身事故的发生，保障职工健康，最终实现高产量、高质量、低耗量以及安全生产各项指标。

9.1.2.7　加强核算工作

企业是否能获得较好的经济效益主要取决于各个车间生产经营效益的高低，只有在核算中才能体现生产经营效益并进行有效控制与监督。强化车间核算工作，就能为车间各项工作的开展提出切实可行的改进对策，从而使车间管理水平得到持续提升。

9.1.2.8　建立车间指标体系

针对车间管理中存在的问题以及需要实现的目标，企业须构建一套能够全面反映目标并对方案进行优劣度量的评价指标体系，并在此基础上设定这些对象的要求值以及性能特点。

9.1.2.9　车间利润评价

对车间管理系统进行分析与评价时，企业须将车间所创造的经济效益、社会效益及投入与产出之比作为评价标准。车间评估管理系统是基于利润视角的评估，也就是将收益与成本结合起来。评价是在模型基础上进行数学分析得出利润大小。

9.1.3　车间管理的作用

9.1.3.1　制订计划

车间管理中的计划职能是要制订全车间的生产指标以及各种技术经济指标，使每一道工序乃至每一个工人都具有确定的目标，能够将每一个生产环节相互联系协调，使人、财、物诸因素紧密地结合在一起，构成一个综合生产系统。

9.1.3.2　组织指挥

车间管理指挥的职能，一是按车间目标构建和完善管理组织与作业组织，二是借助组织与制度，对各个工段、班组以及员工进行安排、调度、指挥、督促，使他们的活动向既定目标发展，从而保持彼此间行动的和谐。

9.1.3.3　监督控制

监督是指在各项管理制度落实、计划执行和上级指令执行过程中，检查督促并付诸实践的一种管理活动。控制是指企业在实施计划及从事生产经营活动时，将具体实施情况与既定目标、计划、标准相比较，寻找差距、对症下药的一种经营行为。

9.1.3.4　生产服务

生产服务内容：

①技术指导，生产中要经常协助工人解决技术难题，主要是改善工艺过程，改造与革新设备。

②车间设备使用服务与维修服务。

③物料和动力服务。

④协助工段与班组协调联系车间外各单位。

⑤工段生活服务。

9.1.3.5　激励士气

企业经营效果是以车间生产现场职工斗志为基础。特定条件下人是决定因素，车间有责任直接鼓舞员工斗志。激励士气是指通过多种途径调动职工的积极性和创造性，广泛吸纳职工参与管理活动，发挥其经验与学识，使其潜能得以充分挖掘，提高工作效率，确保车间各项任务得以完成。

9.1.4　车间管理流程

车间管理流程主要有以下几项：

9.1.4.1　按 MRP 计划生成车间任务

按 MRP 计划生成车间任务流程如图 9-1 所示。

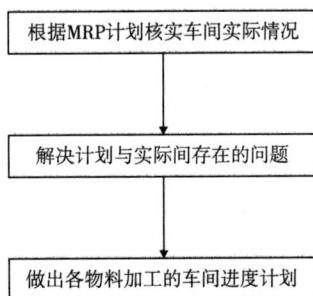

图 9-1　按 MRP 计划生成车间任务流程

MRP 计划给出了各类物料的计划需求时间。有些物料可能具有多条加工路线，同时在几个车间加工。物料投放前必须对车间实际状况进行认真核查，对工作中心、物料和生产提前期等生产要素和指标进行有效性检验，正确处理计划和实际之间的关系，最终确立和执行车间生产任务，编制出各项物料处理的车间进度计划；依据任务单物料短缺报告中描述的物料短缺数量，协助管理人员了解相关信息，采取适当的处理方法解决生产过程中的各类问题。

9.1.4.2　生成各工作中心的加工任务表

加工任务表是依据工作中心的正在加工情况、已进入本工作中心、前道工序的加工情况来制订任务方案，以控制任务在生产中的流向与优先顺序。

9.1.4.3　下达生产指令，进行生产调度、生产进度控制与生产作业控制

下达生产指令流程如图 9-2 所示。

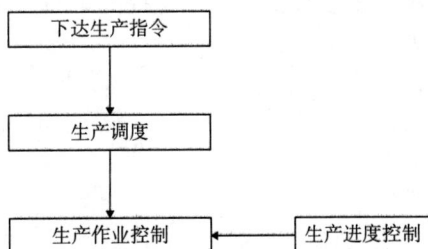

图 9-2　下达生产指令流程

生产工单或生产工票是车间常用的生产指令。每项工作既可签发一张工票，又可单独签发多张工票；既可与一道工序相对应，又可与多道工序相对应。一般情况下，某项工作与工票相对应，然后经过多个工序进行。

在制造业生产管理中，生产控制活动扮演着非常重要的角色。当生产计划下达实施时，生产控制活动也开始进行。生产控制主要包括进度控制、质量控制、车间物流控制、成本控制等。

9.1.4.4 能力的投入、产出控制

对能力的投入、产出控制就是对投入、产出的工作量进行调度与控制，充分利用各工序的容量，控制在制品库存量，维持物流的平衡和有序。

9.1.4.5 登记加工信息

登记加工信息流程如图9-3所示。

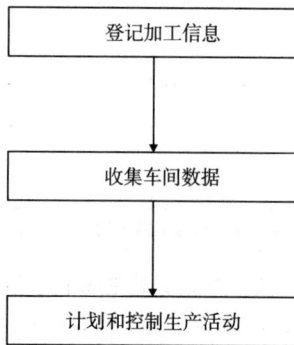

图9-3 登记加工信息流程

依据加工任务、工票对相关加工信息进行记录。一般加工工票是对工艺路线上各工序任务单的记录和描述。车间数据的采集有利于企业对生产活动的规划与控制，对产品质量和实际生产成本的把握。

9.1.4.6 在制品管理

因为物料在企业中占很大比重，在生产成本中占很大比例，所以在生产过程中必须严格管理车间的原物料、半成品和成品。应定期组织车间物料盘点，盘盈、盘亏物料及在制品经相关部门认定后应快速调整，同时应汇总和分析。

9.1.4.7 统计分析

统计和分析车间生产过程中的各类信息，用于提高车间的管理工作水平。统计分析的内容主要包括进度分析、在制品物流、投入产出等。

车间管理流程如图9-4所示。

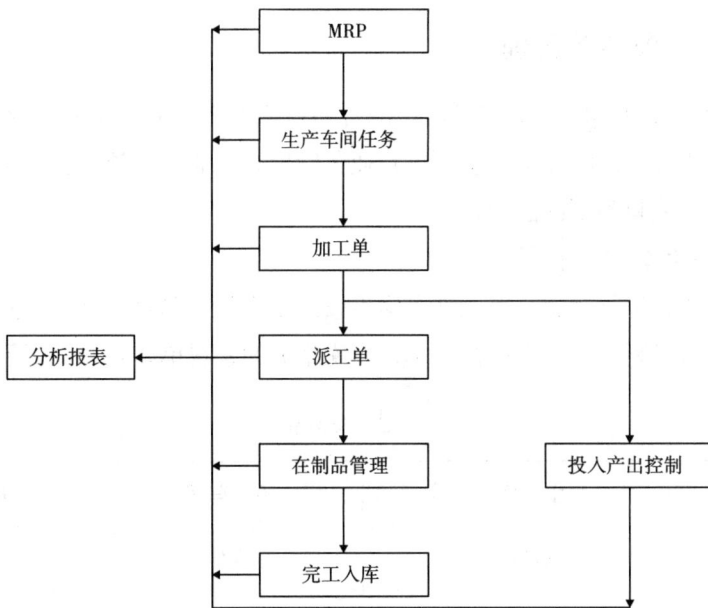

图 9-4　车间管理流程

9.2　车间管理的主要业务

9.2.1　车间任务管理概述

车间任务管理是指依据 MRP、工艺路线和工作中心来制订车间生产计划并生成生产指令的过程，对于所要分配的车间任务可通过仿真模式以考察物料、容量是否能达到生产计划。

9.2.2　车间任务单管理

车间任务单作为生产系统需求的唯一来源，既能人工录入又能自动产生。通过拆解任务单，把一张任务单分解为数量不等、加工单位不等的任务单。系统使用户能够直接基于销售订单来产生任务单。该功能尤其适用于那些严格遵守销售订单的公司。生产任务单如表 9-1 所示。

表9-1　生产任务单

生产任务单号	生产任务单状态	计划员	下达人	下达日期	生产车间
G09110056	下达	王伟	王伟	2021-7-10	总装车间
产品编码	产品名称	单位	生产数量	计划开工日期	计划完工时期
KGB093201	M95 型计算机主机	台	100	2021-7-11	2021-7-15

9.2.3 车间领料单管理

生产任务单下发到车间，车间须着手准备和布置生产任务。对 ERP 系统而言，在进行生产准备时，主要考虑的环节是生产领料业务管理。企业生产领料有三条途径：一次全部领料、按照工序领料和倒冲法领料。

9.2.3.1 一次全部领料

仓库应该对领料进行控制，不允许车间不按照生产任务单直接领料，同时应根据投料单的额定数量进行发料。按照生产投料单在仓库生成的领料单如表 9-2 所示。

表9-2 领料单

领料单号	生产任务单号	领料车间	领料日期
LL091106001	G09110056	总装车间	2021-7-11
产品编号	产品名称	领料人	发料人
KGB093201	M95 型计算机主机	李立强	高小猛

序号	子件	子件名称	单位	应发数量	实发数量	仓库	备注
1	02001	机箱	个	100	100	半成品	

9.2.3.2 按照工序领料

企业按工序领料，开派工单时，要按工序作业计划开领料单。进行工序领料时，首先要确定每个工序需要领用的物料，然后下达派工单，根据工序作业计划和已定义的应领物料领料。

通过工序领料，可以减少仓库库存资金的挤压。在开始生产时，并不是每种物料都会用到，多数物料是在加工过程中陆续被用到的，没有必要在生产开始时就领到车间。

采用工序领料要求企业具有很高的车间生产管理水平，各个工序都能在合适的时间内精确地得到所需要的物料，否则就极有可能出现停工待料的情况。

9.2.3.3 倒冲法领料

在生产领料时，有一种特殊的领料方式——倒冲法领料（也称反冲领料），该方法以部分物料为对象，首先将物料分批搬运至车间（虚拟）仓库内，待生产完成入库后，依据入库量，按 BOM 内单位定额消耗量自动产生领料单或者产生物料耗用量。该方法通常用于某些低值易耗品或个别领料困难的用品，如螺丝钉、胶水和油漆。在进行倒冲领料时，首先需要在物料主文件中标明需倒冲领料的物料、倒冲的仓库和库位，并在 BOM 中准确确定单位定额耗用量。在生产前，相应的倒冲仓库中要有足够数量的物料，以保障倒冲领料能够自动实现。

在很多企业中，车间和仓库之间经常会出现相互借料的情况，应坚决予以制止。比如，车间需领用 100 个 A 物料，仓库只有 95 个，但很快就会有 A 物料到达仓库，仓库为了做账方便，可能先记账发给车间 100 个，当另外 5 个到达仓库时，就直接由仓库送到车间。或者有时候由于特殊原因，车间在计划部门未下达计划前就安排某产品的生产，先从仓库借料进行生产，在生产任务单下达后再办理领料手续。这样导致的直接后果就是仓库的账物不一致，MRP 计划错误，整个 ERP 系统失败。因此，企业在应用 ERP 系统之前，必须规范企业内部尤其是企业仓库管理业务。

9.2.4 车间加工单管理

加工单又称为物料加工单，它是一种以物料为导向的，用以表明某种物料的处理工作顺序、工作中心、工作进度和所用设备的文件，在手工操作时相当于一张处理传票或者处理卡。在 ERP 系统中，加工单主要依据车间任务条、工艺路线以及工作中心的数据生成。

各工作中心加工工序间物料传递存在差异。从理论上讲，在一道工序完成后，才能进入下一道工序，这种方式叫依次顺序作业或串行顺序作业。而在实际加工时，某一工作中心在加工完一定量的物料之后，并没有等到整个加工单的任务加工完了再输送到下一工作中心进行加工，这一转移方式称为平行作业。平行作业能缩短加工周期，但是经常运输增加了搬运成本。串行作业在一些工作中心有时可能导致窝工等现象的发生。工作中心采取何种方式传送物料可以在加工单中注明。常见的加工单形式如表 9-3 所示。

表9-3 加工单

加工单号：D01　　　　　　　计划日期：2021/7/9　　　　　　　计划员：ZH
物料代码：A00　　　物料名称：LED333-22　　需求数量：10　　需求日期：2021/7/16

| 工序 | 工序名称 | 工作中心 | 标准时间 | | | 本工序时间 | 计划进度 | | | | 状态 | 传递状态 |
			准备	工时	台时		最早开工日期	最早完工日期	最迟开工日期	最迟完工日期		
1	插1号板	C01插小件组	0.1	1	—	10.1	2021/7/11	2021/7/14	2021/7/12	2021/7/15	开工	正常
2	插2号板	C02插小件组	0.1	1.5	—	15.1	2021/7/11	2021/7/14	2021/7/12	2021/7/15	确认	平行

9.2.5 车间派工单管理

在产生物料加工单之后，对各个工作中心目前正在加工任务和排队任务以及其他状况，依据各个流程进行操作和调整，并发出派工单。

派工单是指表明工作中心在一定时间内（如每周、每月）所加工的任务以及每个任务优先级别的单据。每日派工单列明了需要在各工作中心和部门加工的工作以及今后数日内将抵达工作中心的工作。派工单上列有工序开始日期以及完工日期等。工序开始日期用于决定操作的处理顺序。

派工单是详细说明生产过程的文件，派工单使车间调度员与物料加工人员对任务以及将要加工的任务一目了然。如果实际加工时间与计划加工时间不符，加工人员会及时发现并根据情况采取补救措施。

表9-4中的派工单提供了工序号、生产准备工时及加工工时等各类信息。其中，生产准备工时为一工作中心由生产一工程转化为生产另一工程的工时，而加工工时则为实际处理生产规定量物料工程的工时。此外，还有上下工序资料。

表9-4 派工单

车间代码：WC01

工作中心：1002 名称：铣床 时间区间：2021/7/1-2021/7/31

物料代码	任务号	订单完成日期	工序号	工序开始日期	工序完成日期	准备工时	加工工时	剩余数量/件	上道工序号	上道工作中心	下道工序号	下道工作中心	优先级
已经到达工作中心的作业													
L930	1326	9/16	10	7/6	7/7	0	4.0	1500			20	WC05	1
K421	2937	9/18	5	7/12	7/13	2.0	6.0	2000			10	WC07	1
D430	2566	9/24	10	7/17	7/18	1.0	1.0	500	5	WC03	20	WC10	2
N862	3752	9/24	20	7/19	7/20	0.5	3.5	1000			30	WC08	2
将要到达此工作中心的作业													
K3199	2597	10/2	15	7/27	7/28	1.0	3.0	800			20	WC15	3
B422	3638	10/5	20	7/28	7/29	2.0	20.0	10000	10	WC02	30	WC12	4

9.2.6 车间工票管理

车间工票管理包括两个环节，一是综合运用生产管理中尚未完工的生产通知单、指令单等，在各班组各人员中合理科学地布置生产工票，对生产过程实行量与质的管理；二是依据工序、产品加工工艺以及加工难易程度等因素设定产品加工单价，综合作业人员完工量测算职工计件工资。

车间工票管理将生产管理与薪资管理有效结合，车间工票安排按生产管理未完成指令单、生产通知单执行；车间作业人员合格加工产品经工票汇报后自动结转至生产管理生产日报操作，减少单据重复劳动；经车间工票管理核算职工加工计件工资可与薪资管理实现无缝对接。

9.2.7　车间在制品管理

车间对在制品的管理通常按工序进行，各工序因供需间的传递、报废而结存在制品量不同。

$$工序在制品数量 = 期初的库存数量 + 移入数量 - 报废数量 - 移出数量 +$$

$$盘盈数量 - 盘亏数量$$

在工序在制品管理方面，对生产周期比较长的企业，要定期盘点，做到工序在制品账物一致。在账面数量和实际数量不符的情况下，查明原因，以免再出现类似问题。同时实时调控每道工序的投入产出，并对该道工序的在制品数量进行调控。

通过对工序在制品进行管理，企业能够全方面了解工序在制品存量水平及其变化趋势，从而有效降低工序在制品存量和资金积压，提高车间物料管理水平。

9.3　作业排序

在生产作业计划的拟订和编制工作中，设备可能因生产多个产品而产生矛盾。所以，各个生产层次的任务加工顺序问题亟须解决，此处既有哪一个任务先投产、哪一个任务又投入生产的情况，也有同一台设备内不同工件的加工情况的处理顺序。这个过程就叫作作业排序。

9.3.1　作业排序的基本概念与分类

9.3.1.1　作业排序的基本概念

对于某一特定时期分配到各生产单位的工作任务，按产品（部件）工艺路线及设备负荷发生概率来决定各生产单位工作任务顺序。

9.3.1.2　作业排序分类

作业排序包括劳动力作业排序和生产作业排序两种形式。劳动力作业排序决定了人员什么时候进行作业，而生产作业排序则决定了不同的人员进行不同的作业。生产作业排序可以根据设备、工件及目标函数等特征进一步分类。作业排序的具体分类如图 9-5所示。

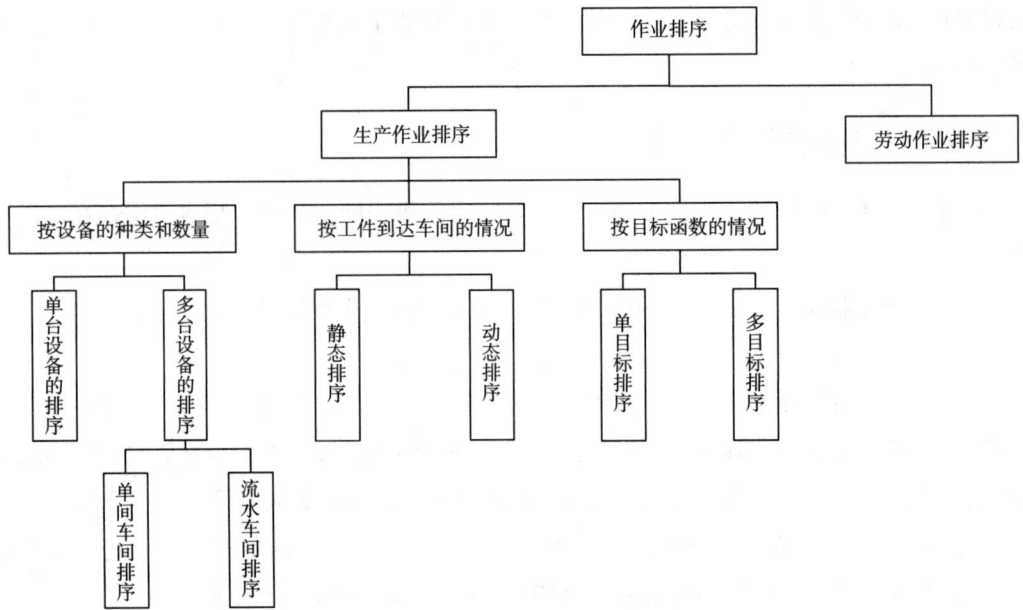

图 9-5　作业排序分类

9.3.2　作业排序的方法

9.3.2.1　约翰逊法

多采用静态排序方法求解 $n/2/p/F_{min}$ 排序问题。该方法旨在求解得到整组零件生产周期最短的进度表。

①约翰逊排序规则。若符合 $\min\{t_{1k}, t_{2h}\} < \min\{t_{2k}, t_{1h}\}$，则将 k 工件排在 h 工件之前。式中，t_{1k}，t_{2k} 为 k 工件第 1 个工序、第 2 个工序所需要的加工时间；t_{1h}，t_{2h} 为 h 工件第 1 个工序、第 2 个工序所需要的加工时间。

②约翰逊法的使用步骤。

步骤一：罗列零件组工序矩阵。

步骤二：从工序矩阵筛选出加工时间最短的工序。假如该工序为第一工序，则将该工序所属工件放在后面。相反，当最小的工序为第二工序时，就把属于这道工序的工件放置在后一位。如果最小工序为多道工序，则可随意选择一种工序。

步骤三：在工序矩阵中剔除已排序的各个工件。

步骤四：继续依据上述步骤排序，至工件全部排序结束。

例 9-1　零件工序矩阵和按约翰逊法排序后的新工序矩阵如表 9-5、表 9-6 所示。

表9-5　零件工序矩阵

工件号	1	2	3	4	5
第一工序 M1	8	9	5	2	6
第二工序 M2	6	5	4	8	3

表9-6　按约翰逊法排序后的新工序矩阵

工件号	4	1	2	3	5
第一工序 M1	2	8	9	5	6
第二工序 M2	8	6	5	4	3

对同一顺序排序问题采用表上作业方法，根据零件工序及加工先后顺序计算出全组零件在表 9-7 中的最大流程时间 F_{max}。各道工序中零件加工的时间及次序如表 9-8 所示。

表9-7　最大流程时间F_{max}计算表

工件号	4	1	2	3	5
第一工序 M1	2/2	8/10	9/19	5/24	6/30
第二工序 M2	8/10	6/16	5/24	4/28	3/33

表格中斜线右端的数字即为至工序完成的流程时间。其计算方法如下：

该工序结束时的流程时间 = 该工序的开始时间 + 该工序的加工时间

表9-8　零件加工时间表

M1	4	1		2			3		5				
M2			4		1			2		3			5
	1 2	3 4 5 6 7 8 9 10	11 12 13 14 15 16	17	18	19	20 21 22 23 24	25 26 27 28	29	30	31 32 33

生产过程中的某道工序的起始时间主要由两个方面决定：一方面是本道工序紧前一个工序的终止时间，另一方面是其所使用的设备上紧前一个工序的加工结束时间。这道工序起始时间要取以上两个时间较大者。

9.3.2.2　关键工序法

采用关键工序法排序，其程序与方法是：

步骤一：将各个部件加工工作量按照工序进行统计，并将加工工作量最多工序界定为关键工序。

步骤二：对比每个部件第一道和最后一道工序大小，将所有部件分为 3 组，如果第一道＜最后一道，则分为第 1 组，如果第一道＝最后一道，则分为第 2 组，如果第一道＞最后一道，则分为第 3 组。

步骤三：每组单独对该组中的各部件排序。

第一组，每一个部件在关键工序之前单独对每一个工序累加，并将累加之后的值按照递增顺序排列；第二组，在第一组中部件数量小于第三组的情况下，该组部件按照在第一组中规律排列，否则按照第三组规律排列；第三组中每一个部件在第二组中分别对关键工序之后的每一个部件累加并以递减顺序为原则排列。

步骤四：对所有部件排序，第一组位于队伍前面，第二组位于队伍中间，第三组位于队伍后面。

例 9-2　产品－工序时间如表 9-9 所示。

表9-9　产品-工序时间

零件	A	B	C	D	E	F	合计
M1	3	8	6	9	1	2	29
M2	13	2	2	4	7	5	33
M3	7	16	10	9	6	0	48
M4	15	7	8	10	11	14	65
M5	6	4	7	12	5	11	45

①确定关键工序为 M4。

②分组。第一组：ACDEF；第二组：无；第三组：B。

各组组内排序：

第一组：把关键工序前的工时相加（M1+M2+M3）。

A：23；C：18；D：22；E：14；F：7。递增顺序排列：F，E，C，D，A。

第二组：无。

第三组：B。

总投产顺序为：F，E，C，D，A，B。

③求 F_{max}，全组的生产进度如表 9-10 所示。

表9-10　生产进度

零件	F	E	C	D	A	B
M1	2/2	1/3	6/9	9/18	3/21	8/29
M2	5/7	7/14	2/16	4/22	13/35	2/37
M3	0	6/20	10/30	9/39	7/46	16/62
M4	14/21	11/32	8/40	10/50	15/65	7/72
M5	11/32	5/37	7/47	12/62	6/71	4/76

9.3.2.3　优先规则法

在进行作业排序时可以使用优先规则法。这些规则比较简单，只需依据一些数据资料进行作业排序。这些资料可为加工时间，交货日期，也可按抵达先后顺序列出。还有一些规则虽然简单，但是还需进一步了解。以下是 10 项经常使用的优先规则。

① FCFS（First Come First Served）规则：优先选择第一个到达的工件。

② SPT（Shortest Processing Time）规则：优先选择加工时间最短的工件。

③ LPT（Longest Processing Time）规则：优先选择加工时间最长的工件。

④ EDD（Earliest Due Date）规则：优先选择加工期限最近的工件。

⑤ SCR（Smallest Critical Ratio）规则：优先安排紧迫系数最小的工件。

$$紧迫系数 = \frac{工作允许停留时间}{工件剩余加工时间}$$

⑥ MWKR（Most Work Remaining）规则：优先安排剩余加工时间最长的工件。

⑦ LWKR（Least Work Remaining）规则：优先安排剩余加工时间最短的工件。

⑧ MOPNR（Most Operations Remaining）规则：优先安排剩余加工工序最多的工件。

⑨ RANDOM 规则：随机挑选下一个工件。

⑩ LCFS（Late Come First Served）规则：后到先服务，优先安排后到达的工件。

例 9-3　五条长轴在车削车间等待加工，其生产时间和到期时间如表 9-11 所示。分别运用 FCFS、SPT、EDD 和 LPT 规则来确定它们各自的操作顺序。

表9-11　产品加工信息表

工件	A	B	C	D	E
加工时间 / 天	2	6	8	3	9
交货期 / 天	8	6	18	15	23

①按 FCFS 规则排序的结果是 A-B-C-D-E。如表 9-12 所示。

表9-12　按FCFS规则排序

工作顺序	A	B	C	D	E	合计
加工时间	6	2	8	3	9	28
完工时间	6	8	16	19	28	77
交货期	8	6	18	15	23	70
拖期量	0	2	0	4	5	11

FCFS 规则有以下效率测算结果：

平均流程时间=总流程时间/工件数=77/5=15.4（天）

使用率=总加工时间/总流程时间=28/77=36.4%

平均在制品库存=总流程时间/总加工时间=77/28=2.75（件）

平均拖期量=总拖期量/工件数=11/5=2.2（天）

②按 SPT 规则排序的结果是 B-D-A-C-E。如表 9-13 所示。

表9-13　按SPT规则排序

工作顺序	B	D	A	C	E	合计
加工时间	2	3	6	8	9	28
完工时间	2	5	11	19	28	65
交货期	6	15	8	18	23	70
拖期量	0	0	3	1	5	9

SPT 规则有以下效率测算结果：

$$平均流程时间=65/5=13（天）$$

$$使用率=28/65=43.1\%$$

$$平均在制品库存=65/28=2.32（件）$$

$$平均拖期量=9/5=1.8（天）$$

③按 EDD 规则排序的结果是 B-A-D-C-E。如表 9-14 所示。

表9-14　按EDD规则排序

工作顺序	B	A	D	C	E	合计
加工时间	2	6	3	8	9	28
完工时间	2	8	11	19	28	68
交货期	6	8	15	18	23	70
拖期量	0	0	0	1	5	6

EDD 规则有以下效率测算结果：

$$平均流程时间=68/5=13.6（天）$$

$$使用率=28/68=41.2\%$$

$$平均在制品库存=68/28=2.43（件）$$

$$平均拖期量=6/5=1.2（天）$$

④按 LPT 规则排序的结果是 E-C-A-D-B。如表 9-15 所示。

表9-15　按LPT规则排序

工作顺序	E	C	A	D	B	合计
加工时间	9	8	6	3	2	28
完工时间	9	17	23	26	28	103
交货期	23	18	8	15	6	70
拖期量	0	0	15	11	22	48

LPT 规则有以下效率测算结果：

$$平均流程时间=103/5=20.6（天）$$

使用率=28/103=27.2%

平均在制品库存=103/28=3.68（件）

平均拖期量=48/5=9.6（天）

以上四个规则的计算结果汇总如表 9-16 所示。

表9-16　排序总汇

规则	FCFS	SPT	EDD	LPT
平均流程时间（天）	15.4	13.0	13.6	20.6
使用率（%）	36.4	43.1	41.2	27.2
平均在制品库存（件）	2.75	2.32	2.43	3.68
平均拖期量（天）	2.2	1.8	1.2	9.6

9.3.3　作业排序的评价标准

通常情况下，对于 n 种工作，每一种工作要在 m 台设备上加工，则总计有（$n!$）^{m} 个排序方案。部分排序方案因受工艺限制和各部件之间相互联系等因素影响而行不通。所以，在进行筛选工作之前，必须先明确筛选、评估标准。可供评估作业排序方案的准则很多，以下是六种最为普遍采用的标准：

①工件流程时间。由可开始加工到完成加工的时间。

②全部完工时间。完成一套作业需要的所有时间，是指从第一台设备开始加工第一个工件算起直至最后一台设备加工完最后一个工件所需的时间。

③延迟。它可表示为滞后于预定完工时间的一部分或不在预定时间内完成工件数与总工件数之比。

④在制品库存（WIP）。这一标准可以用工件数量、工件货币价值或者所能提供的周数表示。

⑤总库存。计划入库量与实际库存量之和。

⑥利用率。一台设备或一个工人的有效生产时间占总工作时间的百分比。

以上标准均可用带平均值与偏差的统计分布表达。但是，这些标准不是完全相互独立的。

9.4　生产作业控制

9.4.1　生产作业控制的重点

生产作业控制主要以计划的实施和信息反馈为主线，根据物料需求计划要求将及时、优质、按量、低成本完成加工制造工作作为管理目标。

车间作业控制遵循物料需求计划的具体要求，根据交货期、生产优先级以及车间生产资源状况，通过订单方式向生产车间分配产品生产任务。车间内，依据零部件工艺路线和其他信息，对车间生产进行规划并安排日常生产任务。在产品生产过程中实时收集车间生产动态数据、掌握生产进度、快速发现问题并寻找解决方法，力求车间实际生产贴近MPS/MRP 计划。生产作业计划在实施过程中会遇到一些始料未及的状况或问题，相关人员需要及时监督与检验，找出偏差并加以调整与修正。

9.4.2 生产作业控制的要素和内容

生产作业控制主要由三个部分构成：

①控制标准。标准是指生产计划与生产作业计划，以及它们所遵循的各项准则。离开了标准，实际情况是否出现偏差，是不可测量的。在生产计划中指定的产品产出期、MRP 中产生的零部件投入产出计划以及用排序方法获得的车间生产作业计划等均为执行生产控制所依据的准则。

②收集信息。相关人员必须寻找方法获得实际生产进度和计划之间偏差的各项资料。控制不能脱离信息而进行，只有获得实际生产进度与计划相偏离的资料，才能得知二者出现不协调现象。ERP 生产管理信息系统能够有效地提供实际生产和计划之间的偏离情况。

③采取措施。即针对即将产生或者已产生的偏差，采取纠偏措施。

以上三方面内容是紧密联系、缺一不可的。生产作业计划的具体实施结果离不开标准的测量，作业计划实施过程中缺乏事前测定与事后测量的资料，作业计划执行过程中不能被理解与评估，偏差得不到纠正，生产控制活动就毫无意义。

生产作业控制一般包含生产调度工作、生产进度控制、在制品占用量控制等内容。

9.4.2.1 生产调度工作

生产调度的主要工作是组织实施生产作业计划，并在生产作业计划基础上对企业生产过程实施控制与调整。

（1）生产调度工作的主要内容

①检查生产作业计划是否落实，及时了解生产动态、实际生产进度和计划是否产生偏差，并针对产生偏差的原因采取相应措施。

②检查并帮助相关部门完成所有生产作业的准备工作。

③根据生产需要合理调配劳动力。

（2）生产调度工作的原则

生产调度工作要以计划性、预防性、集中性、及时性和群众性为基本原则。

9.4.2.2 生产进度控制

生产进度控制包括及时进度控制、出产进度控制、工序进度控制、生产均衡性分析。

9.4.2.3 在制品占用量控制

控制在制品占用量，就是要控制生产过程各环节在制品实物及账目。

9.4.3 生产进度控制

生产进度控制就是从生产前期准备工作到制成品入库工作，在时间、数量等各方面进行控制，并对已产生或者可能产生的与操作计划相脱节的偏差加以检查和分析，以便采取相应措施，确保生产平衡的活动。

生产进度控制主要包括投入进度控制与产出进度控制两个层面。投入/产出控制，就是根据计划要求，对产品开始投入时间、数量、种类等进行调控。投入/产出控制具有预先性的特点，投入不及时或者数量不够，势必导致生产忙闲不匀，产品无法如期交付，甚至停顿；投入过多，则会导致积压、浪费和等待处理等现象，使经营效果大打折扣。

9.5 成组制造技术

9.5.1 成组制造技术的概念

成组制造技术是一种为多品种、中小批量生产提供的科学的制造组织方式，即是一种利用零件结构形状及工艺相似程度等指标对全部产品零部件进行归类分组，以组为单位对制造进行组织管理的方法。

9.5.2 成组制造技术的特点

成组制造技术以成组工艺为主要特征，就是将结构、物料和工艺相似的部件形成部件族（群），并根据部件族拟定工艺来处理，以达到扩大批量、减少种类、易于使用和提高劳动生产率的目的。

9.5.3 成组制造技术实例

当前正在开发的成组制造技术就是运用系统工程学的思想，将中小批量生产的设计制造及管理等环节视为生产系统的整体，对生产活动各方面进行统一协调，从而提高企业综合经济效益。下面以产品设计、制造工艺为例，简要阐述成组制造技术的实际应用。

9.5.3.1 产品设计方面

由于采用成组制造技术来指导设计，各种部件具有较大的相似性，从而为制造管理中推行成组技术打下了良好的基础并获得了较好的成果。另外，新产品的继承性使前几年积累和检验过的相关设计与制造经验又得到了运用，有利于确保产品质量稳定。在成组制造技术指导下进行的设计合理化、标准化工作，为计算机辅助设计打下了良好基础，有利于最大限度地复用设计信息、提高设计效率、节省时间。

9.5.3.2 制造工艺方面

成组制造是制造工艺中首先被广泛采用的技术。最初是在成组工序中使用，即使整个成组零件能够使用同一种设备与工艺装置、相同或相近机床进行调整加工，从而使生产调度计划只需按照零件组进行调度即可，极大地节省了因更换零件而对机床进行调整的时间。成组制造技术可以应用于零件加工的全部工艺。要做到这一点，相关工作人员就要根据工艺过程的相似性对零件进行分类，使之构成一个加工族，再对加工族进行成组的工艺设计。

9.6 车间管理模块与其他模块的关系

车间管理模块有助于相关管理人员对车间的生产活动进行监控，也有助于企业劳动生产率的提升、车间在制品的降低以及产品质量的改善。车间管理模块和其他模块的关系如图 9-6 所示。

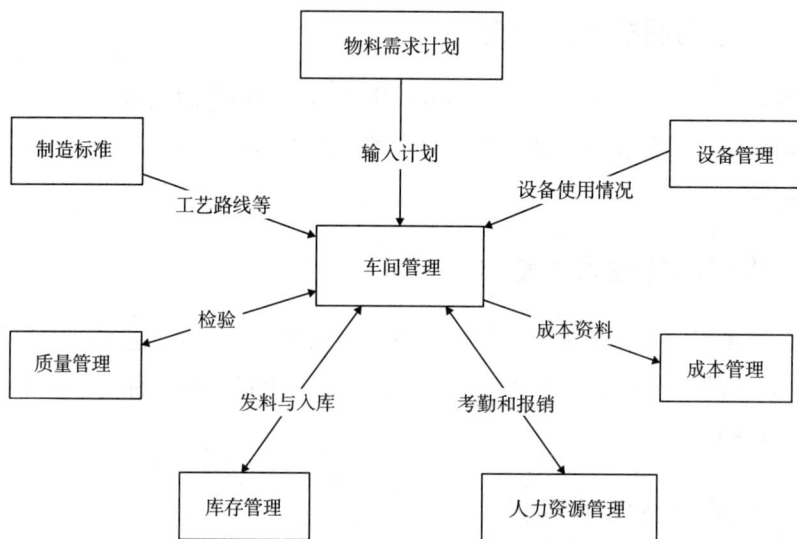

图 9-6 车间管理模块与其他模块的关系

9.7 思考与练习题

① 什么是车间管理？车间管理的主要内容有哪些？

② 请绘制车间生产任务管理的业务处理流程。

③ 生产任务下达时包括哪些单据？各有哪些作用？

④什么是加工单和派工单？加工单与派工单有何不同？

⑤简述约翰逊排序法的基本步骤。

⑥简述关键工序法的基本步骤。

⑦评价作业排序方案的标准有哪些？

⑧生产进度控制包含哪些内容？

9.8 案例分析

智能化与绿色化融合：新能源汽车工厂的车间管理新范式

上汽大众新能源汽车工厂集冲压、车身、涂装、总装和电池装配车间于一体，致力于生产大众、奥迪等品牌的全新一代纯电动车型，是上汽集团推动新能源汽车技术创新与产业升级的重要实践平台。

在这一自动化率高达 88% 以上的"黑灯工厂"，智能制造贯穿生产全流程。工厂配备超过 1400 台工业机器人，广泛应用于各个生产环节。在自动化程度最高的车身车间，机器人承担了所有焊点的自动焊接，部分生产区域已实现全无人化生产；而在总装车间，底盘总成装配线通过自动送钉、自动拧紧和视觉识别等技术，确保了底盘总成的高精度与高品质，为行业领先的纯电动车型提供了坚实的制造保障。

通过物联网场景的深度应用，工厂打造了一个智慧管理平台，实现了设计、生产与销售各环节的无缝衔接。实时采集、快速传输、集中储存与统一管理的生产质量信息流动，使生产效率和品质大幅提升。与此同时，工厂以 28 项节能环保措施为基础，大幅降低了能源消耗，5 项关键环境指标下降 20%。结合大数据监测和动态优化能源运营成本，工厂逐步迈向"零碳化"发展目标，成为环境友好型现代化制造典范。

数字时代的到来推动了车间全业务数字化的深入发展，依托数字开发技术、网络化信息技术、大数据处理技术与自动化控制技术，整合整车制造十大业务模块，包括：数字化工艺评估与验证、数字化设备设计仿真、数字化工厂资源建设、MES 系统优化、工业大数据分析、设备远程智能诊断及工艺质量监控等。工厂通过 ERP、MES、PMC、EAM 等多系统的串联与整合，构建了全流程信息化制造总线，为智能制造的全面落地提供了有力支撑。

在数字化能力建设方面，工厂完善了数字化系统基础设施（硬件、软件及网络架构）、数字化资源（模型库、资源库、知识库）及数字化专业团队，实现了数字化环境和能力的全方位提升。

面对智能制造的高度需求，工厂以创新驱动和人才转型为核心策略，实现员工能力与岗位需求的同步跃升。通过业务模式优化、新技术应用及人员能力培养，工厂推动员工从

"职业危机意识"向"智能制造参与者"转变。

人员转型以"质的提升"为目标，注重各工种与层级间的能力融合与协同，通过跨界学习和角色延展实现高效团队的构建。工厂制订五年业务规划与多维度人才培养路径，确保战略部署有效落地，并通过提供职业发展支持增强员工的归属感与竞争力。

上汽大众新能源汽车工厂不仅是智能制造的成功实践，更为行业树立了融合技术创新、绿色发展与人才培养的标杆。

思考：

①在高自动化率的背景下，车间管理如何实现智能设备与人工操作的高效协同，以最大化生产效率和质量？

②面对绿色化发展的要求，车间管理如何平衡节能环保目标与生产成本的优化？

第10章
ERP财务管理

10.1 财务管理概述

10.1.1 财务管理的概念

财务管理是企业管理的一个组成部分，它是根据财经法规制度，按照财务管理原则，组织企业财务活动、处理财务关系的一项经济管理工作。

10.1.2 财务管理的内容

财务管理的内容包括三大部分，如图 10-1 所示。

①传统的财务管理。传统的财务管理包括账务管理、应收账款、应付账款、薪酬核算、现金管理、材料、销售核算等业务。

②成本管理。包括成本核算、成本控制等业务。

③固定资产管理。ERP 系统对企业固定资产的管理。

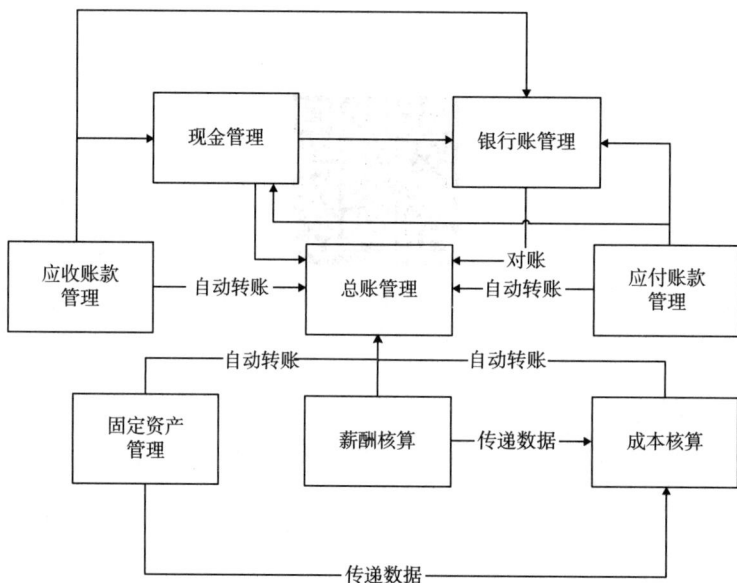

图 10-1 财务管理的内容

10.1.3 ERP财务管理的主要功能

ERP 财务管理的主要功能在于完成财务数据收集整理、开支预算的监测和管控。ERP 财务管理模块包括一般财务整体规划、财务分析与财务管理决策。依据该模块，企业可以处理其财务要求，更有效地完成目标。在 ERP 系统中，企业依据财务管理的基本功能，开发财务模块，来确认和处理财务数据的具体内容以及多层面、模块化财务管理。ERP

在企业财务管理中主要依靠三个子模块运行：报告分析、预算管理和资金管理。具体内容如下。

①报告分析子模块。因为 ERP 高度集成化，在分析财务报告时具有很重要的作用。现阶段，ERP 系统软件包含符合管理与非管理方式标准的报告的解读，并由不同种类的工作人员开展检测。但是，在报告数据分析系统层面，需要设定查询报表分析系统人员的权限和级别。报告分析子模块一般与总账、成本费用模块集成。

②预算管理子模块。在 ERP 管理模块中撰写上级部门下发的年度预算和企业计划之后制订各部门的预算。管理者应考虑预算的必要性，采用合理的方法，降低成本，增加经济收益。预算完成后难免会出现一些不合理的地方，假如预算需要变更，可以在相关部门批准后对预算作出调整。全部高层管理人员都可以通过 ERP 系统掌握预算的实施情况，以便及时作出调整和修改。

③资金管理子模块。本模块的主要功能是解决按公司划分收入和支出的问题。下属企业应根据建设项目和新项目供应合同申请项目资金，并根据项目月度财务计划申请流动资金，上级企业将资金转移给下属企业。同时，相关部门在 ERP 会计模块中进行会计核算，减少交易差错和遗漏。

10.1.4　财务管理的作用

（1）计划作用

财务计划是在预测的基础上制订的。预测主要包括市场预测、财产预测、成本费用预测和收益预测。企业制订财务计划时应了解资产状况，评定计划期内生产运营活动所需要的资产收入、经济来源等。

（2）控制作用

财务控制是一种保证企业财务活动与终极目标一致并取得最佳经济收益的方法。财务控制主要包含以下内容：

①帮助管理日常任务。改进财务管理是财务控制的一种表现。财务管理的主要内容是：健全原始记录、规定成本费用预算定额、认证工程验收、定期盘点资产和原材料的供应、制订企业清算的管理制度等。

②实施财务计划。财务计划的编制仅仅是财务管理的开端，最后必须通过计划的实施来改进工作，提高效率，控制与节约成本。在执行计划时，根据对各类财务指标分析完成状况的解读，对管理工作的完成情况进行评价，为战略决策提供参考。

③平衡收支。平衡收支是财务控制的主要内容。收支平衡的实现路径是提升生产和经济效益，降低消耗，节约成本，此外，还应按规定程序从社会经济发展单位筹资或向银行借款。

（3）监督作用

财务监督主要通过银行信贷对公司的生产运营进行监管，尤其是对资产股权融资、应用、交易、回收利用和分派进行监管。例如，原料指标能够反映企业对原料使用，分析和严格监督原料指标，可以推动企业改善原料过程的管理，改进原料供货。通过对有关生产制造成本指标的解读，企业能够了解生产过程中的生活成本和工作成本，推动公司规范使用人力、物力资源和资金，节省成本。分析利润指标，企业能够了解财务的效率和企业家的能力，严格监管利润的形成和股东分红，推动企业突破自我，改进管理方法，节约成本，提高效益。

（4）资本运营

资本运营对当代财务管理至关重要。资本运营不使用记账、算账和报账的方法，也不采用管理会计中预测利润的量本利法，而是采用会计决策的基本理论和方法、财务管理中的分配行为和选择原则、资本结构理论等方法，将融资投资和盘活存量资产作为主要内容。

10.1.5　财务管理流程

财务管理主要包括六个方面：预测、管理决策、总体计划、实施、分析和检测。预测以财务活动为载体，融合实际标准，对企业未来财务活动和财务成效开展科学测算。预测为决策提供依据。决策的成功与否直接关系到公司的成败。决策制订之后，战略方向就被确定，然后形成总体计划。这时，必须采用科学的方法，全面平衡总体目标，制定关键的计划指标，协调不同的计划指标。计划制订后，确保计划的有效实施至关重要。例如，许多公司无法实时跟踪其成本，在发生开支之后才发现问题所在，管理滞后带来极大浪费。ERP 企业管理系统可以对企业资产的收入、支出、占有和损失进行日常计算和审计，对业务流程和财务整合进行有效控制。

10.2　总账管理

10.2.1　总账管理概述

总账系统是一个关键的会计系统，它基于凭证管理账簿和表格。企业所有的核算最终在总账中体现，总账系统是会计信息系统的基础和核心，是所有财务信息管理系统中最基本、最具体的内容。其他财务和业务子系统有关资金的数据最终要归集到总账系统中以生成完整的会计账簿。

总账系统的主要功能有会计凭证处理、出纳管理、账簿管理、辅助核算管理及期末处理等。凭证处理一般包括填制凭证、审核凭证、凭证汇总和记账等内容，其主要任务是通过输入和处理记账凭证，完成记账工作，查询和输出各种账簿。账簿管理包括总账、明细账等基本会计核算账簿的输出，以及个人往来、单位往来等各种辅助核算账簿的查询输出。期末处理包括转账、对账、结账工作。转账工作是会计自动化的重要体现，可以由计算机系统完成自动转账。月末必须进行对账和结账工作，是会计前后期衔接的重要内容。

10.2.2 总账管理业务流程

总账系统的基本操作流程是：添加基础档案、设置会计科目及凭证类别、录入期初余额、填制凭证、审核（出纳签字）、记账、结转成本、结转损益、生成报表。如图 10-2 所示。

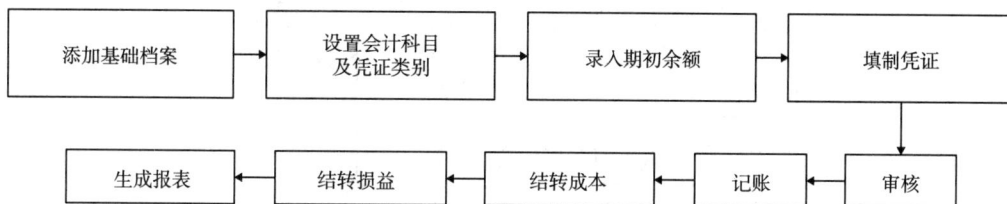

图 10-2 总账系统基本操作流程

总账管理系统的业务流程是：初始设置、填制凭证、出纳签字、审核凭证、记账、账簿查询、银行对账、自动转账、对账、结账、打印。如图 10-3 所示。

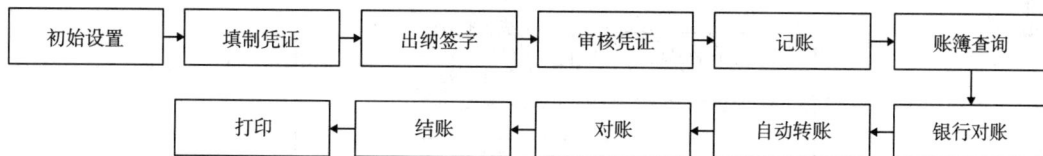

图 10-3 总账管理系统业务流程

10.2.3 总账系统与其他业务系统的关系

总账系统与其他业务系统的关系如图 10-4 所示。

①与薪酬子系统的关系。薪酬管理的工资奖金分摊和费用方案自动生成的凭证将传达给总账子系统，在总账系统软件中进行审核、记账。

②与固定资产子系统的关系。固定资产子系统完成增加、减少的卡片输入和折旧处理，自动生成凭证传递到总账子系统，在总账系统中完成审核、记账。

③与应收账款子系统的关系。应收账款子系统接收销售系统的发票，自动生成凭证传递到总账子系统，在总账系统中完成审核、记账。

④与应付账款子系统的关系。应付账款子系统接收采购系统的发票，自动生成凭证传递到总账子系统，在总账系统中完成审核、记账。

⑤与存货核算子系统的关系。存货核算子系统接收库存管理系统的已审核的出、入库单，自动生成凭证传递到总账子系统，在总账系统中完成审核、记账。

⑥与资金管理子系统的关系。资金管理子系统进行公司内部和外部收付款业务处理、信息资源管理，总账子系统的凭据自动生成，在总账系统软件中进行审核、记账。

⑦与成本管理子系统的关系。成本管理子系统接收总账、薪酬、固定资产、库存管理、存货核算传送的信息，自动完成总成本和单位成本计算，自动生成凭据并将其传入总账子系统、存货核算子系统和库存管理子系统，在总帐系统软件中完成审核、记账。

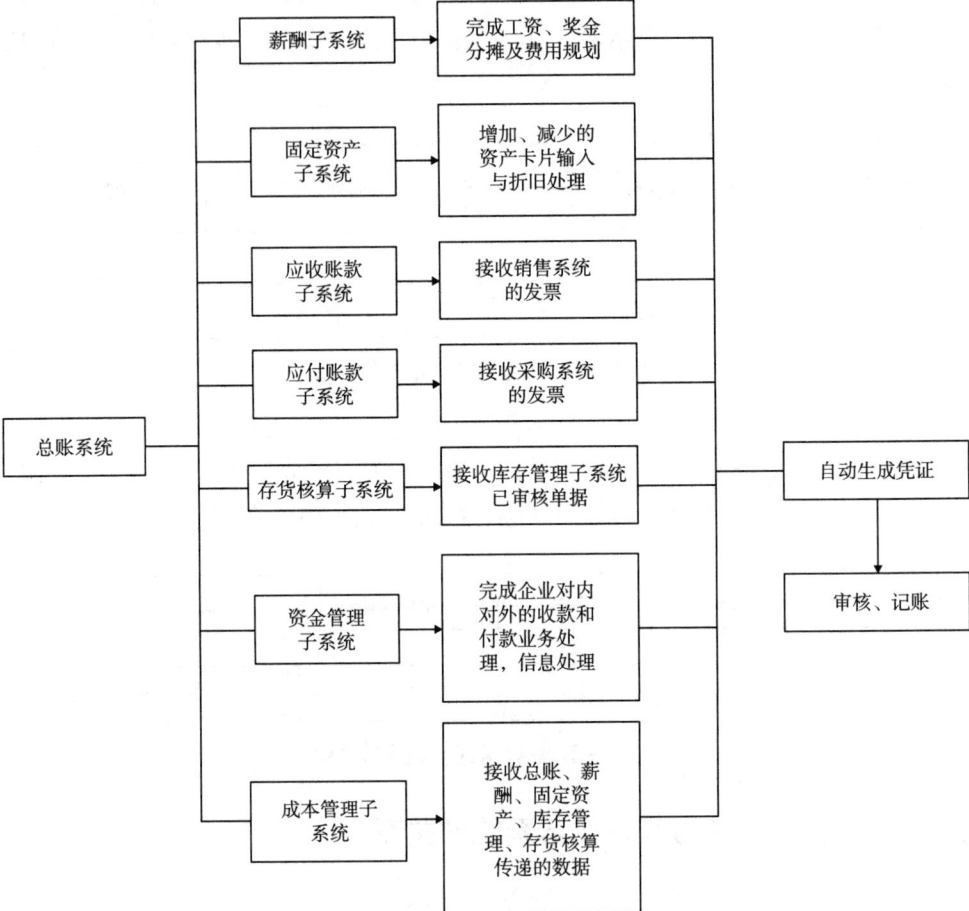

図 10-4　总账系统与其他业务系统的关系

10.3　应收账款管理

10.3.1　应收账款管理概述

对企业来讲，企业一方面想借助应收账款来促进销售，扩大销售收入，增强竞争能力，同时又希望尽量避免由于应收账款的存在而给企业带来的资金周转困难、坏账损失等弊端。如何处理和解决好这一对立又统一的问题，便是企业应收账款管理的目标。

应收账款管理的目标是制定科学、规范的信用政策，并在这种信用政策所增加的销售盈利和采用这种政策预计要担负的成本之间做出权衡。这类信用政策只会在增大销售收入超出政策实施成本时才能执行。假如公司销售前景好，信用账户安全系数高，这时采用宽松的信贷政策，扩张银行贷款业务，会促进市场销售，获取更多收益。反之，我们应该采用紧缩的信贷政策或减少银行信贷，从而减少公司在取得利润时受到的不良影响。

依据公司的实际业务开展情况和客户信用情况，制定高效的信用政策，对公司账户采用适当的管理方法。

一般来说，公司应收账款的日常管理包括：做好基础记录，了解客户（包括子公司）付款的及时程度。基础记录工作包括企业对客户提供的信用条件，建立信用关系的日期，客户付款的时间，目前尚欠款数额以及客户信用等级变化等。公司只有掌握这些信息，才可以采取相应防范措施。

10.3.2　应收账款管理业务流程

应收账款管理措施由公司财务主管负责，会计和业务部门落实日常管理措施。

公司设专人负责应收款项的管理，每笔应收款项清理的责任人为业务批准人、合同签订人和业务经办人。

对于赊购，业务部门需在提供提货单和税票之前，与市场经理签署买卖协议和付款单据。

各级业务部门对于其他应收、预付款项，必须跟有关责任人签署其他应收、预付款回笼责任书，财务部门方可办理对外付款手续等业务。

赊购产品和预付货款时，应当由企业财务部和业务部责任人、公司主管领导和财务主管对客户的信用等级开展安全检查并签字。

银行承兑汇票要经主要负责人和财务部门责任人准许，非产品销售所产生的应收款尽量经相关部门领导准许。接到银行承兑汇票后，应立即递交财务部开展真实性的验证，并依据公司资金情况马上办理换取手续。

财务部门审批业务部门递交税收收据等有关凭据后，开展账务处理。

财务部门每月与企业、集团公司内部单位或本身开展应收账款审计，保证应收账款的及时精确付款。

应收票据要逐单登记在备查簿上，准时核查。该明细应由财务部门责任人或选定的会计批准。

财务部门每季度与业务部门、外界公司或本身开展审计，并编制审计差别调节表，经财务部门责任人批准后及时调整。

财务部门每月编制应收账款账龄分析表，业务部门分析应收账款的可收回性。

逾期贷款、应收账款经财务部门责任人批准后汇报主管，业务部门马上通知相关负责人或应收账款主管催款。

财务部门依据应收账款的账龄分析表和可收回性，准时计提坏账，坏账由会计主管或主管领导审批。

应收账款应在收款或接到货品后马上销账。

公司以货币资产偿还债务的，应当签订合同或者获得法院裁定，以明确职责。合同应经会计主管或主管批准，额度重大的应报公司批准。

对于的确没法收回的账款，要按规定的审批程序开展审计，作坏账处理。解决后的坏账应逐单记入备查簿，以保存追诉权。负债结算资产评估公司对应收账款实施额度控制，下发负债结算指标，要求负债结算责任人在规定时间内收回负债，并对完成情况开展评定和奖罚。

应收账款管理业务流程如图 10-5 所示。

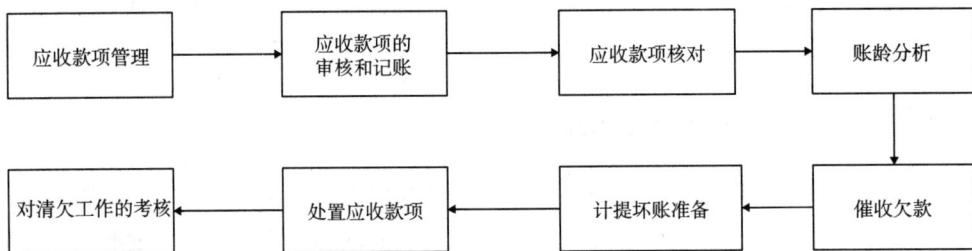

图 10-5　应收账款管理业务流程

10.4　应付账款管理

10.4.1　应付账款管理概述

应付账款是企业应付未付的购货款项，是一项流动负债，也是企业购销形成过程中的一项重要商业信用，它的增加会导致企业负债的增加，如果管理不当，资产负债率上升将直接影响企业的银行贷款。

应付账款可以分为内部结构要素和外部因素。

①公司内部结构要素。公司扩大生产时，如果公司本身的资本规模相对有限，就需要进行资金筹集，例如企业可以找银行等金融机构借钱。然而，在金融机构很难申请到贷款，或者获得贷款既难又慢的情况下，赊销的便利性就凸显出来，应付账款迅速增加。在有的企业，企业鼓励采购人员采用赊销的方式购买材料，某些职业道德较低的人为了自身的利益，收取回扣，加大企业采购量，应付账款因此产生并迅速增多。

②公司外部因素。随着市场竞争越来越激烈，为了扩大市场和维护市场，企业进行赊销，企业的应收账款产生，企业资金流出去，当应收账款收不回时企业的资金会紧张，产生赊购的需求，再加上供应商有意进行赊销，在双方需求的共同影响下，应付账款产生。

然而，目前我国大多数企业经常试图筹集资金，并存在"拖延、不公平、逃逸"等情况。在经营管理方面，一些企业通常只看到眼前利益，内部经营环境和结构体系尚未健全，认为赊销越多越好，账期越长越好，忽略了企业的战略管理应配备相应的应付账款管理，这不利于企业的长远发展。

公司因各种原因未能及时支付应付账款，将降低公司的信用，危及公司的长期发展。如果债务人提起诉讼，公司将面临财务风险，甚至导致破产。因此，对于企业来说，应付账款是财务管理工作的重要组成部分，良好的应付账款管理保证了公司资金的流动性，促进了公司的健康发展。

10.4.2　应付账款管理业务流程

应付账款管理业务流程如图 10-6 所示。

（1）入账

①应付账款会计审核是否有由业务员提供的出入库单、收款凭证额度是否正确、是否有使用单位或库管员签名。

②依据审批后的票据，记入各供应商的应付账款账户。

（2）核对款项

①应付账款财务会计应与供应商核对应付账款，买家应要求供应商将表格发传真至财务部门，传真件应由企业及地区代理加盖公章或财务专用章。

②如看到有异议的账款，应进一步查明原因，保证彼此应付款一致。

③查账后，应付账款财务会计应编写应付账款明细。

（3）支付前的审批工作

①核查供应商提供的发票是否真实有效，审批额度与核查额度是否一致。

②审核通过后，填好付款审批单，连同发票一起交财务主管审核。

③财务主管核对付款凭据后，交财务经理审核。

（4）支付款项

①现金支付。付款审核通过后，财务出纳接到付款审批单，核对额度准确无误后，付款并盖上现金已付章，要求收款方在付款审批单上签名或盖公章。

②银行支付。财务出纳在付款审核通过接到付款审批单后，核对金额及对方账号无误后付款并去银行打印付款回单。

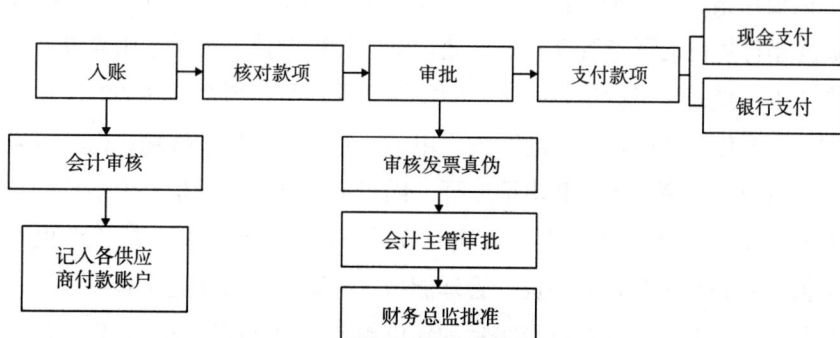

图 10-6　应付账款管理业务流程

10.5 固定资产管理

10.5.1 固定资产管理概述

固定资产是指企业在生产经营过程中持有的且使用年限超过一个会计年度，价值达到一定标准的非货币性资产，包括房屋、建筑、机器设备、工业设备、交货工具，其他与生产运营活动相关的机器、工具、设备。固定资产是企业重要的实物资产，也是企业经营中获取利润的主要来源。

固定资产管理在企业发展中至关重要，因为固定资产是企业正常运营和持续发展的关键资产，在企业运营中发挥重要作用。许多企业在管理固定资产时会遇到一些问题，如账物不符、盘点困难、信息沟通不及时等，这会导致企业管理成本增加，降低企业经营效率。

固定资产管理的基本原则。第一，归口管理和分级负责原则。经营者必须根据具体内容对固定资产的位置和规格进行分类，以工作部门和组织结构为划分依据，通过归口管理与分级负责模式的应用，实现相关管理层对固定资产的层级管理，再层层传递至各资产使用者。第二，提高资产使用率原则。企业应充分利用固定资产，最大化减少甚至规避资产闲置或资产浪费。一方面，企业应了解不同类型固定资产的功能和作用，灵活应用各种固定资产，将不能使用的固定资产及时清理和变卖，提高企业资金流动性；另一方面，企业必须加强产权管理，提高产权使用效率，从源头杜绝资产闲置问题。第三，资产更新经济性原则。企业购置的固定资产都有最大使用年限，但在具体应用中，一些固定资产由于损坏、毁坏、损失、技术创新等问题，在未到报废期之前，已经无法再为企业提供服务。一些企业管理效率低下，还存在资产流失现象。因此，当企业进行固定资产更新相关决定时，应该全面考虑其原因，然后为企业寻找合适的方式方法来提高经济效益。

固定资产管理是跨部门的动态监管过程。企业经营部门、财务部门和技术部门等应共同监管资产的使用情况。任何阶段的问题都会危及企业管理效率，并增加资产流失风险。因此，企业应制订规范的资产管理计划，完善资产管理监控，灵活运用先进技术手段，降低资产管理成本，提高公司竞争力。企业固定资产管理是一项繁复冗杂的工作，涉及企业各部门间的分工合作，在固定资产的购置、申请、转让、维护、拆除、损坏等阶段，都需要专人花费大量时间来完成规划和申请办理。固定资产管理流程是一个系统的过程，只有形成完善和科学的运行体系才能更有效地完成任务。为了确保企业的资产更安全、更详细、更有价值，有必要提升企业的资产管理能力。现阶段，行业竞争日益激烈，企业要想保持长期发展潜力，就必须结合自身实际和建设规划，做好固定资产管理工作。建立合理的资产管理体系将对公司的生产经营发挥重要作用。

10.5.2　固定资产管理业务流程

固定资产管理业务流程如图 10-7 所示。

①自定义固定资产基础，确定固定资产的来源。

②建立固定资产卡片。

③确定固定资产折旧要素是否需要变动。如果需要调整，则由财务部调整折旧要素，调整后更改固定资产卡片，反之，则计提固定资产折旧。

④提交固定资产的各种报表。企业固定资产管理存在的主要问题是卡片信息不完整。由于设备的频繁维护，没有及时跟踪记录和管理，导致固定资产的价值管理混乱。对于到期和超期的固定资产经常管理不好，容易造成超期、过期的固定资产还会继续提折旧或折旧提错。固定资产及其折旧的报表查询，也是企业固定资产管理的棘手问题。企业财务部门通过固定资产卡片内容和基础资料的自定义来记录企业的实际情况；根据严格的卡片管理方法和折旧要素变动处理来帮助企业建立一套完整的固定资产卡片；通过自动计提折旧、自动生成凭证来帮助企业管理固定资产的累计折旧，并将凭证传递到总账系统，完成固定资产与总账系统的无缝连接；通过完善的固定资产报表来帮助企业查询固定资产各个方面的信息。

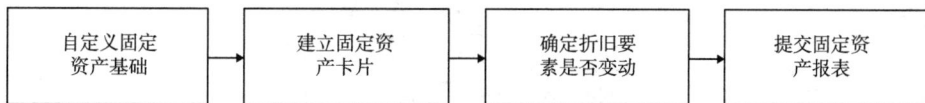

```
┌──────────┐   ┌──────────┐   ┌──────────┐   ┌──────────┐
│ 自定义固定 │ → │ 建立固定资 │ → │ 确定折旧要 │ → │ 提交固定资 │
│ 资产基础   │   │ 产卡片    │   │ 素是否变动 │   │ 产报表    │
└──────────┘   └──────────┘   └──────────┘   └──────────┘
```

图 10-7　固定资产管理业务流程

10.6　现金管理

10.6.1　现金管理概述

现金流通常指的是经营者与资金拥有者之间的一种资金往来关系，具体包括现金流入和现金流出。新企业在成立期间拥有的现金属于实收资本，而不属于生产经营所得。企业在生产经营前将部分资金投资于金融资产，这些金融资产可以在短期内变现。如果企业拥有的现金少于投资特定项目所需要的现金，企业就会从金融机构借资金，这可以为企业创造基本的现金流。企业在尚未开始重视现金流管理之前，一般采用的是传统的财务比率分析法。但事实上，传统的方法并不科学合理，原因是该方法所需的关键指标值基于会计利润。现金流是企业会计利润的关键来源，对企业的经营发展起积极作用，其影响是不可想象的。

根据现金管理方法，企业可以从这些数据中了解生产经营情况，从而对自身有更清晰的认识。如果对现金流的流动性有争议，企业必须在投资前仔细考虑自身风险和承担债务的能力，这对企业发展非常有用。

企业的现金管理是保证企业正常运营的关键因素。企业拥有一定数量的现金，对其日常管理方案、职工工资、不同类型的税金和优异的经营成本都有重要作用。

企业的现金管理是影响公司长远发展的重要因素之一。强大的现金流量有助于公司扩大规模，增强投资商的信任度，增加投资。现金流量的多少是投资者判断企业活力和经营管理能力的重要参考依据，也是衡量企业偿债能力的重要指标之一。根据企业现金管理目标，计算出企业一年内的现金流量，找出相对应的区间。可以进行同期或者与上一年的现金流量对比，找出更加合理的企业现金管理模式。企业现金周转率的高低也是影响企业现金管理的一个方面，提高现金的周转率必须从降低现金平均持有量和增加销售收入产生的现金两方面着手，缺一不可。对于企业的财务管理而言，合理地使用现金，增强现金周转率，是企业现金管理的重要内容，也关系到企业的生死存亡。企业现金储备充足，对于企业的融资和债务偿还十分有利。

10.6.2 现金管理系统业务流程

10.6.2.1 现金收入处理流程
现金收入处理流程如图 10-8 所示。

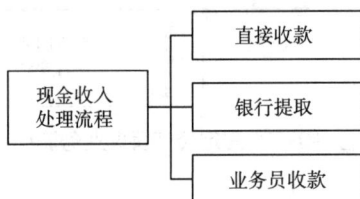

图 10-8 现金收入处理流程

（1）直接收款

①审理收款业务流程，查询收款依据是否完备。

②审批现金来源是否有效。

③当众核对现金，保证每一笔收付款无误。

④开具收款凭据，并且在收款凭证和收款依据上加盖"现金收讫"印章。

⑤依据收款收条记账联和收款依据，编写记账凭证。

⑥依据审批无误的记账凭证备案、做账。

（2）从银行获取现金

①出纳员填好现金银行汇票或提款凭据。

②出纳员提取现金后，需要对提款金额认真核对，确定无误后才能离开。

③取回现金后，出纳员需及时将现金存进保险箱内。倘若提款人并不是出纳，应将取回来的现金交给出纳员并存进保险箱，提款人和出纳员要当众核对。

④编写记账凭证。出纳员应该根据现金银行汇票的底单或者对账单编写记账凭证。

⑤依据审批无误的记账凭证备案、做账。

（3）业务员收款

①审理收款业务流程，查询收款收条是否完备。

②明确应收金额。应收金额应该根据收款依据来决定。

③依据应收金额收取现金。

④现金收取后开出收款收条，并且在收款收条上加盖"现金收讫"印章。

⑤根据收款收据编制记账凭证。

⑥根据记账凭证登记。

10.6.2.2　现金支出

现金支出处理流程如图 10-9 所示。

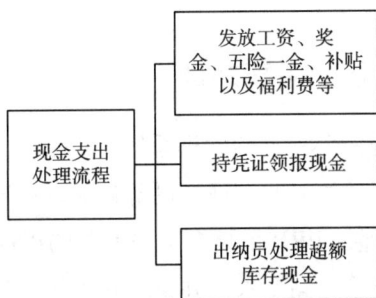

图 10-9　现金支出处理流程

（1）发放工资、奖金、五险一金、补贴、福利费等现金开支

①依据相关资料编写付款单，并算出付款金额。

②依据付款金额核对现金（不够需从金融机构获取），依照单位或者个人各自封袋。

③现金派发时，如果直接发送给收款人，要当面核对然后由收款人查收（签字或盖公章），如果别人委托收款，由代办人查收。

④依据付款单等相关资料编写记账凭证。

⑤依据记账凭证备案、做账。

（2）收款单位或者个人持相关凭证到财务出纳单位领报现金

①审理会计原始凭证，如费用报销单、借条、个人或单位的收款收条等。

②审核原始凭证，审批确认无误盖上"现金付讫"印章。

③交付现金，然后进行复点，同时要求收款人当众点清。

④依据会计原始凭证编写记账凭证。

⑤依据记账凭证备案、做账。

（3）出纳员处理超额库存现金

出纳员将当日收入的现金或超过库存量额度的现金及时送存开户银行。依据清点好的金额填写进账单，金额合计数应当与存入金额一致。依据银行退还盖有"现金付讫"与银行印章一联的现金进账单编写记账凭证。最后，依据记账凭证备案、记账。

10.7 财务分析和财务报表

10.7.1 财务分析概述

财务分析以财务报告和其他数据信息为载体，选用特定方式系统化分析、评定企业过去和现在的经营业绩、经营情况和转变，以掌握以往、评定现在和预知未来，并指导企业改善决策。财务分析的重要作用是将大量数据转换为对实际决策有用的数据，以降低决策的不确定性。

10.7.2 ERP财务分析的主要功能

企业资源计划（ERP）是一个完整的管理系统，ERP 包括八个管理模块：财务会计、财务管理、生产管理、物流管理、采购管理、设备管理、存货管理、人力资源管理。

在 ERP 系统中，财务管理是 ERP 系统中至关重要的组成部分。近年来，我国经济迅速发展对企业的财务管理提出了更高要求，并要求其工作流程向高度精细化和高效的方向发展。ERP 系统能够为员工提供详细、多方面的企业信息，迅速系统地更新数据，创建并及时为员工提供特定决策和工作所需的数据。ERP 系统帮助相关员工减小了工作压力。

在一般企业中，ERP 系统的财务会计部分包含两个关键模块：会计模块和财务管理模块。会计模块是财务管理模块的前提，为财务管理提供合理、及时的数据；财务管理模块是财务部分的关键。与会计模块相比，财务管理模块更重视基于本期数据开展合理有效的推断和分析，得到有效的估计、监管和应用数据，采用合理的管理方法，控制企业的经营状况。

会计模块的基本功能有：实现对于本企业所使用的收银软件转账的记录、资金的核算，相关数据的图表反映，以及对市场管理相关数据的分析。本模块又包括多个子模块，如固定资产核算模块、应收款模块、应付款模块、总账模块、薪酬计算模块、现金管理业务模块、成本模块等。

财务管理模块是依据会计工作部门的有关会计数据开展管理、控制、分析和预测的功能模块。它主要包含财务决策、财务预测、财务报告分析等子模块。

10.7.3 财务报表

财务报表是按照日常会计记账凭证规定的格式、信息内容和方法按时编写的书面文本文档，反映企业在一定期间的经营情况、特殊阶段的经营业绩和现金流量。

财务报表是财务管理不可或缺的一部分，其所提供财务数据具有以下作用：

①全方位专业化披露企业一段时间内的经营情况、经营业绩和现金流量，协助高级管理层把握本公司既定目标进展情况，评价高级管理层的经营业绩，为经济预测和经营战略制订提供依据，调整经营战略，制订解决措施。

②有利于国家社会经济发展主管部门把握社会经济发展运行情况。依据总结和分析各部门所提供的财务报表，能够了解各行业、各地区的经济发展具体情况，从宏观经济政策上把握经济形势和配置资源，保证经济的稳定发展。

③分析企业的盈利能力、投资和发展前景，为项目投资、贷款和国际贸易提供依据。

④有助于财政局、税务局、工商管理局、内部控制审计等对企业的运营管理开展管控。根据财务报表，可以定期监管企业是否遵照国家法律、法规及管理方案，是否存在偷漏税情况。

一套完整的财务报表包含资产负债表、利润表、现金流量表、所有者权益变动表（或股东权益变动表）和财务报表附注。

①资产负债表（Balance Sheet/Statement of Financial Position）体现企业财产、债务及资本期末情况，体现企业偿债能力和股东分红等能力。

②利润表（亦称损益表）（Income Statement/Profit and Loss Account）体现本期企业收益、费用及应当计入当期利润的利得和损失金额状况。

③现金流量表（Cash Flow Statement）体现企业现金流的前因后果，其中包括运营活动、项目投资活动及筹集资金活动三部分。

④所有者权益变动表（Statement of Change in Equity）体现本期企业所有者权益（股东权利）总数的调整变化情况，尤其是直接计入所有者权益的利得和损失。

⑤财务报表附注（Notes to Financial Statements）一般包括：企业的相关情况；财务报表编写基本要求；企业遵照会计准则的申明；关键会计制度和会计政策变更；会计制度和会计政策变更及差错更正的解释；关键报表项目的解释；其他必须说明的重大事项；承诺事项；负债表日后非调整事项；关联方关系及交易等。

10.8　财务管理与其他模块的集成

在结构特征方面，ERP 系统的财务模块与单独的财务软件的最大差别在于，前者能通过这个服务平台共享企业的全部业务信息并进行计算；后者必须手动将凭据从企业的每个部门转移到企业财务部门，企业其他部门的信息还要依靠人力传送。ERP 系统处理的业务覆盖了企业的全部业务，业务流程的数据来自每个业务子系统。因而，ERP 的财务模块与其他业务模块保持紧密的数据交换关系。

从采购传输到财务模块的数据，即采购订单，可用于确定或监管采购数量、开支计划、采购过程、采购发票、采购银行存款单等。录入采购发票和采购银行存款单后，能够自动生成相应的凭据。随后依据采购订单，融合库存管理系统提供的原料总量之和，测算出在途和库存的原料数量。

销售系统传输到财务模块的数据包含销售合同总数、销售清单、营业成本等。这样可以确定应收账款、市场销售利润、营业费用等。

库存管理系统传输到财务模块的数据包含验收的文字票据、库存数据、关键原料、生产加工、产成品的总量和定额等。

技术管理系统向财务模块传输的数据主要包括购买的商标、技术等无形资产的信息。

生产管理软件传输到财务系统的数据包含生产产品消耗的原材料、工时、水电费、产成品、在制品信息，用于计算产品成本，进行成本分析和核算。

为了计算职工薪酬，人力资源系统可以将职工薪酬信息传输到财务模块。

设备管理系统将机械设备的购买、损坏、清算信息传输到财务模块，对固定资产开展核查、折旧和清算。

计划管理系统用于向财务模块传输预算信息，财务模块还依据反馈来确定现金流是否充足和适用。

10.9　思考与练习题

一、选择题

①会计核算的核心部分是（　　　）。

 A. 总账管理　　　　　　B. 应收 / 付管理

 C. 固定资产管理　　　　D. 票据管理

②在 ERP 系统中，财务部门的各种单据信息都是由前端业务模块传输的，这样做的好处是（　　　）。

Ⅰ 数据准确可靠

Ⅱ 有效减少财务人员的劳动强度

Ⅲ 有利于管理层做决策

 A. Ⅰ和Ⅲ　　　　　B. Ⅱ　　　　　C. Ⅰ和Ⅱ　　　　　D. Ⅱ和Ⅲ

③企业在一定时期内通过生产经营活动而在财务上取得的结果是（　　　）。

 A. 财务状况　　　　　　B. 经营业绩

 C. 盈利状况　　　　　　D. 财务成果

④资金周而复始不断地循环称为（　　　）。

 A. 资金的运动　　　　　B. 资金的周转

 C. 资金的循环　　　　　D. 资金的退出

5. 会计对象是（　　　）。

 A. 经营过程　 B. 企业再生产过程中的资金运动

 C. 会计主体　 D. 社会再生产资金中的数量方面

二、简答题

① 简述 ERP 系统财务管理的功能。

② 简述 ERP 系统财务管理模块与其他模块的关系。

10.10　案例分析

利用集成信息系统解决实际问题

现象 1：一个产品由上千种材料构成，能够分解成各种原辅材料。每种材料的批量和采购提前期是不同的。为了在不影响生产的前提下降低成本，仓库里每种材料应当放多少？这一直是公司十分关注的难题。很多公司仅仅由于库存物料不匹配和工艺调节就浪费了库存物料。

现象 2：在一些药品、食品、化工企业，大量物料的批号账一直较为混乱，没有先进先出的发料管理。有些物料早已到期变质，依然作为公司的存货留在账户上。每批物料的去向不可查，质量问题无法追溯。

现象 3：库房管理员辛辛苦苦准备的盘点表，领导置之不理，没有起到相应的作用。

现象 4：每个月月底财务部都会和库管员对账，可总是对不上。财务部因库房管理员发来的一叠物料明细而头痛。

例如，针对现象 1，因为编制采购计划的关键是精确的物料明细（BOM）、采购批号和时间段库存，这些数据在手工解决的前提下十分难以获得，而管理软件里的采购系统在编制采购计划时会有三个需求来源，即生产的提议采购计划、库存不足的备货采购计划和其他采购需求。这些数据都是根据联网系统直接从有关部门获得的，也就是说，都是真实的。这三个需求确定后，系统会根据合并结果，归纳一定阶段的需求，依据系统中定义的物料与采购员的关系，生成责任到人的采购计划。这样可以从源头上避免采购计划的片面性和复杂性，也解决了采购资金分配、采购审核、追踪采购计划完成情况的难题。公司信息管理系统，能够不同程度地解决以上难题，相应的功能有：查看、价格、自动升级货源明细、自动跟踪采购订单、自动产生各种统计报表等。

思考：

试分别分析现象 2、3、4 产生的原因，以及在集成信息系统中如何解决上述四个现象存在的问题。

第11章
成本管理

扫码获取本章课件

11.1 企业成本管理概述

11.1.1 ERP成本管理的概念和作用

成本管理（Cost Management）是指企业在其生产经营过程中成本会计、成本分析、成本管理决策和成本控制等一系列科学管理活动的总称。在当今日益激烈的商业竞争中，企业必须从源头控制成本的产生，从战略层面理解成本管理方法，才能获得生存和发展的内在空间。因此，企业成本管理方法紧紧围绕企业全局，充分考虑企业结构和环境因素，根据企业整体发展趋势制订战略，用于日常成本管理。企业成本管理的一项重要任务是关注成本发展战略的内部空间、运作和绩效评价，引导成本信息贯穿企业战略管理全过程，充分了解、调整并改善企业的成本结构和行为，谋求长期的核心竞争力。

ERP 成本管理是一种现代企业的先进的成本管理方法，通过参考产品结构、工作中心、工作流程、原材料采购等信息，计算各种产品成本，然后进行成本分析和计划。ERP成本管理作为一种强大的分步管理系统，能够将产品物流、现金流和信息流三者联系在一起，也因此推动了企业成本管理方式的深刻变革，尤其是在成本管理模式和方法的自主创新方面。

11.1.2 企业成本管理的构成

11.1.2.1 成本预测

成本预测是指利用一定的有效方法来合理估计未来的成本水平和变化趋势。成本预测是公司改进综合成本管理方法的第一步，同时也是组织成本决策和计划的先决条件。参考成本预测的结果，可以了解未来成本水平和趋势变化，能够降低决策盲目性，帮助管理者选择最佳方案作出决策。

11.1.2.2 成本决策

成本决策是企业以成本预测为基础，努力突破现状，进行价值判断，明确提出降低成本的可行性方案，而后根据相关的决策理论，选择合理的决策方法进行分析、比较，选择最佳方案以及设定目标成本的全过程。

根据不同的决策成本和涉及的数据信息，研究不同的方案，选择最佳方案，是成本管理的必然路径。成本决策对合理制订成本计划、帮助企业降低成本、提高企业经济效益具有十分重要的作用。

11.1.2.3 成本计划

成本计划是公司生产和运营预算的一部分，其通过货币形式规定了生产货物的成本和各种设备的成本水平，以及相应的成本降低水平和书面形式的拟采取措施计划。

成本计划也是成本管理方法之一，是公司在日常生产管理过程中极其重要的一部分。依据成本计划和控制，对具体成本与计划成本的差异进行深入分析，突出亟待加强和改进的地方，然后评估相关部门的绩效，既增产又节约，从而促进企业发展。成本计划是一个使员工明确总体成本目标的程序过程，是推动公司执行成本规章制度、提高成本控制的有效技术工具，是评价全公司和单位业绩的标准。

11.1.2.4　成本控制

成本控制是将成本能够较稳定地保持在估计范围内的一项内容。根据估算，测试特定成本，识别具体或潜在的错误，根据预测分析提前做好准备，并制订对策使成本与目标保持一致。

成本控制是成本管理的重要组成部分，其重点是能够实现成本目标。成本控制针对企业各项日常会导致成本产生的运营过程，包括设计计划过程、采购过程、生产加工和业务交付过程、营销过程、货运物流过程、售后维护过程、管理方法过程、服务保障过程等。成本控制的最重要目的是改善对资源的浪费问题，最大限度地降低成本并稳定在一个较低的水平。

11.1.2.5　成本核算

成本核算是将企业在经营活动中所产生的各项成本，按照一定的目标或者其他分类予以分配和归结，进而计量成本。

成本核算主要以财务会计为计算基础，以货币为计量单位，公司将根据生产的特点，对生产经营某一阶段发生的成本进行分类计算，得出在该阶段生产经营过程中产生的成本总额以及公司内部各种设备的总成本和单位成本。成本计算对成本管理具有十分重要的作用，直接关系到企业成本的预测和业务决策。

11.1.2.6　成本分析

成本分析是使用财务会计等相关信息，系统地考察影响成本调整的因素以及成本水平和构成发生变化的原因，进而找到降低成本的方法。

根据成本分析，企业能够正确看待、理解和应用成本变化趋势，有助于降低成本。成本分析是制订成本计划和经营决策的基础。

11.1.2.7　成本报告

成本报告是企业内部管理报告，反映企业的生产成本、产品成本结构和成本波动情况。成本报告是财务会计报告，要对成本计划执行的情况进行评价。报表会被交付给公司员工、管理部门和业务经理，以及所有需要报告数据的相关部门。

企业通过掌握成本数据，可以实现提高产量、降低成本的目标，在兼顾产品质量的同时，降低生产成本。公司管理部门可以了解成本预算的执行情况及进度，各种不同成本变化的发展趋势，以及日常降低成本任务实施的动态，了解进度，奖励优秀，结合成本报表数据和信息进行综合判断，为企业决策提供参考。

11.1.2.8　成本绩效管理

成本绩效是指根据项目管理计划中确定的预期值，即成本标准，对新建项目获得的资本支出的有效性进行评估。

在管理活动中，一般通过对成本绩效指数进行衡量，查看衡量对象的成本效率，其能够表示项目采购支出的金额是否得到合理的运用。除此之外，成本绩效管理也是一种对所有类型项目完工时的总成本进行有效预测的管理行为。

11.1.3　成本的类型

企业成本划分类型如表 11-1 所示。

11.1.3.1　成本根据形态分为变动成本、固定成本

变动成本是指支付给各种变动生产要素的费用。随着生产量、工作量或时间而变的成本都是变动成本。变动成本又称可变成本。

固定成本是指某一阶段、某一类业务量的总成本，不随业务量或时间变化的非经常性成本。

11.1.3.2　成本根据与产品生产的关系分为直接成本、间接成本

直接成本是可以算作项目工作的一部分成本，即发生的成本与实际产品或服务直接相关。

间接成本是指费用的发生与多种产品或劳务存在关系的成本，一般来自管理费用科目或几个项目共同担负的成本所分摊给本项目的费用，形成本项目的间接成本。

11.1.3.3　成本根据产生依据分为实际成本、估计成本

实际成本是指已发生的成本，即在过去时间内，已经发生的购买或生产时以现金或现金等价物形式支付的特定款项。

估计成本是指实际未发生，但根据某些数据提前预计可能发生的成本。

11.1.3.4　成本根据发生情况分为原始成本、重置成本

原始成本是指取得固定资产的具体成本，不包括成本调整、变动以及资产减值等。

重置成本是指依照当前市场销售标准，如果想要重新获得相同资产需要支付的现金或现金等价物的金额。

11.1.3.5　成本根据计量单位分为单位成本、总成本

单位成本是指完成每一单位产品的生产所需耗用的平均成本。通过公司在一段时间内生产产品的总成本除以产量来估算。

总成本是指产品从开发设计、生产、采用到损坏的完整过程中产生的全部成本。

11.1.3.6　成本根据与决策的关系分为相关成本、非相关成本

相关成本是指与运营管理有关系的，或者在运营管理决策和分析中应考虑的不同类型的成本。其中包含机会成本、现金成本等。

非相关成本是指在评估项目的经济效益时不需要考虑的成本，之所以不需要考虑，是

因为它们与项目无关。

11.1.3.7　成本根据与现金支出关系分为付现成本、沉没成本

付现成本是由于未来决策而必须在未来以现金支付的成本。

沉没成本是过去行为导致的但与目前决策不存在影响关系的成本。

11.1.3.8　成本根据是否可以免除分为可避免成本、不可避免成本

可避免成本是指与某些替代方案相关的成本，其是否发生则全部取决于该项替代方案是否被使用。

不可避免成本是指某一决策无法对其造成变动的成本，也就是对该决策计划不存在直接影响的成本。

11.1.3.9　成本根据是否可以进行控制分为可控成本、不可控成本

可控成本是指该项成本的发生与否能够由某个责任部门进行控制的成本。

不可控成本是指责任人不能参与控制和调整，不与生产经营活动和日常管理方式关联的成本。

表11-1　不同划分标准下的成本类型

划分标准	划分类型
形态	变动成本
	固定成本
与产品生产的关系	直接成本
	间接成本
产生依据	实际成本
	估计成本
发生情况	原始成本
	重置成本
计量单位	单位成本
	总成本
与决策的关系	相关成本
	非相关成本
与现金支出的关系	付现成本
	沉没成本
可否免除	可避免成本
	不可避免成本
发生可否加以控制	可控成本
	不可控成本

11.2　产品成本计算

11.2.1　产品成本计算的类型

产品成本的计算有两种类型：基本方法和辅助方法。

11.2.1.1　基本方法

主要有三种：品种法、分批法和分步法。

品种法是将产品的各个种类作为成本核算目标，通过归纳和分配生产成本，对生产成本进行计算的方法。适用于工序简单和量产企业，如发电、挖矿等企业。

分批法是将货物的批号作为成本核算对象，汇总、分摊生产成本，用以对生产成本进行计算的方法。相对来说，分批法更适用于造船、重型机械设备制造、仪器仪表制造等小批量生产企业。

分步法是指以生产过程中的每一个生产加工工序（类型）为成本核算对象，计算加工半成品和成品各工序的成本，产品按计费方式分摊费用。该法适用于冶金、纺织等多工序制造企业。

11.2.1.2　辅助方法

主要包括分类法和定额法等方法。

11.2.2　产品成本计算过程

产品成本计算过程如图 11-1 所示。

①确定成本计算方法。企业要根据加工过程和生产组织的特点和成本管理方法的标准选择成本计算法。

②设置有关的成本计算账户。为了衡量产品的成本，企业必须开设一个专门的账户，也就是"生产成本"账户，计算产品生产过程中发生的各项成本，同时反映完工后转移的成本。此外，还计算了生产成本、废料损失、停机损失、折旧成本等。

③核算费用发生及按用途分类。成本计算的全过程也可以看作是成本核算和分配的全过程，换个角度说，成本计算就是成本核算。成本核算是一个利用多个过程、多个步骤来核算成本的全过程。想要做好成本核算，首先，必须能准确反映总成本和部分成本的特点。这一步主要处理公司当期的支出和成本效应两个问题。

④辅助生产费用分配。在"生产成本"台账中，列出了两个科目：一是基本生产成本，用于计算设备生产成本；二是辅助生产成本，用于计量相关生产部门对生产和服务项目的成本。辅助生产也是一种生产活动，它为基本的生产活动提供满足所需质量要求的产品和服务的同时，也会消耗各种生产成本，影响产品的价格。因此，为了能够对辅助生产

的成本进行计量，企业需要对"辅助生产"进行详细计算，计算各项已发生成本，计算辅助生产车间的成品成本，得出的结果转入生产成本明细。

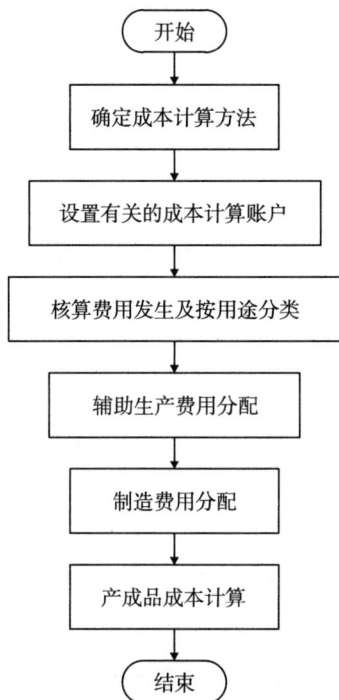

```
        ┌─────────┐
        │   开始   │
        └────┬────┘
             ↓
    ┌──────────────────┐
    │  确定成本计算方法  │
    └────────┬─────────┘
             ↓
    ┌──────────────────┐
    │ 设置有关的成本计算账户 │
    └────────┬─────────┘
             ↓
    ┌──────────────────┐
    │ 核算费用发生及按用途分类 │
    └────────┬─────────┘
             ↓
    ┌──────────────────┐
    │   辅助生产费用分配   │
    └────────┬─────────┘
             ↓
    ┌──────────────────┐
    │    制造费用分配    │
    └────────┬─────────┘
             ↓
    ┌──────────────────┐
    │   产成品成本计算   │
    └────────┬─────────┘
             ↓
        ┌─────────┐
        │   结束   │
        └─────────┘
```

图 11-1　产品成本计算过程

⑤制造费用分配。产品成本主要包括三部分内容：直接材料费、直接人工费以及制造费用。其中，直接材料费和直接人工费在日常生产经营中发生的费用，直接记入"生产成本"科目。而制造费用相较于前两者多出一个步骤，在计量时需先全部记入"制造费用"科目，在对其进行分配之后记入"生产成本"科目。

⑥产成品成本计算。一般企业不仅有在制品，还有产成品，所以需要在两者之间分摊生产成本，同时衡量两者各自的成本。

期初余额 + 本期发生的全部生产成本 = 期末在制品成本 + 产成品成本

产成品成本 = 期初余额 + 本期发生的全部生产成本 − 期末在制品成本

一般依据以上两个公式，期末将总成本在在制品和产成品之间分摊，然后用产成品的总成本除以产品总生产数量，得到单位成本。这就是计算产品成本的完整步骤。

11.3 作业成本法

11.3.1 作业成本法的产生与发展

作业成本法这一概念并不新颖，其发展历史最早可以回溯至科勒（Eric Kohler）教授于 1952 年编著的《会计师词典》。在此基础上，乔治·斯托布斯（George Staubus）教授于 1971 年在《作业成本计算和投入产出会计》（*Activity Costing and Input Output Accounting*）中又进一步对"作业""成本""作业会计"等相关概念作了全面、正式、具体的定义。然而由于种种原因，作业成本法这一概念在当时并未引起学者们的注意。

1980 年代，随着各种新兴信息技术的出现，企业界逐渐感受到产品成本的含义与实际情况存在巨大差距，成本扭曲的现象开始被发现并广泛存在于不同地区，且其程度已经夸张到令人震惊的地步。1988 年，美国芝加哥大学青年学者库伯（Robin Cooper）和哈佛大学教授罗伯特·卡普兰（Robert S Kaplan）也注意到了社会普遍存在的这一问题，而后便对美国公司开展调查研究，吸收前人观点，共同发表了《正确计量成本才能做出正确决策》一文。在这篇文章中库伯和卡普兰更加深入地拓展了当时的观点，创新性地提出了作业成本法，并对其进行了全面深入的研究。此后，作业成本法这一概念真正出现在人们面前，由此奠定了作业成本法基石的地位。

20 世纪以来，以英、美为代表的西方国家财会界对作业成本法兴趣浓厚并投身于理论研究和实践。许多财务会计学者发表了大量有关的论文和著作，使作业成本法的基本理论越来越完善和普及，目前已成为被广泛接受的定义和术语。随后在企业中应用和推广，更进一步推动了作业成本法的发展，使其在冶金工业、电信网络、医药工业、电子产品、IT 等领域得到广泛应用。

11.3.2 作业成本法的基本概念

作业成本法（Activity Based Costing，又称 ABC 成本法）被理解为是一种基于活动的成本管理，这是一种运用概率和统计方法，依据事物在资金和技术方面的重要特点进行整理分析，了解基本矛盾，区分主要和一般，采用不同管理方法的定量分析管理方法。按照"作业消耗资源，产出消耗作业"的标准，利用资源动因对不同作业进行跟踪或者对资源成本进行调整，再根据作业动因对不同成本目标跟踪或调整作业成本，最后进行成本估算。

11.3.3 作业成本法的核算

作业成本法的核算流程如图 11-2 所示。

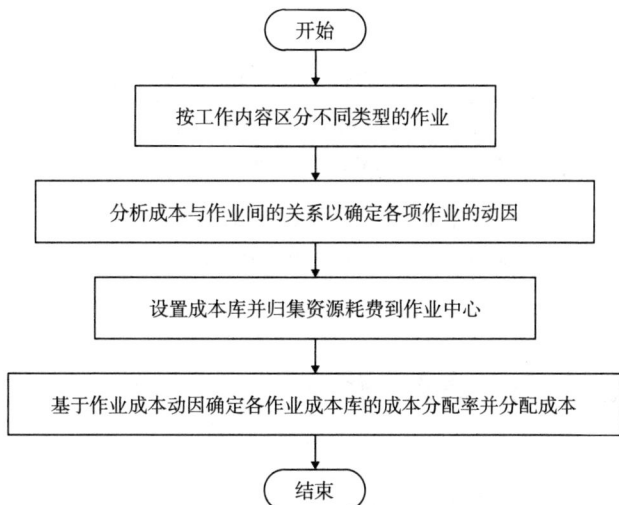

图 11-2　作业成本法的核算流程

①按工作内容区分不同类型的作业。从企业的制造活动来说，客户价值中的业务内容也是存在区别的。采用作业成本法，必须按照业务的内容对不同类型的活动进行详细区分，如设备的调整和前期准备、设备的维护保养、产品交付、产品质量控制等。

②分析成本与作业间的关系以确定各项作业的动因。使用作业成本法时，每项活动的成本是按照产品生产中所耗用的作业动因总数进行分配的。因此，应剖析成本和作业两者之间存在的关系，以确定不同作业的驱动因素。例如，备料成本主要受原材料总数的影响，机械设备设置前期准备成本主要受机械设备设置前期准备小时数、货物运输成本的影响，在生产线上的产品成本主要受生产线可能出货的产品数量的影响。因此，分析作业动因可以找出存在的影响因素。

③设置成本库并归集资源耗费到作业中心。成本库以作业为目标，归纳不同分类中作业动因相同的作业，汇总所消耗的资源。此过程主要由两个步骤组成：

第一步，根据资源动因，将其各自在过程中的消耗一一分配给作业。劳动力成本可以通过分析工时和劳动力水平来确定。其中，直接人工成本可以通过直接考察获得，间接人工成本可以通过调查人员总数、岗位总数、人力资本分配等方式获得。同理，所有资源都可以通过为不同的任务分配适当的标准，例如场地设施、设备工作时间等分配给某项作业，或者将关键的新项目独立设为一项作业，确保准确性。

第二步，将具备相同动因的作业整合在一起成为作业中心，再将整合在一起的工作中心内的全部作业的资源消耗汇总。

④基于作业成本动因确定各作业成本库的成本分配率并分配成本。依据上一步骤得到的作业以及作业动因，对成本分配率进行计算，也就是作业率。然后依据目标成本作业总数的消耗数量，为相应的产品或服务分配作业成本。最常见的作业动因包括采购订单编号、工程验收证书编号、测试报告编号或工时、备件存储序列号、付款时间、直接人工工

时、设备工时、调整时间和制造资金周转时间等。可以说，与旧成本核算方法相比，作业成本核算方法正是因其"相关性"，使得这一方法对提高成本信息的准确性具有显著效果，更有助于公司利用成本信息进行管理层面的战略决策。总的来说，传统成本核算管理体系的主要缺点是，往往低估了复杂、小规模生产产品的成本，夸大了大型设备的成本，进而使得成本信息不够准确、相关性不高，导致公司内部出现产品库存价格不准确、产品批次管理决策错误、资源配置不科学、定价策略不切实际等问题，而不正确的战略视角和对重要因素的错误识别最终会使公司失去核心竞争力。

11.3.4 作业成本法的特点及优缺点

11.3.4.1 特点

①成本计算分两个阶段。按照作业成本法，直接成本直接计入产品，而间接成本则不同于直接成本，其需从资源到作业再到产品这两个分配阶段。

②成本分配强调因果关系。作业成本法使用可追溯性和动因分配来最大化提高分配正确率，从而提供更真实、更准确的成本信息。

③成本分配考虑多层次、多样化的成本动因。作业成本法首先跟踪作业对自然资源的消耗，然后多层次考虑，利用不同的层次结构和一系列作业动因将作业成本分配给产品。

11.3.4.2 优点

①产品和产品线成本更具准确性。作业成本法主要解决了传统成本信息对战略决策的曲解这一问题。一方面，作业成本法极大提高了单成本的可追溯性，减少了成本分配对产品成本的扭曲；另一方面，不同的成本动因被分配为间接成本，也提高了分配过程的相关性。

②有助于改进成本控制。作业成本法提供了一种全方位了解产品过程的视角，使管理人员能够详细了解成本是如何产生的。通过成本动因改善成本控制，包括改进产品设计和生产工艺，可以提高作业效率，帮助企业更好地降低成本和减少浪费。

③可为战略管理提供信息支持。企业战略管理必须依据一定的信息来进行。作业成本法可以为企业战略决策提供信息依据。

11.3.4.3 缺点

①开发和维护费用较高。与完全成本法相比，作业成本法所涉及的成本动因较多，因此在开发、设计以及各种后续过程中产生的成本也较高。

②作业成本法与企业财务报告标准不同。作业成本法与企业对外披露财务报告所依据的标准不同，因此企业需要经常对成本数据进行调整更改，这就使得企业不仅需要多做工作，技术水平要求也相应提高，很容易造成混乱。

③确定成本动因比较困难。并非所有的间接成本都能够找到其相关的成本动因。

④不利于管理控制。完全成本法中创建单位成本的做法，对于会计核算以及绩效的实施和评估起重要作用。而作业成本法下的成本库与公司组织结构不相符，这会增加公司提供相关信息时的工作量。

11.4 目标成本法

11.4.1 目标成本法的产生与发展

目标成本法作为一种合理的成本控制专用工具,其概念在日本兴起,目前已在世界各地的制造企业中得到广泛应用,并获得持续发展。1960 年,日本丰田汽车公司在这种成本管理机制下,击败了德国豪华车。1980 年,目标成本法逐渐在日本公司中被广泛使用。日本产品因其优势在欧美市场大受欢迎,正因如此,欧美企业开始学习使用目标成本法。1990 年,我国邯郸钢铁公司首先应用目标成本法,并借助这种成本管理机制提高了企业的经济效益,在全国范围内掀起了学习和实践目标成本法的浪潮。由于对成本控制效果显著,目标成本法被企业广泛推行和使用,而后一步步在更多地区持续发展。

11.4.2 目标成本法的基本概念

目标成本法(Target Costing)是一种以市场为导向的方法,可以对生产过程并不相同的产品从整体层面进行利润计划和成本管理。在自由经济市场中,产品的目标成本是根据市场和企业的预期盈利能力确定的。目标成本在产品设计过程中逐步维持,在项目生命周期内按照各部门、各环节甚至上中下游企业的配合来维持。

11.4.3 目标成本法的核算

目标成本法的核算流程如图 11-3 所示。

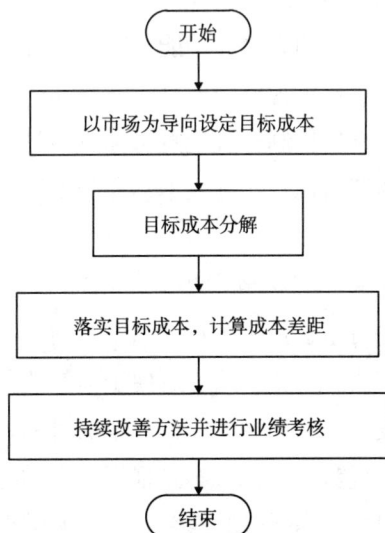

图 11-3 目标成本法的核算流程

①以市场为导向设定目标成本。企业要设定目标成本，首先要对目标市场价格进行初步定义。通过市场调研获取行业市场大环境的需求信息、同领域竞争对手信息等，根据市场调研和客户导向，可以获得个性化的客户需求、支付意愿和消费能力。在此基础上，可以分析产品特点，制订新产品开发或旧产品改进策略，明确产品的目标市场价格，然后根据公司的经营计划确定利润目标，最后确定目标成本。

②目标成本分解。成本是一个大概念，对其进行细分，可分为货物成本、原材料成本、劳动力成本和制造成本。还可以根据生命周期成本差异等方法分解成本。

③落实目标成本，计算成本差距。为了实现目标成本，企业必须明确制订实现目标成本的对策。例如，可以通过与经销商签订长期合作协议来实现原材料的目标成本。另外，在具体实施过程中，员工必须根据成本实施状况计算出空缺。目标成本与预估成本之差就是成本计划目标，也就是设置必须降低的目标成本值，然后科学合理地对其进行控制和调整。

④持续改善方法并进行业绩考核。目标成本法应用结束时，企业要检查目标成本的具体完成情况，评估成本计划绩效，分析成本控制的实施成本，改进执行过程，使目标成本可以根据对公司资源的消耗情况进行更合理的计算，从而使目标成本保持在正常的可控状态。同时，对成本管理方法的绩效进行评价，并通过奖惩机制激励员工的积极性，对达到目标的职能部门和员工进行奖励，对未达到的进行处罚。

11.4.4　目标成本法的特点及优缺点

11.4.4.1　特点

①目标成本管理法规定了对整个过程的控制，包括对供应商和中下游代理商的控制，以完成对整个产品过程的成本控制。

②目标成本法的假设以市场为导向，以客户需求为驱动，总体目标市场价格为客户可接受的市场价格。同时，产品设计的方案和功能也兼顾了客户的需求和支付意图，能够实现客户价值。此外，目标成本法更重视整个产品生命周期的成本管理。

③在成本执行的情况下，严格控制和改变总目标成本与实际成本之间的误差，有利于降低成本，从而使公司达到预期目标，实施成本领先的发展战略。

11.4.4.2　优点

①可进行事前控制且易考核。目标成本法最重要的一步是对产品的科研、开发设计、总体规划和设计执行的成本进行事前控制，在产品生命周期的最初阶段进行详细分析。因此，该方法在开始时能识别出成本问题，这样更便于绩效评估，也能防止后续生产过程中的大量低效工作和不必要的成本，从而达到降低成本的目的。

②以客户为导向谋求竞争优势。目标成本是根据客户的身份、角色、需求等因素，从产品评价中得出的。充分考虑产品的作用、特点、竞争力等因素，有利于提高产品的竞争力。

③拓宽了企业成本管理的范围。目标成本法打破了传统成本管理方法的局限性，监控整个成本产生过程。在这种情况下，成本管理是产品设计、原材料采购、生产、交付、产品营销和售后的全过程。在区域上，目标成本法超越了公司界限，为客户创造价值，包括上游、中游和下游产品定价，使经销商能够在满足产品功能水平的情况下以最低成本提供产品。

11.4.4.3 缺点

①对实施环境、技术人才等要求较高。想要实施目标成本法并取得一定效用，企业要具备健全的成本管理制度，能够及时、准确、完整地获取相应的数据信息等。另外，对企业的管理水平也有较高要求，需要企业具备相关人才，且对部门与部门之间的合作密切度也有要求。

②目标成本分解困难。在目标成本法中，目标成本分解的具体实施并没有固定规范，从而导致分解难度大。一旦细分不清楚，很容易造成混乱。

11.5 成本差异分析与成本控制

11.5.1 成本差异分析

成本差异是公司在具体经营过程中形成的成本与目标成本之间的误差。目标成本是公司根据以往的工作经验、成本数据等内容信息，辅以适当的研究和分析活动制定的成本，是公司用来评估和分析其运营效率的估计运营成本。但是，在公司具体运营中，由于各种影响因素的变化和经营环境的动态变化，公司形成的成本往往会偏离目标成本，即成本差异。

企业的可持续盈利能力与健全的成本结构密切相关，也可以说成本分析对于企业来说具有非常重要的作用。由于市场经济体制的发展趋势和竞争的加剧，企业不得不在成本分析的基础上改进成本结构、降低运营成本，以获得相应的竞争力和持续的盈利能力。降低企业的运营成本和提高市场竞争力是企业面临的主要任务。改进成本管理方法可以达到降低成本的效果。成本差异计算通常遵循下列公式：

$$价格差异=实际数量×实际价格-实际数量×标准价格$$
$$=实际数量×（实际价格-标准价格）$$
$$数量差异=实际数量×标准价格-标准数量×标准价格$$
$$=（实际数量-标准数量）×标准价格$$

11.5.2 成本控制

成本控制（Cost Control）是成本管理的重要组成部分，成本控制主体提前调整某一阶段成本管理的总体目标，在产品成本产生之前和成本控制过程中，针对威胁成本的因素和情况采取有效的预防和应对措施，确保实现成本控制的总体目标。

成本控制的过程是对企业在生产和工作过程中所产生的各种成本进行计量、调整、监管的过程。这是一个寻找薄弱环节，挖掘内部组织的发展潜力，尽可能寻找一切可以对成本进行控制的方法的过程。科学组织实施成本控制，可以使企业完成管理方式的改进和转变，提高综合能力，从而在行业竞争中生存、发展、壮大。企业在实施成本控制的时候，首先应确定两个标准价格：内部价格和外部价格。内部价格就是结算价格，而外部价格则是公司销售活动中对外部公司的价格。标准价格的存在是成本控制运作的基本保障。另外，质量是产品的生命，没有质量就不能谈成本控制。在市场经济体制下，公司运作的基本保障首先是制度建设，然后是文化建设。没有系统的制度建设和文化建设，成本控制的运行就缺乏基础，成本控制的产品质量也没有保障。消耗定额制度、全面预算管理制度、成本评估和申报制度等在成本控制过程中起至关重要的作用。

11.6 ERP成本管理系统

11.6.1 ERP成本管理的原则

11.6.1.1 企业环境相对稳定

标准成本的基础是相对稳定的商业环境。事实上，随着市场竞争和风险的加剧，无论是传统行业还是新兴行业，都面临着营商环境的变化。因此，标准价格的应用，并不适合每一个行业，否则标准就会变成非标准。

11.6.1.2 企业产品相对稳定

随着客户需求越来越趋于多元化和人性化，规模化生产模式面临着巨大挑战。这种发展趋势促使企业在销售市场上以客户需求为导向，推动自身产品追求多元化和品牌化，使产品的变化趋于复杂。

11.6.1.3 BOM 规范管理

BOM（Bill of Material，物料清单）必须在持续时间里保持稳定，主要矛盾表现为多次改进和产品开发会使 BOM 不稳定。对生产产品进行再次改进以及对 BOM 的变更均应做到分阶段、分程序、严格控制并经过严格审批。

11.6.1.4 企业生产模式一般为少品种、大批量

标准成本不适用于定制产品的成本管理方法，除非产品利益相关者持有相同的观点，在相对稳定的条件下才能更好地应用标准成本。

11.6.1.5 标准项目不宜过多

差异项目的设置并不是越多越好。一般来说，差异不应超过 10。差异项目如果设置

过多，很难找到应该关注的重点。

11.6.1.6　物料价格波动相对稳定

物料的标准价格不能随意改变，原材料应按 ABC 分类管理。同时，价格差异也不能成为评价人员采购的关键标准。最好进行专业的审计，及时跟踪成本趋势造成的损失。

11.6.1.7　成本模拟控制

BOM 或数据的标准成本直接关系到产品库存的使用价值和产品价格，因此提前进行成本模拟具有非常重要的作用，因为企业可以提前预测和分析成本变化，以便做出适当的管理决策。

11.6.2　ERP成本管理的特点及作用

11.6.2.1　ERP 成本管理的特点

①即时性。在 ERP 系统中，公司生产中产生的各种海量业务数据之间均是有关联的，并且可以实现自动更新。各职能部门的销售人员和管理人员可以随时随地了解实时成本信息，有助于决策制定，及时合理利用网络资源，提高产品成本控制水平。

②集成性。ERP 系统中不同信息的融合能够为公司大大小小的决策提供必要的参考依据。在 ERP 系统投入实施之前，成本信息是人工计算的，完全无法保证其及时性和准确性，极有可能导致所使用的信息过时、片面甚至不正确。不完善的信息融合系统无疑是造成这一问题的关键因素。ERP 系统实施后，根据 ERP 成本管理，可以快速方便地解决上述问题，使整体成本预算规划更准确，操控更容易执行，可对信息和成本预算进行分析、监督和控制，工作更轻松、方便。

③远见性。ERP 系统的会计子系统是一个包含管理会计、财务会计以及成本核算的集合，更有利于发挥其集成优势，对各种业务数据进行记录和证明，并将其转化为信息生产、处理、解决方案和生产处理。

11.6.2.2　ERP 成本管理的作用

①提供强大的成本核算功能。ERP 成本管理控制模块不仅可以根据其生产加工特点和生产工艺明确成本目标，还可以根据工艺、类型、批号，按月甚至按日进行成本计算。该系统的成本核算功能是十分强大且高效的。

②实现对成本的实时控制功能。在 ERP 成本管理系统中，所有成本项目都在成本明细表级别设置。同时，根据为企业设置的不同成本，可以灵活方便地找到不同阶段的成本，如单位成本、企业成本等。ERP 系统还可以同时完成成本管理和工程统计分析，极大地满足各种新建项目或机构的成本管理需求。此外，ERP 系统还可以控制在采购和生产货物过程中的直接材料、直接人工、制造成本等。

③实现各部门间成本管理作业的衔接。ERP 系统将公司整个生产过程变成了一项优质的供应链管理，可以紧密地联结每一个员工、每一个单位、每一个阶段共同参与协调成本管理、降低成本、改进产品。成本管理不同阶段有机结合，可以避免忽视某个阶段，不

断挖掘企业内部的发展潜力，提升效益并降低成本。

④科学的成本原因分析。造成具体成本与计划成本差异的因素有很多，可能来自生产和销售环节，也可能来自物流环节。跟踪成本差异因素不是一件容易的事，但 ERP 系统却解决了这一难题，能够轻松完成对所有产品从付款到生产、市场销售、产品周转和售后服务的跟踪，并做到对所有环节信息的详细记录。因此，通过分析成本差异产生的影响因素，我们可以清楚地了解成本原因出现在哪个阶段。

11.7　成本管理与其他模块的关系

成本管理是企业管理的一个重要组成部分，它是一种系统且全面的管理方式，帮助企业进行成本核算、提高整体管理水平、增加收益、降低成本，对企业管理来起到极其重要的作用。

对会计核算模块来说，ERP 系统的会计核算通过利用信息技术对企业内部的相关数据进行统一管理并自行汇集，因此，成本管理所提供的数据也是其进行会计核算不可缺少的一项基础资料来源。

对财务管理模块来说，成本管理属于 ERP 系统中财务管理这一大集合，财务管理的主要职责是分析财务会计数据和信息，进而实施财务决策、监督和调整。因此，ERP 成本管理将为财务决策提供依据，根据成本管理的内容作出决策。

对生产控制管理、采购管理等生产过程模块来说，首先成本管理的重要内容是对已发生成本的计算、决策和控制，因此成本管理是建立在这些生产经营模块基础上的。另外，成本管理的最终结果也对这些生产经营模块具有指导意义，通过总结经验能够更好地对企业的经营活动进行控制和管理。

11.8　思考与练习题

一、选择题

①在下列各个选项中，（　　　）是最基本的成本计算方法。

　　A. 品种法　　　　　　B. 分批法　　　　　　C. 分步法　　　　　　D. 分类法

②产品成本计算的分步法适用于（　　　）。

　　A. 品种、规格繁多的产品　　　　　　B. 可以按照一定标准分类的产品

　　C. 多工序制造生产的产品　　　　　　D. 大批量生产的产品

③下列不属于成本管理构成的是（　　　）。

　　A. 成本预测　　　　　　　　　　　　B. 成本决策

C. 成本核算　　　　　　　　　　　D. 成本分解

④企业管理层在对日常生产经营进行决策时，参考多种备选方案得出的成本差异一般被称为（　　　）。

A. 差量成本　　　　　　　　　　　B. 重置成本

C. 沉没成本　　　　　　　　　　　D. 可控成本

⑤下列不属于 ERP 成本管理原则的是（　　　）。

A. 企业环境相对稳定　　　　　　　B. 标准项目不宜过多

C. 物料波动价格相对稳定　　　　　D. 企业生产模式一般为多品种、大批量

二、简答题

①简述作业成本法与目标成本法之间的联系和区别。

②请概述作业成本法的具体计算过程。

③目标成本法具有哪些优点和缺点？

④成本差异分析的作用是什么？

⑤ ERP 成本管理的原则是什么？

⑥相较于旧的成本管理，ERP 成本管理的优点有哪些？

11.9　案例分析

制造业公司的作业成本法实施

甲公司是一家主要生产 A、B 产品的制造公司。由于项目发展的趋势和生产过程的复杂性，甲公司制造费用占生产成本的比重越来越大。甲公司从 2019 年开始改变其方法，利用作业成本法进行相关的核算与管理。

2022 年 6 月，A 产品产量为 500 台、B 产品产量为 250 台，两种产品的单位直接成本分别为 0.4 万元和 0.6 万元。此外，A、B 两种产品制造费用的作业成本资料如表 11-2 所示。

表11-2　A、B两种产品制造费用的作业成本资料表

作业名称	作业成本（万元）	成本动因	作业量		
			A 产品	B 产品	合计
材料整理	200	人工 / 小时	100	60	160
机器运行	400	机器 / 小时	300	100	400
设备维修	100	维修 / 小时	50	50	100

作业名称	作业成本（万元）	成本动因	作业量		
			A 产品	B 产品	合计
质量检测	150	质检/次数	25	25	50
合计	850	—	—	—	—

思考：

利用以上信息，结合本章学习的相关内容，分别计算 A、B 两种产品的单位制造费用，并分析甲公司实施作业成本法的优缺点。

第12章
人力资源管理

扫码获取本章课件

12.1　人力资源管理概述

人力资源管理（Human Resource Management，HRM）作为人事管理的提升，是指以经济学和人本思想为指导，以招聘、甄选、培训、薪酬等为手段，有效利用组织内外部相关人力资源，适应组织现在和将来发展需求，确保组织目标最大限度地完成和成员最大限度地成长而开展的系列活动的总称。人力资源管理是预测组织人力资源需求，制订人力需求计划，招聘与选择员工，安排与激励员工，评价绩效，发放报酬，实现最优组织绩效的全过程。

12.1.1　人力资源管理的概念

人力资源管理是根据企业的发展战略提出的，对人力资源进行有计划的合理配置，以及通过企业内部的招聘、培训、使用、考核等，对职工进行激励、调整等一系列过程，以调动员工的工作积极性，发挥员工的潜能，给企业创造价值和带来效益。为了保证企业战略目标的实现，就需要制定一系列的人力资源政策，并实施相应的管理活动。其中主要涉及企业应用现代管理方法对人力资源的获得（选人才）、发展（育人才）、维持（留人才）、使用（用人才）进行计划、组织、指挥、控制与协调的系列活动，最终实现企业发展目标的经营行为。

12.1.2　人力资源管理的作用

ERP的人力资源管理是指对组织人力资源需求的预测和人力资源需求计划的制订，对员工的招募、选拔和有效组织，对绩效的考核、薪酬的发放和有效激励，以及对组织和个人需求的有效结合以达到最优组织绩效等整个管理过程，它是以人为本思想的具体应用。人力资源管理具有以下功能：

①确保最大限度地满足组织人力资源需求。

②实现组织内、外部人力资源最大化开发和管理，推动组织不断发展。

③保持和调动组织内部人力资源的积极性，最大限度地挖掘人力资源的潜力，从而实现人力资源的升级和拓展。

12.1.3　人力资源管理的内容

人力资源管理一般包括下列具体内容：

①职务分析和设计。就企业中各工作岗位的性质、结构、职责、流程、胜任岗位工作的人员素质、知识和技能，根据调查分析得到有关资料，编制岗位说明书、岗位规范及其他人事管理文件。

②人力资源规划。设定企业人力资源战略的中长期目标、规划及政策措施，其中包括人力资源的现状分析、未来人员供需预测及平衡等，以保证企业能够在必要时得到所需的人力资源。

③员工的招聘和选拔。按照人力资源规划及工作分析要求，企业进行招聘、甄选所需的人力资源，安排在相应的岗位。

④绩效考评。考核与评价员工在某段时间内在企业所作的贡献及工作中所获的业绩，并及时反馈信息，以改进与完善员工的工作业绩，为其培训、晋升、计酬及其他人事决策奠定基础。

⑤薪酬管理。对基本薪酬、绩效薪酬、奖金、津贴及福利等薪酬结构进行设计和管理，从而激发员工积极服务于企业。

⑥员工激励。运用激励理论与方法对员工的多种需求给予不同的满足或者约束，使员工心理发生改变，激励员工努力实现企业的预期目标。

⑦培训和发展。通过培训来提升员工个体、群体乃至整个企业在知识、能力、工作态度以及工作绩效等方面的素质，并进一步挖掘其智力潜能，从而提高人力资源对企业的贡献率。

⑧职业生涯规划。对员工个人发展给予鼓励与关怀，协助员工制订个人发展计划，进一步调动员工工作积极性和创造性。

⑨人力资源会计。配合财务部门建立人力资源会计体系，进行人力资源投资成本和产出效益核算，为企业人力资源管理和决策奠定基础。

⑩劳动关系管理。协调完善企业与员工劳动关系，开展企业文化建设，创建和谐劳动关系，形成良好工作氛围，确保企业经营活动正常运行。

12.1.4 人力资源管理流程

遵循先进人力资源管理系统思想，ERP 平台内人力资源管理主要包括：人员信息管理、职务职能管理、管理层发展规划即人力资源计划的制订、员工的招聘甄选、劳动合同的签订、政策制度的制定、考勤出差、加班休假、绩效考核、培训开发、薪资福利、调配离职等内容。人力资源管理流程如图 12-1 所示。

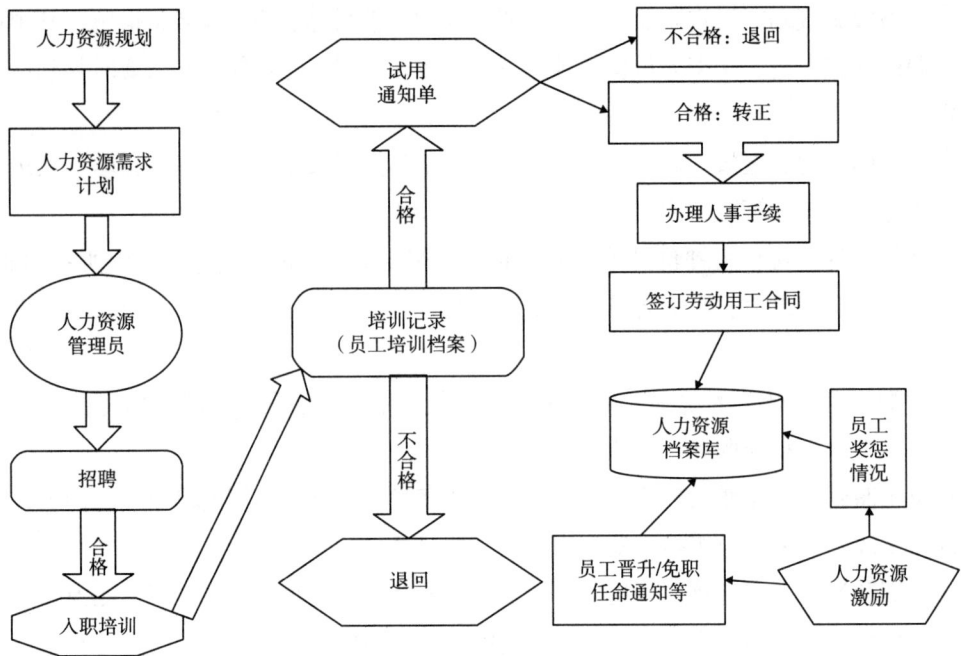

图 12-1　人力资源管理流程

12.2　人力资源管理的主要活动

人力资源管理的主要活动是组织内部人力资源管理人员参与的特定工作环节。不同组织参与的活动存在差异，特别是人力资源管理部门的岗位设置与人员分工存在较大差异。

12.2.1　人力资源计划

12.2.1.1　人力资源计划的含义

人力资源计划，是指根据组织发展战略和经营目标采用科学方法制订的计划，运用科学方法，对组织中已有的人力资源供给与需求进行预测，提出与之相适应的平衡措施与解决方案，以此来应对组织内外人力资源的变动，使组织内人力资源的数量、质量与结构处于动态平衡状态，从而达到合理配置人力资源，减少组织人力资源不稳定状况，减少组织在人力资源方面的成本支出等目标。

人力资源计划作为人力资源管理的重要活动，对整个人力资源管理活动起着举足轻重的作用，它是一切人力资源管理活动开展的出发点和基础。外部人力资源市场与内部环境的变化，必然使企业经常出现员工流入、流出现象。企业要想在第一时间得到所需人力资源，必须配置与其战略目标匹配的人力资源计划。

12.2.1.2　人力资源计划的作用

①人力资源计划有助于组织战略计划的制订和实施，组织经营目标的制订和实现。人

力资源计划在组织发展战略中占有重要地位，但它又是组织经营目标得以实现的重要保障。组织在制订战略计划、经营目标等方面，首先要考虑本身所拥有的各项资源，尤其是人力资源方面的情况，因此科学地制订人力资源计划对一个企业来说就显得格外重要。人力资源计划应建立在组织战略目标、发展规划以及整体运行的基础上，但是反过来人力资源计划也有利于战略计划与经营目标的确立，并且能够推动战略计划与经营目标顺利实施。

②人力资源计划要保证组织在某一特定时期对人力资源的需求。组织的存在与发展与其人力资源的构成及数量息息相关。对组织而言，人力资源需求与供给之间的均衡不能自动达成，所以有必要对差异进行分析，采用合适的方式做出调节，使其符合组织对人员的要求。可见，供需差异预测和差异调整是人力资源计划最根本的功能，是一定时期内组织人力资源需求最主要的保障。

③人力资源计划有利于人力资源的成本控制。尽管人力资源对企业十分重要，但其在对企业产生价值的过程中，也会让企业产生一定的支出，人力资源成本对于企业总成本具有决定性意义，因此，一旦企业拥有的人力资源超出了自身的需求，不但会导致人力资源浪费，还会提高人力资源成本支出。通过人力资源计划对企业人员变动情况进行预测，对组织人员结构作出调整，避免浪费人力资源，提高人力资源的使用效率是组织持续发展必不可少的环节。

④人力资源计划有利于调动员工的积极性和创造性。人力资源计划不仅要达到组织的目的，还要满足员工个人的需要，从而调动员工长久的工作积极性，这是因为有了人力资源计划，员工才能看清自己发展的前景，并清楚地认识到哪些工作匹配他们的能力和需求以及匹配程度如何。当一个组织给出的条件基本符合员工本身的需要时，员工便会奋发向上、追求目标、尽最大的努力，与此同时，也推动了企业的发展。反之，当企业前景不明，利益不明时，员工的积极性、创造性就会大大降低，甚至离开组织。而员工流失特别是有才能的员工流失过多，是组织难以承受的，这会削弱组织的竞争力，降低组织效率，组织效率的降低又会进一步加速员工的离职，形成恶性循环。总之，组织和员工是相辅相成、紧密联系的，组织的发展离不开员工，而员工的知识才能和个人理想要依附于组织才能展现出来。

12.2.1.3　人力资源计划流程

人力资源计划的主要过程如下：

①明确企业的战略与人力资源战略。

②进行人力资源供给和需求预测。

③明确人员需求和人力资源计划方案。

④实施人力资源计划方案。

⑤人力资源战略与计划的评价和控制。

人力资源计划流程如图 12-2 所示。

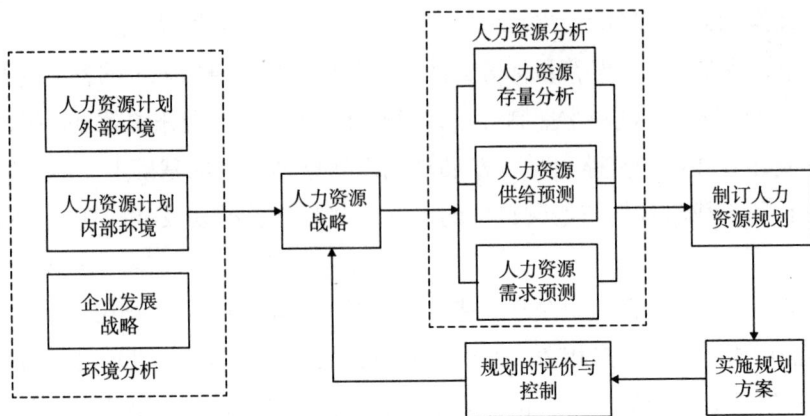

图 12-2　人力资源计划流程

人力资源计划表如表 12-1 所示。

表12-1　人力资源计划表

计划时期					
计划目标					
当前环境分析					
未来环境预测					
计划内容	执行人	负责人	检查人	检查时间	预算

制定人 / 日期　　　　　　　　　审核人 / 日期　　　　　　　　　批准人 / 日期

人力资源计划方案实施后，人力资源部门对实施结果进行记录、追踪，制订人力资源计划执行表，如表 12-2 所示。

表12-2　人力资源计划执行表

计划目标		实际效果			
当前环境分析					
未来环境预测					
内容	计划执行时间	实际执行时间	执行记录	预算	实际费用

12.2.2　工作分析

工作分析（Job Analysis）是指在工作职位明确的前提条件下，利用科学的手段和方法对各项工作的具体情况进行描述，包括职位的特点、要求、职责及该项工作任职者所应具备的学识、才能。工作分析可以从两个方面展开：一是工作描述，即对岗位本身的特点进行描述；二是工作说明书，即对岗位上人的要求和职责进行说明。

工作描述就是对工作环境、物质特点和工作本身结构进行描述，它包括以下几方面。

①工作识别，包括项目、职务、名称、级别、所属科室、工资类别等。

②工作概要，包括工作任务、目的和工作流程。

③工作条件，包括为完成任务所需要的场地、设备和原材料及专业技能等。

④工作环境，既包括工作的温度、湿度、照明情况等物理环境，也包括完成工作所涉及的人际交往、社会风俗文化以及工作群体等社会环境。

工作说明书又称职务描述，它是工作分析中的一项重要内容，主要说明岗位的任务、责任、权限等，建立工作程序和准则，让员工了解工作概要。工作说明书样例如表 12-3 所示。

表12-3　工作说明书样表

岗位名称		岗位编号	
直属上级		所属部门	
工资级别		直接管理人数	
岗位目的			
工作职责			
工作权限			
工作关系			
岗位任职条件			

工作分析不仅是人力资源管理中其他各项活动得以落实的先决条件，也是人力资源有效开发和管理的依据。通过工作分析所形成的各种文件，可以运用到人力资源管理乃至企业整个管理中的方方面面。工作分析对人力资源管理的作用见图 12-3。

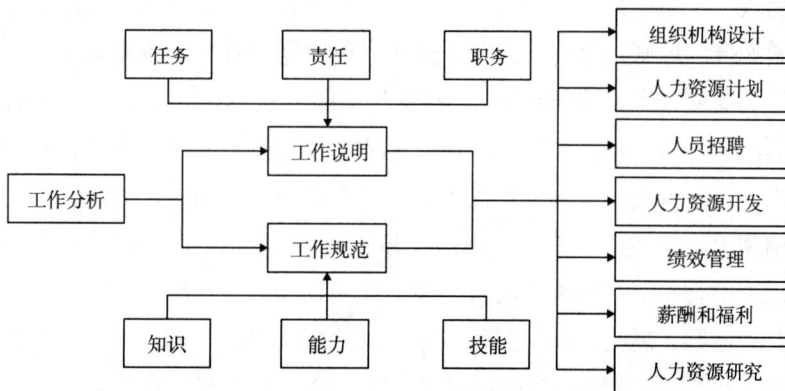

图 12-3　工作分析在人力资源管理中的作用

12.2.3 员工招聘管理

企业规模的不断扩大，原有员工的流失（包括不合格人员被辞退、员工的退休以及各种原因造成的人力资源减少）都会造成组织中职位的空缺。企业要想弥补这些职位空缺，满足人力资源需要，就要去外部人力资源市场招聘人才。员工招聘是指企业采用科学的手段来招募和吸引外界求职者，从应聘者中选拔出符合本企业要求的员工。

员工招聘流程主要包括拟订招聘计划和战略，发布招聘信息以吸引应聘者，选拔，录用，招聘工作评价等。每个流程都是关键的决策点，应聘者不符合这个决策点要求就会被淘汰出局，只有在经过这一决策点之后才可以进入下一轮的甄选。对于每轮的过关标准，各公司的要求也不尽相同，要根据公司具体情况来决定。员工招聘流程如图 12-4 所示。

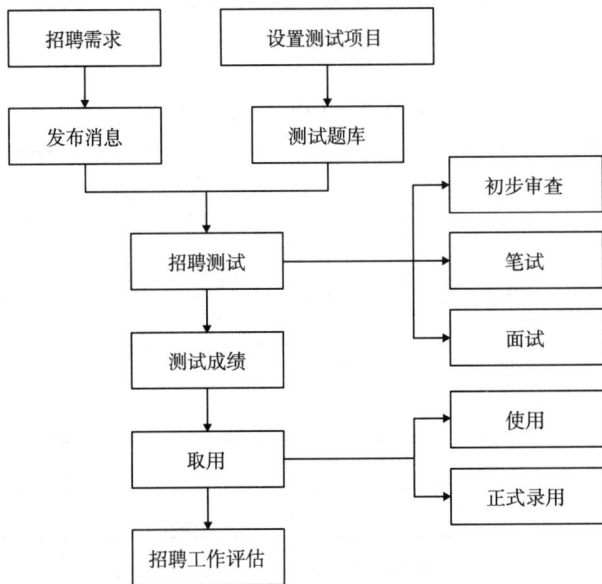

图 12-4　员工招聘流程

为了提高效率，招聘到符合企业要求的员工，仅有一套科学的选人方法和技术是不够的，还需要遵循合法原则，公平、公开、公正竞争原则和效率优先原则等。

①招聘员工要遵守有关法律规定。《中华人民共和国劳动合同法》（以下简称《劳动合同法》）是招聘员工的基本法律依据。录用过程中，应坚持平等就业、公平竞争、双向选择、不录用未成年人就业、特殊群体优先、不性别歧视等原则。

②职工招聘工作应坚持公平、公开、公正原则，杜绝走后门、拉关系等不良之风。公平原则，即招聘中公平对待每位应聘者，禁止性别、民族、宗教信仰等歧视，对待人才要一视同仁；公开原则，就是将相关招聘信息（比如招聘单位、职位名称、招聘人数及需要具备的技能及其他要求），对可能被录用的人进行公告和告知，确保每个应聘者能够得到一致和准确的信息；公正原则，就是在招聘考核时，必须遵守相同的准则，并将测试结果

公开，择优录用，避免徇私舞弊行为。

③企业无论采取哪种招聘方式都有招聘成本，如招聘广告费和人力成本费。效率优先原则就是在保证招聘到符合企业要求的员工的基础上尽可能降低以上费用。

12.2.4　员工培训管理

员工培训是指企业为了实现战略计划和经营目标以及满足员工个人发展需求而进行的有组织有目标的教育、训练活动，旨在提升员工知识技能水平并激发其潜力。在社会发展大环境中，为了满足企业的发展需求，员工需要不断掌握最新的科学技术。员工培训能保证员工按预期的标准与水平，完成自己担负或将要担负的任务与使命。

员工培训是企业应对组织内外不断变化的环境而采取的一项积极措施，无论是经济上还是时间上都是一项大的投资，对企业的发展尤为重要。因此，精心制订人员培训计划就显得尤为重要。员工培训基本流程如图 12-5 所示。

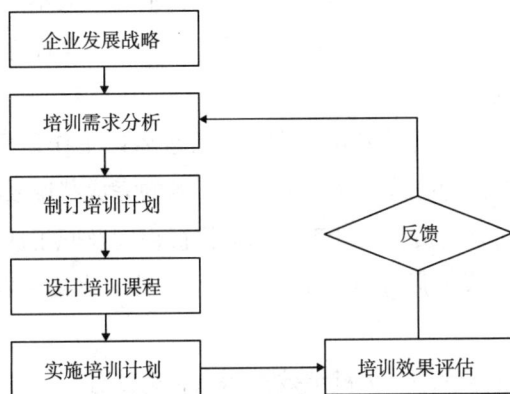

图 12-5　员工培训基本流程

要想让员工培训取得理想的效果，需要选用合适的方法。培训方法有很多种，企业应根据培训需求、培训目的以及培训课程，选择一种或两种主要方法，再辅以其他培训方法。人员培训方法以讲授法、研讨法、案例教学法、角色扮演法、工作轮换法、操作示范法、视听教学法、游戏法和网上培训法为主。

培训结束后要对培训效果进行测评，常见的测评方式如下：

①简易测评。最简便的测评方法是培训结束时测评一次，如考试、评估等。但这种测评方法效果欠佳，使用较少。

②前后期测评。分别在培训前和培训后测评，二者之差即为培训的效果，此法较为普遍。

③多重测评。培训前测评若干次并取均值，培训结束后测评若干次且取均值，两均值之差即培训效果。

④对照测评。培训前对受训组、对照组分别测评。在受训组受训之后，再对这两个组

别同时进行测评，其测评结果之差即为受训之效。此法最科学，若所测二组不知所测目的，则结果较理想。培训效果量化公式：

$$T_E=(E_2-E_1)\times T\times T_S-C$$

其中，T_E 为训练效益；E_1 为训练前每个受培训者一年所带来的效益；E_2 为培训后每个受培训者一年所获得的效益；T_S 为培训人数；T 为培训效益可持续的年限；C 为培训成本。

12.2.5 绩效考核管理

12.2.5.1 绩效的含义

绩效又叫业绩，它反映了一个人在执行某一项任务过程中所采取的劳动行为所取得的业绩和结果。绩效的好坏并非由单一因素决定，它是激励、技能、环境与机会四个要素共同作用的结果。绩效是多维度的，在考查和评价一个员工的绩效时，要从多个维度、多个层面全面分析与考评。另外，绩效还具有动态性，它不是一成不变的，而是随着时间的推移和各种因素的变化而变化，人力资源管理部门必须动态、全面地看待员工的绩效。

12.2.5.2 绩效考核

绩效考核也称绩效评价、业绩考评，它是指管理者以工作目标或者绩效标准为参考，运用定性与定量考评相结合的方式，对员工工作任务的完成状况及对企业所做出的贡献与价值进行评估与评价，同时向员工反馈工作职责执行程度及职工成长状况、评定结果的一种工作。绩效考核是企业管理强有力的手段之一，其结果直接决定职位晋升、员工薪酬、奖金、出国培训机会等。

绩效考核一般采用目标管理、关键绩效指标和平衡计分卡三种技术。

①目标管理就是一种面向对象、面向人、面向结果同时又能使组织与个人达到最佳效果的现代化管理方法。目标管理又称"成果管理"，也就是通常所说的"责任制"，它是由企业个体员工主动参与，自上而下制定工作目标和对工作进行自我控制，自下而上确保目标达成的管理方式。

②关键绩效指标（Key Performance Indicator，KPI），即通过对组织内部流程输入端与输出端的关键参数进行设置、采样、计算和分析，将企业战略目标分解成具有可操作性的工作目标，是企业实施绩效管理的依据。

③平衡计分卡从财务、客户、内部运营、学习和成长四个视角出发，把组织的战略目标分解为具有可操作性的衡量指标及目标值，是一种绩效管理的工具。平衡计分卡在企业战略规划和执行管理方面发挥着非常重要的作用。

12.2.5.3 绩效管理

绩效管理和绩效考核是两个不同的概念。绩效管理就是企业管理者与员工保持一种持续而公开的交流，参与到对组织或者员工个体综合素质、态度、行为及工作业绩等方面的分析及考核评定工作中，不断激发员工工作的积极性和创造性，促进员工综合素质的提升，同时也促进组织行为的改进。

在实践中，绩效管理是按照一定的步骤来实施的，主要包括制订绩效计划、确定绩效考核标准和方法、绩效实施、绩效考核与评价、绩效反馈、绩效结果应用等。绩效管理一般步骤如图 12-6 所示。

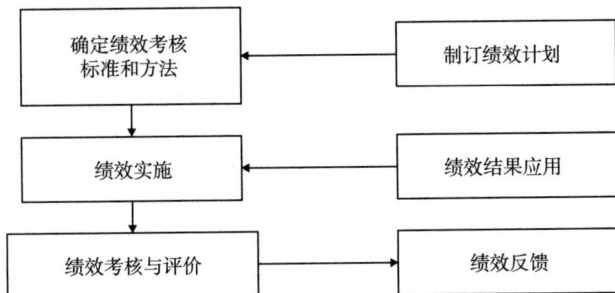

图 12-6　绩效管理一般步骤

12.2.6　员工薪酬管理

薪酬是指企业对本单位员工在实现战略计划及经营目标过程中作出的贡献（包括工作、精力、时间、技术、知识及经验）的报酬，它是员工与企业之间建立劳动关系的依据。对企业而言，薪酬是用于交换劳动者劳动的工具。对经营者或者管理者而言，薪酬不只是一个"保健因素"，更是决定其工作态度与工作绩效高低的一个重要的"激励因素"。薪酬对员工来说，既是一个人对工作能力和工作水平的肯定，也是一个人生活质量和生活水平的决定因素。广义的报酬由经济类报酬与非经济类报酬两部分组成；而狭义的报酬只指经济类报酬。广义薪酬组成结构见图 12-7。

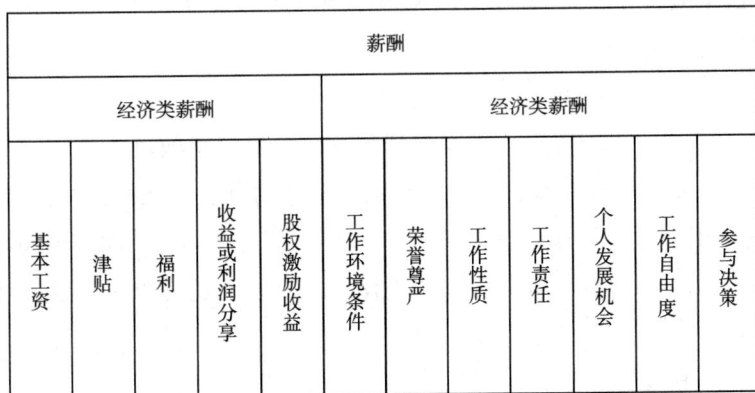

图 12-7　广义薪酬组成结构

薪酬管理就是企业以经营目标为导向，以战略规划为依据，制定员工的薪酬水平、薪酬结构以及薪酬形式等，同时根据实际存在的各方面影响因素对薪酬进行调整与控制的全过程。薪酬管理的首要任务是预算并监控企业薪酬总额，使薪酬成本保持正常支出，以免造成企业财务负担过重，与此同时要调动员工工作积极性，持续改进工作绩效并高效完成任务。

福利作为薪酬的重要组成部分，其在整个薪酬中所占的比重随社会的进步而不断提高，丰厚的员工福利已成为现代应聘者选择企业时考虑的重点内容之一。现代企业提供的福利有很多种，不同的企业可能存在很大差异，这要根据企业的具体运营情况而定。员工福利由法定福利与企业福利两部分组成。法定福利包括养老保险、失业保险、工伤保险、医疗保险及其他社会保险，公休假日、法定假日等法定假期以及住房公积金等。企业福利往往根据企业具体情况而定，没有统一的标准，常见的企业福利有通信津贴、交通津贴、住房津贴等多种形式。

12.2.7 人事信息管理

12.2.7.1 工种管理

工种是根据劳动管理的需要，按照生产劳动的性质、工艺技术的特征或者服务劳动的特点而划分的工作种类。加强员工工种管理是确保正常生产和工作秩序，合理组织劳动，按定额定员组织生产的基础工作。因此，必须保持职工工种的稳定性，不能随意改变职工工种，以加强岗位工种管理，提高岗位工人的操作技能与业务素质。各单位具体工种的确定、工种人数及工种的改变都由人事部统一管理。各部门会定期向人事部上报一份上期期末在册人数工种报表及工种增减变动情况。

12.2.7.2 人员调动

人员调动是人事管理活动的常规任务。出于工作需要，或为了实现在职培训目标，或考虑到员工自身条件以及家庭困难等原因，企业常常采取调动员工工作岗位的措施。人员调动必须按照国家编制和人员结构要求，按照企业生产人员与非生产人员的合理比例以及学以致用、发挥特长的原则进行。

12.2.7.3 调配离职管理

ERP 系统以定制的调配类别、离职类别和对应的申请单项目为基础，在审批流程平台灵活设定调配、离职办理流程，以完成员工岗位变动以及与之相关的薪资调整等工作。ERP 系统还支持用户制定调配、离职方案，在线办理员工调配、离职申请，审批工作。ERP 系统也支持人工办理员工调配和离职工作。ERP 系统还可以多角度统计和分析员工调配和离职信息。

12.2.7.4 考勤管理

考勤管理有助于企业完善作业制度，其中考勤规则、考勤期间、节假日、班别可以灵活设定，工作日历轻松制订，并支持机器考勤与手工考勤相结合，借助出差管理、休假管理和加班管理为考勤日报、月报提供数据报表。企业考勤将日常考勤情况记录在案，并于月底根据考勤情况填表汇总。

12.2.7.5 假期管理

假期管理根据系统灵活设定假期类别来管理员工的假期计划，实现了基于批准流程的假期申请、批准网上处理、员工假期记录、假期记录查询统计等功能。假期管理是针对企业 ERP 系统自定义的休假类型进行管理，如年假、探亲假等。通过年假标准，得出员工在当年度内享有的休假天数。员工享受休假前应先填写休假申请表并报经所在科室负责人批准或按批准权限逐级上报。

12.2.7.6 人事档案管理

人事档案管理作为人事管理中的重要部分，它是人事管理活动过程中所形成的一种表格，以记载与反映员工的体验与个人表现，主要包括员工的基本情况、学习经历、工作经历、个人特长和爱好等。人事档案表如表 12-4 所示。

表12-4 人事档案表

姓名		性别		年龄		照片
毕业学校			学历			
外语			水平			
职位		职位级别		职位种类		
学习经历						
工作经历						
培训经历						
任职记录						
家庭情况						
技能特长						
兴趣爱好						
签约合同号				终止合同		

12.3 人力资源测评

12.3.1 人力资源测评的概念

人力资源测评是以一定的理论为指导，运用科学、系统的手段，对人力资源素质作出综合或局部量化分析和评估的一门技术。衡量人力资源是一项较为复杂的工作，各企业都会依据自己的条件来设计和开展衡量工作，构建自己的企业测评试题库并且能够接入自动阅卷系统中。人力资源的测评管理主要包括建立测试题库、对测试结果进行记录和统计分析。

12.3.2　人力资源素质分类

人力资源素质主要有两类：一类是基本素质，另一类是与职业有关的素质。其中基本素质又可细分为智力或一般的反应能力、一般的个性基础、一般的社会适应性、一般的人际能力、一般的自我管理能力、一般的心理健康水平。职业相关素质主要包括：职业能力如创造力、特殊语言文字能力、特殊人际交往能力（区别于一般人际能力，这里特指因职业需要而具备的与人交往的能力，如交往中占据主动或懂得攻破对方心理防线等能力）、领导能力、特殊的心理承受力等；职业性格；职业兴趣。

在人力资源管理中，只有做好素质测评，才能对员工的素质有全面客观的认识，真正做到人尽其才。

12.4　人力资源管理与其他模块的关系

ERP 开发初期，企业基本上围绕生产、销售或者供应链来进行管理，人力资源作为企业资源之本，很长一段时间内都是作为孤立的体系从企业核心管理系统中分离出来。近年来，企业人力资源开发和管理逐渐得到重视，认为人力资源是企业资源的基础，因此如何吸引优秀人才、合理地安排人力资源、降低人员成本、增强企业竞争力就成了企业管理者首先要思考的问题。在此背景下，ERP 中增加了人力资源管理这一重要部分。增加人力资源管理模块之后，ERP 的作用才真正延伸至全方位的企业管理范围内。总体而言，人力资源管理在 ERP 系统中的功能结构如图 12-8 所示。

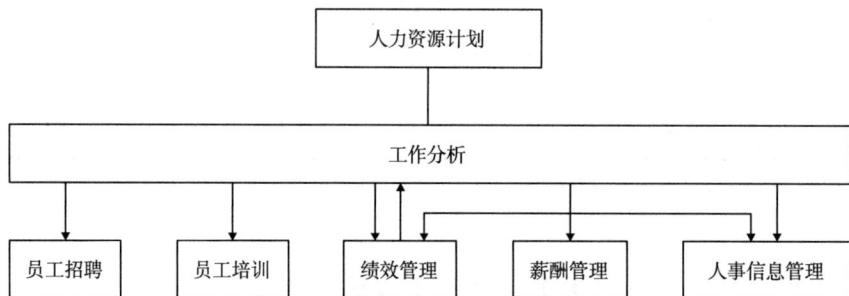

图 12-8　ERP 系统中人力资源管理功能结构

12.5　思考与练习题

①什么是人力资源管理？

②人力资源管理的作用有哪些？

③简述人力资源管理流程。

④简述人力资源管理业务和业务流程。

⑤如何实施人力资源测评？

12.6　案例分析

枣矿集团的e-HR

枣庄矿业（集团）有限责任公司（以下简称"枣矿集团"）是跨行业、跨国界、跨所有制经营的大型企业集团，业务涉及煤发电、煤化工、机械制修、建筑建材和种植养殖5个行业。集团旨在打造国际化大企业集团，并积极构建现代企业制度。人才历来被认为是枣矿集团的成长之本，而科学高效的人力资源管理则是枣矿集团实现良性成长的根本保证。从集团总体战略出发，枣矿集团经过多方调研后选择与一家企业合作共建人力资源管理系统（HRMS），以信息技术为支撑，优化现有人力资源管理模式，对人力资源进行精细化管理。

一、传统管理陷入困境

集团的传统人力资源管理主要面临以下困境。

①人员数据不能准确把握。集团采用人工上报的办法，对各种月报、非在册用工月报进行汇总，从而掌握每个下属单位人员变化信息，这种方法得到的统计数据往往会出错。

②对业务流程控制粗放。人进人出、升降调岗业务审批需要跨部门异地协同办理，各类业务审批的办理费时费力。

③时效性强，工作管理紧张。《中华人民共和国劳动合同法》出台后，对合同管理提出更高要求，人力资源管理人员要面对更大压力。

④工资管理效率低下。枣矿集团现行的薪酬模式主要有目标薪酬制、岗效工资制和岗技工资制3种，薪酬的核算和发放的处理方式比较传统。

⑤培训管理不够集中，资源利用效率较低。

二、以信息化优化人力资源管理

枣矿集团人力资源管理信息系统建成后，集团对人力资源集中进行管控，为人力资源精细化管理提供基础平台，解决传统管理方式中存在的难题，并优化人力资源各项业务。

集团通过该系统对员工信息集中管理，能实时、准确掌握每个单位人力资源分布情况，能在最短的时间内查询员工信息，同时运用系统内的分析工具以不同方式统计分析集团人力资源情况。

①纸质审批电子化，细化流程管控。纸质流程电子化，对包括职工上岗、劳务输出录入、劳务退回、职工调动、职工调出、退伍军人安置工作、内部劳动力市场人员登记等操

作流程进行优化。该系统实现了流程管理电子化，能够对单位间和单位内人员流动进行监督，对下属单位编制及其他人员配置进行管控，也可根据职工招聘需要，在劳动力市场录入的履历中直接筛选出满足条件者。变动后的各类审批表格可由系统抽取人员数据，输出并打印出来，各类审批可由系统流转出来，从而规范并优化业务处理流程。

②时效性强的工作智能化预警，减轻合同管理的压力。本系统实现了劳动合同事项办理过程中自动预警提示。劳动合同内容电子备案可记录各业务办理时间及过程等。合同管理能处理员工的劳动合同签订、续签、变更、终止和解除等日常工作，集团可以及时掌握各类员工劳动合同签订情况，并快捷地统计出订立不同种类、不同期限劳动合同的职工人数。该系统可对二级单位劳动合同订立情况进行实时监测，减少员工劳动合同纠纷。

③方便工资核算与分配，精细化管理人工成本。该系统实现调资办理、工资审批、奖金审批、集中做账和工资报表生成的有效办理，同时对所属单位工资总额做到有效监督，使管理人员能够把握系统内各类人员工资收入比例关系并贯彻集团各项工资分配政策。

④协调培训业务，提升培训管理效率。该系统启动后对全员教育培训、安全培训、职业资格培训、职业技能鉴定、技师和高级技师鉴定以及技能后备人才库进行统一管理。人力资源管理部门可通过该系统控制培训计划、培训班时间安排、课程安排等内容的开发和公布，精简现有工作流程并提高培训资源的使用效率。

⑤便捷精准的电子报表促进精细化决策。该系统实施各类劳动工资业务报表的制作、报送、汇总等功能。集团及所属单位报表均由系统完成，实现了工作方便、资料及时准确。各二级单位可以通过本系统自动生成并提交本单位人力资源管理报表。劳动管理科可以在系统内自动生成公司的月报表，对各个二级单位所报报表数据汇总存档，实现报表数据图形化分析。

⑥实现了文件和年鉴的电子化管理和方便使用。国家及上级发布的有关人力资源和社会保障管理方面的政策、制度及集团公司发布的文件、法规等均集中储存于本系统。集团在人力资源管理工作中出现的重要事件可采用电子形式统一录入系统，取代了过去纸质年鉴，该系统支持分类存放、关键字查询、检索等功能，方便各单位、各部门查询和使用。

思考：

①从网上数据库查询制造业实施 ERP 的案例，结合本案例，谈谈人力资源管理在 ERP 系统中的地位和应用状况。

②请剖析传统人事管理和人力资源管理之间的区别。e-HR 究竟有哪些优势？枣矿集团为什么要利用 e-HR 来管理集团的人力资源？

第13章
设备管理

扫码获取本章课件

13.1 设备管理概述

13.1.1 设备管理的概念

设备管理是为实现企业经营目标，采取各种技术、经济和组织措施对设备实施全过程科学管理。从设备计划工作开始到报废为止，这一过程通常包括前期与使用期两大环节。

设备前期管理就是对设备正式投入生产运行之前所做的各种管理工作，在选型购置的过程中，要充分沟通、研究、比选、投标与选择，强化技术经济论证并充分考虑售后技术支持及运行维护等因素，选择综合效率高的技术装备。

设备使用期管理分为设备前期、中期和后期。前期管理通常是指该设备从验收之日到投入使用后 6 个月或 1 年内，所进行的调整、使用、保养、监测、故障诊断等各项管理工作。中期管理，就是在超过保修期以后的阶段对设备进行管理。后期管理就是在设备更新、改造、报废等阶段进行的各种管理工作。

13.1.2 设备管理的作用

①设备管理是企业生产的保证。设备管理的首要任务就是向企业提供精良的技术设备，让企业立足于最优质的物质和技术基础上，保障生产经营工作的顺利开展，使企业的产品质量、生产效率、安全文明生产等方面得到提升，最终达到提高经济效益的目的。从产品设计、生产、加工到销售及售后服务整个生产经营过程中都体现了设备管理。设备管理是企业赢得并占领市场、降低生产成本、节约资源并生产出符合用户要求的优质产品的保障。

②设备管理水平的高低，是衡量企业管理水平、生产发展水平、市场竞争力强弱的主要指标之一。先进产品的研发和生产必须以企业拥有先进设备和良好管理水平为前提。有些企业虽然拥有先进设备，但因设备价高、运转费用高而产生沉重的压力，导致企业负债累累、生产经营举步维艰。而有些设备管理较好的公司，虽无国外先进的技术设备，但因其管理水平较高，设备拥有良好的运行状况和较高的效率，同样可以生产出优质产品，具有较强的市场竞争力，公司效益稳步提高。

③设备管理为企业的产量、质量、效益、交货期等方面都提供了保障。市场经济中的企业常常以合同为基础来安排生产。合同一订立就受法律保护，没有特殊情况不可改变。没有高水平的设备管理及良好的设备运行状况作保障，就不能高效顺利地完成合同。合同违约发生后，不仅会使企业遭受经济损失，而且常常会丧失市场，严重阻碍企业发展。

④设备管理是企业安全生产的保证。从相关安全事故统计来看，剔除个别人为因素后，大部分安全事故都是由设备因素导致。为了保证企业的生产安全，需要有运行良好的

设备，做好设备管理工作也会排除大部分事故隐患，有可能避免大部分安全事故。

⑤设备管理是企业提高效益的基础。企业从事生产经营都以取得最佳经济效益为目标，而设备管理则为提高经济效益服务。提高企业的经济效益，通俗地讲，就是一方面要提高产品产量和劳动生产效益，另一方面要减少消耗和降低生产成本，而设备管理在这些管理活动中的作用尤为突出。

13.1.3　设备管理的内容

管理设备有两种工作，一是技术管理，二是经济管理。

技术管理的重点在于确保设备拥有的技术状态，并取得技术进步。经济管理以提高设备经济效益为主。但无论是技术管理还是经济管理，始终渗透着组织与计划的科学工作。所以，设备管理内容可归纳为三方面：技术、经济和组织。这三者相互联系、相互渗透。设备管理需要借助各种技术、经济以及组织措施来确保设备持续稳定运行。

企业需要通过技术进步使其生产得以正常发展，同时还必须十分重视设备的经济效益问题，从技术经济评价入手，评价其投资情况、使用维护情况、改造更新情况及报废情况，并做出正确的决策，最终达到提高其生产与管理经济效益的目的。就企业生产的终极目标而言，设备技术管理和经济管理并重，应克服传统设备管理中存在的重技术轻经济的偏向。

13.1.4　设备管理流程

设备管理流程如图 13-1 所示。

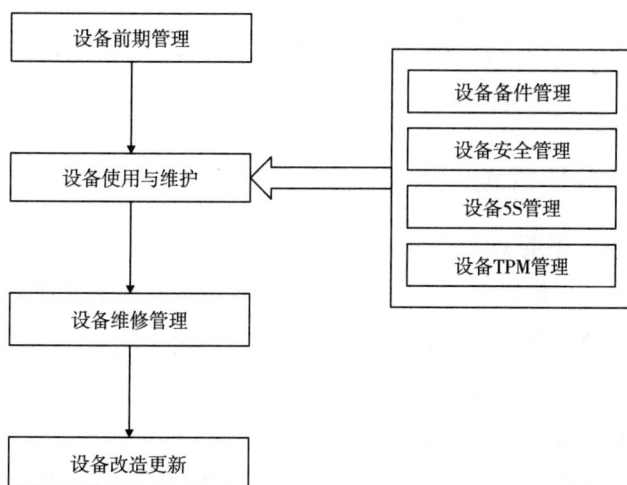

图 13-1　设备管理流程

13.1.4.1　设备前期管理

设备前期管理，主要包括设备布置设计、购置、选型和考核等工作。为了更好地进行设备管理，前期是十分重要的。企业购买设备可采取招标采购法。

13.1.4.2 设备使用与维护

设备对于企业来说是一笔重要的财富，所以，设备的各级使用人员都要正确地使用设备和做好保养，比如一级保养和二级保养。

①设备备件管理。备件管理主要是通过降低备件资金，做好科学合理、经济实用的库存储备工作，确保维修需求，缩短停修时间。

②设备安全管理。设备对于企业来说是一项重要的财产，同时又容易发生事故，所以企业中的各级工作人员应该对设备进行严格管理，以保证设备和人员的安全。

③设备 5S 管理。通过 5S 管理能够去除设备污迹、明晰设备放置位置、强化设备维护，以保证设备长时间正常运行。

④设备 TPM（Total Productive Maintenance）管理。建立 TPM 思想和开展 TPM 活动督促全员做好设备维护，降低设备故障数量。

13.1.4.3 设备维修管理

当设备技术状态恶化或出现故障时，为使其功能及精度得到彻底的恢复，要对设备局部或整机加以检查和修理。

13.1.4.4 设备改造更新

设备在长期使用过程中会造成磨损和破坏，影响生产质量等，所以需要对其开展必要的改装与更新工作，以维护设备的正常运转。

13.2 设备管理的主要业务

设备管理主要业务包括：基础数据管理、设备运行管理、设备检测管理、设备保养管理以及设备维修管理五大部分。

13.2.1 基础数据管理

13.2.1.1 基础数据管理的含义

基础数据管理就是将数据进行采集、加工处理，形成有利于管理决策的数据。它主要包括数据的采集、归类、排序、检索、修改、储存、传递、计算、输出等。设备数据主要是在设备管理和维护过程中产生的。

13.2.1.2 基础数据管理的作用

①保障设备管理和维护工作的稳定开展，确保设备完好无损，从而为企业生产经营任务的完成提供坚实的基础。

②管理价值链（设备采购和维护等成本）数据，让不同层次的人都能及时掌握设备各种成本的产生和流向，从而达到成本控制的目的；通过凭证中数据和实物的核对来避免资产的损失。

③采用统计与分析相结合的方法，将各类数据实际值和目标值进行计算、输出、比较，对超标指标采取控制措施，为管理部门编制设备管理工作目标、工作计划及维修决策提供依据。

13.2.1.3　基础数据汇总与统计

基础数据汇总与统计的内容主要包括：设备台账和卡片、设备备件台账、设备资产变动数据汇总、设备资产状况以及设备技术状况统计。如图 13-2 所示。

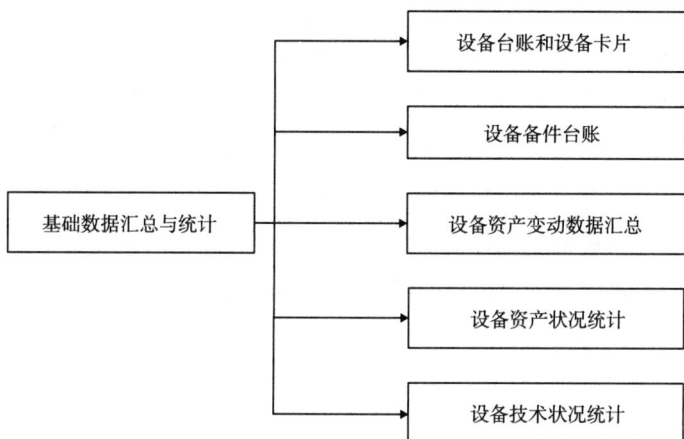

图 13-2　基础数据汇总与统计的主要内容

（1）设备台账和设备卡片

设备验收交接投产后，企业设备管理部门、财务部门都要对单台设备构建固定资产设备台账和卡片。资料来自设备订货合同、使用说明书以及安装移交验收单三个文件。

①设备台账。设备台账主要有三类：设备序号账、设备分类账、分车间账。

②设备卡片。设备资产管理除建立完整的台账之外，还要按照使用单位次序构建卡片册。当对设备进行调动、转移和报废工作时，可以在卡片册中对卡片的位置进行调整、转移或者撤消。

③设备分类与资产编号。设备台账、卡片填制过程中都会涉及设备资产编号问题，这也关系到设备分类问题，需要统一进行分类和编号。此外，为方便设备管理及使用计算机对数据的处理，企业应科学地对设备编码，做到既能识别又有利于计算机统计汇总。

（2）设备备件台账

设备备件也需建立相应台账。

（3）设备资产变动数据汇总

包括设备购置调入登记册、设备封存登记册、闲置设备登记册、设备转让登记册、设备报废登记册。

（4）设备资产状况统计

①设备拥有量及分类拥有量。

全部设备：使用期限超过1年、价值超过本行业规定限额、属固定资产范围内的全部设备。

生产设备：直接或者间接地参与生产过程。相关生产设备的管理范围、目录等由行业主管部门确定。

主要生产设备：设备维修复杂系数超过规定限额的设备，为生产设备中最重要的组成部分之一。

对于全部设备、生产设备及主要生产设备的总拥有量及分类拥有量的数据，设备管理部门统计员应按设备台账按时进行统计并编制表格。

②设备资产原值、净值及新度系数。这项统计体现了企业年度设备资产的规模及老化程度。设备新度系数是指设备资产净值和设备资产原值之间的比值，它是基于价值视角，反映了企业在报告期间内设备新旧程度变化的统计指标。对这一指标进行统计和分析，有助于企业制订设备更新规划。设备资产的原值和净值数据应向企业财务主管部门索取，设备管理部门的固定资产管理人员应进行统计并填写成表。

③固定资产生产设备折旧率及年折旧金额。

（5）设备技术状况统计

①主要生产设备完好率。

②主要设备泄漏率。泄漏点统计并不仅限于静密接合处的统计，还包括由于焊缝裂纹、砂眼等造成的泄漏。

13.2.2　设备运行管理

所谓设备运行管理，就是让各级维护人员以某种方式掌握设备运行状况，并根据其运行情况制订相应的管理措施。

（1）加强设备日常维护保养

企业要加强设备日常维护保养，以保证其正常工作。

（2）建立完善设备巡检标准

企业应根据自身结构、运行方式等信息为每台设备定好巡检位置、正常工作参数标准，根据设备详细作业特点为每台设备、每个巡检点制定清晰巡检周期。检查周期通常可以划分为时间、班次、天数、星期、旬、月份等检查点。

（3）建立完善全巡检保证体系

操作人员对该岗位所用设备所有巡检点实施巡检，专业维修人员对重点设备实施巡检。

（4）信息传递与反馈

操作人员在巡检过程中，一旦发现设备无法持续运行需要应急处置，应立即通知调度并由当班领导安排处置。对一般隐患或者瑕疵，要经过检查，记录到相应表格中，及时转交专职巡检员。

专职维修人员在对设备点检查时，应做好记录工作，同时还应把资料传送给专职巡检员以便汇总和总结。

（5）动态资料的应用

巡检员对巡检发现的设备缺陷和隐患，提出检修方案，并列入检修计划。巡检时发现的设备缺陷必须立即解决的，应立即解决；本班组不能解决的，应由上级制订解决措施。对主要装备存在的主要缺陷要组织公司上级领导进行调研，明确处理方案。

（6）设备薄弱环节管理

①对薄弱环节进行认定。

②根据动态资料列明装备薄弱环节并按期组织评估，明确目前需要解决的项目并提出改进方案。

③针对设备的薄弱环节采取改进措施之后，应进行效果考察并提出评估建议，由相关领导审阅并保存在设备档案中。

13.2.3　设备检测管理

所谓设备检测管理，就是对设备运转状况、工作精度以及磨损或者腐蚀程度等进行检测与校验工作。

（1）设备检测分类

检测依据时间间隔，分为日常检测与定期检测两种类型。日常检测由设备操作人员实施，并与日常维护相结合，旨在快速发现异常状况并开展维修。定期检测由专职维修工按计划进行，并且操作者参与，其目的在于通过检测，对零件磨损实际状况有一个全面而准确的把握，从而判断是否需要修复。

检测根据技术功能不同又可划分为机能检测与精度检测两种类型。机能检测就是检验和测量设备各种性能。精度检测就是检查并测量设备实际加工精度，从而为验收、修理及更新设备提供依据。

（2）设备检测计划

检验、测量的仪器应经过专业的授权计量机构计量。在进行仪器计量时，要针对不同仪器和使用阶段来制订仪器计量计划。如表 13-1 所示。

表13-1　仪器计量计划（举例）

仪器型号	名称	规格	计量项目	计量周期	计量日期	使用工作中心	责任部门	责任人
H008	高压测试仪	HCX-400	500 伏电压	6 个月	2021/01/10	SZ03	质量部	张三
D888	万用表	DC-8S	25 欧电阻挡	6 个月	2021/01/10	SZ05	质量部	张三

13.2.4 设备保养管理

设备保养管理是指周期性地对设备实施保养工作，如添加或更换润滑油。对设备进行保养，是确保其在使用过程中保持良好状态的一项基本而又重要的任务。

（1）设备保养分类

设备保养根据工作量的大小及难度划分为日常维护、一级维护、二级维护和三级维护等。

①日常保养。其主要内容包括：对容易松脱的部位实施清洗、润滑和紧固，并检查各部位、各组件是否齐全。

②一级保养。其主要内容包括：一般的拧紧、清洗、润滑和紧固等，也有局部调整。

③二级保养。其主要内容包括：内部清洁、润滑、局部解体检查及调整等。

④三级保养。其主要内容包括：针对设备主体部分的解体检查及调整，主要零部件磨损测量记录，以及针对超过磨损限度部件的替换工作。

（2）设备保养计划

为实现设备三级保养工作规范化，要针对设备各个零部件磨损状况、性能、精度劣化程度及失效概率，编制各个零部件保养周期、保养内容及保养类别计划表，为设备进行保养提供基础。机械设备保养计划如表13-2所示。因为保养类别及保养内容不一样，所以在实践中可以用不同的符号代表不同的保养类别，例如，"○"代表日常维护保养，"△"代表一级保养，"◇"代表二级保养，"√"代表三级保养。

表13-2 机械设备保养计划（举例）

部位	保养项目	保养内容	保养周期						
			每周	每月	半年	1年	3年	5年	6年
水泵	污水泵	清理叶轮及管周围污物		○		△			
		注油、密封及绝缘					◇	○	
		叶轮、密封、线包				○	○	√	
	离心泵	泵体清洁	○		○				
		密封、油漆、注油				○	◇	○	
		叶轮、密封、线包更换							√
控制柜		柜内外卫生、排线	○	○	○	○	○	○	
		除尘、坚固				○	○	○	
		更换空开、接触器、保护器、变频器绝缘		○	○	○	◇	○	
		变频器				○	○	√	

13.2.5　设备维修管理

设备维修管理是指对设备损坏、精度劣化等情况进行维修。对磨损、老化和腐蚀零部件进行修复和替换以恢复设备性能。

（1）设备维修分类

依据修理范围、间隔期以及费用的多少，设备维修可分为小型维修、中型维修、大型维修三种类型。

①小型维修一般只是对一些磨损快、使用期限与维修间隔期相等或更短的部件进行维修、更换，并且调整设备的局部结构，确保其在预定的检修时间内的正常运行。小型维修具有修理次数多、工作量少、每次修理时间少、修理费用包含在物业费用中等特点。小型维修通常由工程中的专职维修工人完成。

②中型维修就是将设备局部解体，修理或替换某些主要部件和基准件，以及修理使用期限相当于或低于修理间隔期的部件。同时，还应检查机械系统的整体情况，拧紧全部机件并消除拉大的缝隙，修正基准，确保设备能够恢复并满足其应具备的规范及技术要求。中型维修具有修理次数多、工作量小、每次修理时间少、修理费用包括在修理基金内等特点。中型维修多为工程专职维修工到现场完成，有特殊要求的工程可以由专业外包单位负责，修理完成后要组织检查验收，完成送修、承修单位移交手续。

③大型维修就是借助替换等方式，使主要零部件复原，并且使设备恢复到原来的精度、性能以及生产效率的一种综合修理模式。大型维修具有修补数量少、工作量大、每次修补时间长、修补费用要靠大维修基金来承担等特点。大型维修后，由质量管理部门会同设备管理部门、使用单位、承修单位的相关人员进行检验、验收，合格后送修理单位和承修机构完成移交手续。

（2）设备维修方法

常用的设备维修方法主要有以下几种：

①标准维修法，就是以设备零件使用寿命为依据，事先制订特定的维修计划，并确定其维修日期、类别及内容。这种方法有利于检修前的准备，可以保障设备正常运行，但是也有可能导致过度检修而增加检修成本。

②定期维修法，就是以零件使用寿命、生产种类以及相关定额资料等为依据，预先确定各种计划维修次序、计划维修间隔期和维修工作量。检修之前一般以设备状态决定检修内容。该方法有助于检修前的准备和先进的检修技术的应用，以达到减少检修成本的目的。

③检查后修理法，就是以设备零部件磨损数据为基础，预先指定检验次数及检验时间，在检验后确定每项修理的具体时限、分类及内容。此法简便易操作，但计划性不足，在检验时可能会出现因设备状况主观判断错误而造成部件过度磨损或者失效的情况。

（3）设备维修计划

为使设备正常运行，应根据设备管理要求周期性维修。周期性修理必须制订维修计划，注明维修类型、工时、成本，做好维修记录。设备维修计划如表 13-3 所示。

表13-3 设备维修计划（举例）

维修日期	维修类型	计划机工工时（小时）	计划电工工时（小时）	计划钳工工时（小时）	计划修理费用（元）
2020/03/10	小型维修	40	28	35	1200
2020/04/15	检查	—	15	—	150
2020/08/15	中型维修	80	45	100	2450
2021/01/15	大型维修	100	80	160	3100

13.3 设备管理系统的主要功能

目前，设备管理系统主要包括设备台账管理、设备维修管理、设备保养管理、设备点巡检管理、设备知识库管理、与数据采集联动和设备监控 7 项功能，如图 13-3 所示。

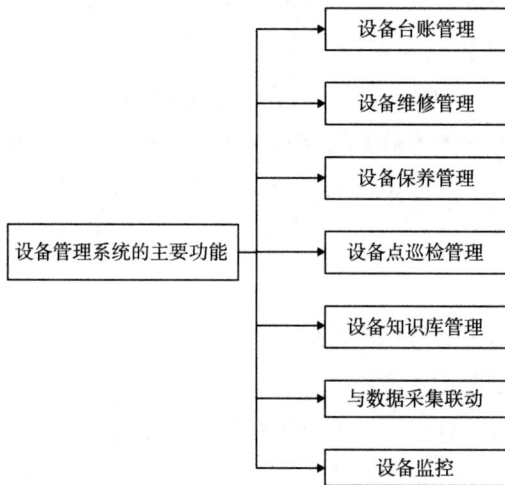

图 13-3 设备管理系统的主要功能

（1）设备台账管理

设备管理系统能够编辑、补充完善设备参数、数据等有关信息，有利于企业多维度地查看与设备有关的信息。

（2）设备维修管理

生产人员可通过手机端、电脑端启动设备报修申请及维修记录等功能，系统可以自动生成设备报修、维修工单等单据。

（3）设备保养管理

该系统可按生产周期产生保养计划，同时，按计划自动生成保养工单，自动分发给维修人员，维修人员可根据相关保养计划登记保养。

（4）设备点巡检管理

该系统能够按照系统中设定的有关设备巡检计划自动生成巡检任务，准确地指派给有关巡检人员。

（5）设备知识库管理

设备知识库由系统统一汇集所有与设备有关的内容，记录每台设备的维修保养情况等，其中包含了每一个故障发生的具体原因及解决方法，能够辅助企业做好人员交接及培训。

（6）与数据采集联动

该设备管理系统能够与数据采集实现联动，联合采集设备相关数据并保存在实时数据库中，实现集中存储与统一管理。

（7）设备监控

该系统能够 24 小时在线监测设备生产状况，并通过数据大屏反馈信息，能够实时展示现场各个设备运转情况，并将其及时通过微信、钉钉、短信等形式迅速传达给相关领导，达到集中控制各个生产设备运行情况的目标。

13.4　设备管理系统与其他系统的关系

在购买设备时需在设备管理系统提出购买要求，待设备入库后，设备管理系统将设备的成本数据和各种运行、检查、维修等数据计入成本管理系统和财务管理系统中，同时，设备作为固定资产计入了对应的系统中。设备管理系统与其他系统的关系如图 13-4 所示。

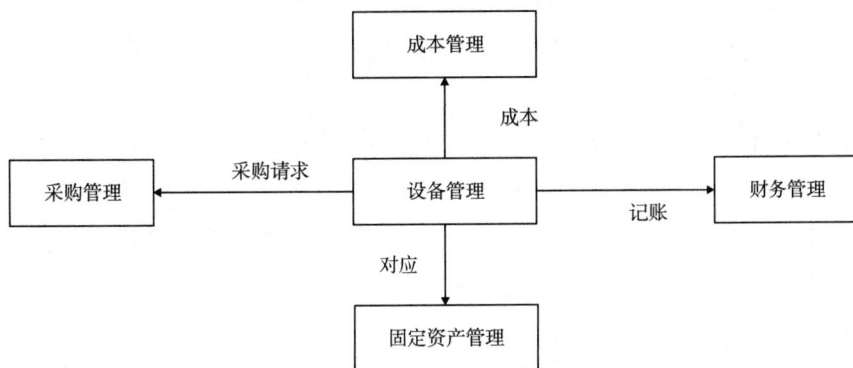

图 13-4　设备管理系统与其他系统的关系

13.5 思考与练习题

①设备管理有哪些主要内容？

②简述设备管理的运作流程。

③设备管理的主要功能有哪些？

④简述设备管理系统与其他系统的关系。

13.6 案例分析

海尔集团的设备管理创新

在现代企业制度建立过程中，随着生产信息化、智能化和柔性化逐步向管理领域渗透，设备管理理念和手段也在不断发生变化。海尔集团在推行"流程再造"模式过程中，使企业管理达到了信息化、扁平化和网络化。海尔在设备管理方面实施创新，将之融入自身的生产环境和文化之中，形成一套独特的设备管理模式——"流程再造"。

海尔集团在业务流程再造的基础上，把原来十多个产品事业部的设备处（分别是冰箱、洗衣机和空调）合并，组建青岛海尔设备公司。该公司引入了市场竞争机制，面向内部市场，注重效益，围绕企业发展定位，对各个生产要素进行优化组合，创造出了崭新的设备管理工作模式。

整合之初，集团共有508名员工参与设备管理，维修工管理相对宽松，设备管理主要集中在抢修方面。实践中，因职责不清往往延误生产，因此，海尔设备管理部建立了停机负责人的市场链机制，即任何时候只要出现设备停运状况，就要向相关责任人提出索赔要求。这一举措很快激发了维修工们的工作热情，将设备停运主要依靠抢修变为主要依靠预防检修，并通过许多具体典型事例改变了全体员工的思想，各个事业部停运次数大大降低。

市场链机制确立以后，尽管职责划得很清，评价也很清楚，但是并不详细。因此又制定了日清考评排序即时激励机制。每日对停机时间进行考评，通过排序发现最优与最劣的实例，每日召开班前会进行解剖与探讨，从而提高维修工的服务意识与服务方法。这一举措使整个考评工作更加精细，停机时间逐步减少，洗衣机、冰箱和其他事业部几乎实现零停机的目标。

管理者可尝试将一名管理员当作SBU来使用，将停机、节拍、完好率和成本当作资源存折项来使用，建立"资源存折"激励模式，将其运营为MMC，外部为目标市场承担责任，内部为员工提供创新空间。

思考：

①海尔是如何利用业务流程再造进行设备管理的？

②海尔的设备管理对其他企业有什么启示？

第14章
质量管理

扫码获取本章课件

14.1　质量管理概述

技术、管理是一个国家经济体系中两个既独立又相互依赖的要素。技术是非常核心的，但管理的作用更加突出，"三分技术，七分管理"。质量管理是一门重要的管理学科，在现代管理科学不断发展壮大的背景下，现代质量管理已经变成了一门相对独立的管理科学——质量管理工程。

14.1.1　质量管理的概念

质量管理指的是运用质量体系中的质量计划、控制、保证和改进，确定和实施质量政策、目标和责任的所有活动，在主要的商业教育课程中，都有关于质量管理和实施方法的介绍和说明。

质量管理是企业管理的基础，它可以用来规范人们的管理和行为，控制和预防与质量有关的意外事件，对于提高企业的经济效益具有重要意义。许多企业喊出"质量是企业的生命"的口号，但对质量管理的理解是"头痛医头，脚痛医脚"。质量管理就像去看医生一样，决不能忘记解决问题的根源。质量管理是指导和控制质量的组织和协调的活动，它经常涉及质量政策和目标，开展为实现质量政策和目标而进行的质量规划、控制、保证及改进等活动。作为组织管理的内容之一，质量管理不仅是组织管理的重要组成部分，还是组织管理的本质。

14.1.2　质量管理的作用

质量管理是企业必须做好的一份工作，对企业来说，质量管理的作用主要有：

①能够增强企业的经济效益。在开展质量管理措施时，利用对质量经济进行全面分析，科学制定最优质量成本，提升产品的适用性与经济性，以确保产品满足客户要求。质量管理除了能够提高企业的经济效益，还可以带来更多的社会效益。

②可以增强企业的市场核心竞争力。高效的质量管理能够改进企业管理，促进科学技术的发展和进步，培训技术人员和管理人员，持续性探索新的领域和潜在的质量要求，并努力寻找更好的管理方式，这是以质量求生存和成功的正确方式。

③促进成本控制管理。通过开展各种质量成本项目并将其分配给适当的负责部门，管理质量成本。通过编制质量成本预算和计划来管理和评估质量成本，不仅是控制具体成本的一个重要部分，也是降低产品总成本的一种重要手段。

④提高产品的品牌形象。提高质量会给企业带来更高的利润，质量管理融入了公司的品牌，加强质量管理会塑造更好的品牌形象；与此同时，加强质量管理也是保护人类生命和健康的重要管理方式。

14.1.3　质量管理的内容

为了实施全面的质量保证体系，企业必须设定目标并编制全面的质量管理办法。质量管理主要包括以下内容：

①质量计划，应以企业的质量手册和项目的质量目标为基础。工程质量计划分为施工质量计划和施工成本质量计划。

②负责质量体系、内部审核、客户审核和认证机构审核。

③产品开发。对质量最具影响力的是产品开发。在此阶段，产品的内部质量由质量控制决定。只有在产品刚开始生产时，严格进行质量管控才能为产品提供高内部质量，并实现高质量目标。

④质量控制。主要包括操作人员的自我管理、团队管理、过程之间的控制转移、施工人员和检查员的质量控制、国家质量管理部门的监督和控制。

14.1.4　质量管理流程

质量管理主要包括原材料进入、产品生产进程、产品出货、新产品研究开发、不合格产品控制管理五个部分。

（1）进料工作流程

进料工作流程如图 14-1 所示。

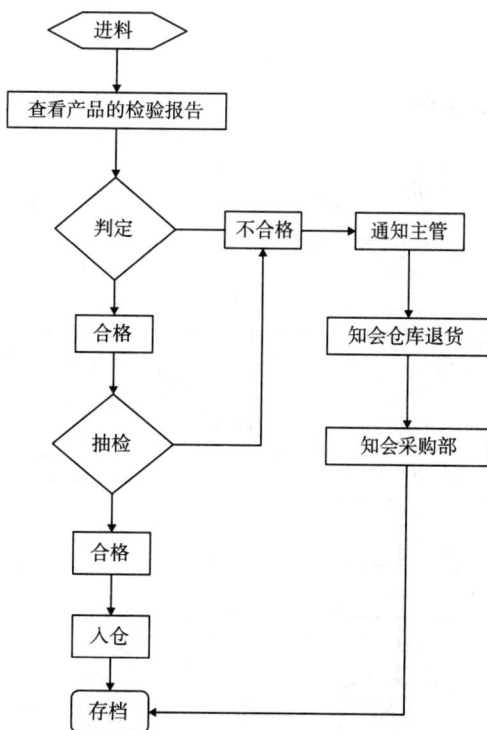

图 14-1　进料工作流程

（2）生产过程工作流程

生产过程工作流程如图14-2所示。

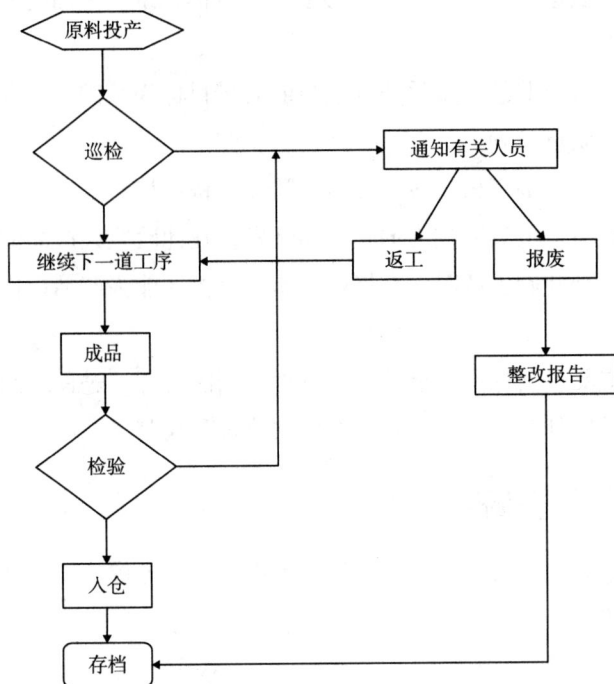

```
                    ┌─────────┐
                    │ 原料投产 │
                    └────┬────┘
                         ↓
       ┌──────────┐                    ┌────────────┐
       │   巡检   │───────────────────→│ 通知有关人员 │
       └────┬─────┘                    └──────┬─────┘
            ↓                            ↙        ↘
   ┌──────────────┐   ┌──────┐      ┌──────┐  ┌──────┐
   │ 继续下一道工序 │←──│ 返工 │      │ 返工 │  │ 报废 │
   └──────┬───────┘   └──────┘      └──────┘  └──┬───┘
          ↓                                      ↓
     ┌────────┐                            ┌──────────┐
     │  成品  │                            │ 整改报告 │
     └───┬────┘                            └──────────┘
         ↓
    ┌─────────┐
    │  检验   │
    └────┬────┘
         ↓
     ┌────────┐
     │  入仓  │
     └───┬────┘
         ↓
     ┌────────┐
     │  存档  │
     └────────┘
```

图14-2　生产过程工作流程

（3）出货工作流程

出货工作流程如图14-3所示。

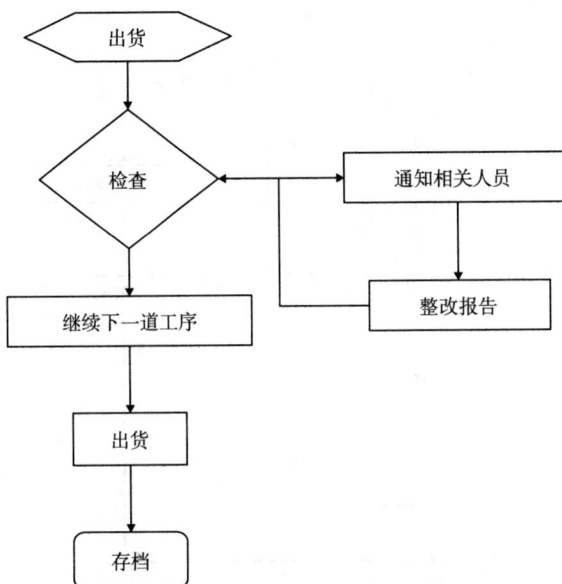

```
          ┌─────────┐
          │  出货   │
          └────┬────┘
               ↓
         ┌──────────┐        ┌────────────┐
         │   检查   │───────→│ 通知相关人员 │
         └────┬─────┘        └──────┬─────┘
              ↓                     ↓
      ┌──────────────┐        ┌──────────┐
      │ 继续下一道工序 │        │ 整改报告 │
      └──────┬───────┘        └──────────┘
             ↓
        ┌────────┐
        │  出货  │
        └───┬────┘
            ↓
        ┌────────┐
        │  存档  │
        └────────┘
```

图14-3　出货工作流程

（4）新产品研发工作流程

新产品研发的工作流程如图 14-4 所示。

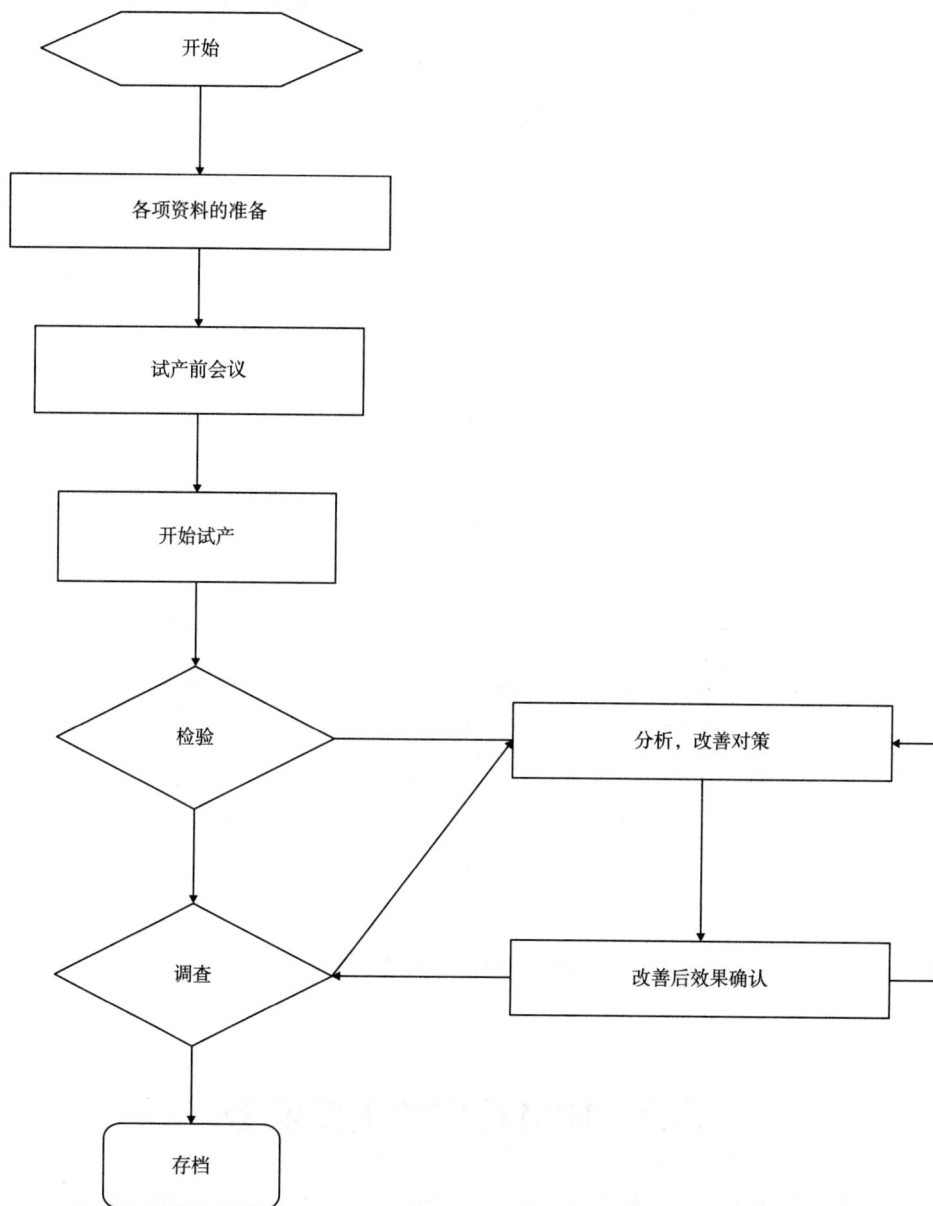

```
                        开始
                         │
                         ↓
                  各项资料的准备
                         │
                         ↓
                   试产前会议
                         │
                         ↓
                    开始试产
                         │
                         ↓
                    检验  ───────────→  分析，改善对策  ←───┐
                         │                    │          │
                         ↓                    ↓          │
                    调查  ←───────────  改善后效果确认 ────┘
                         │
                         ↓
                    存档
```

图 14-4　新产品研发的工作流程

（5）不合格产品控制流程

不合格产品控制流程如图 14-5 所示。

```
┌──────────┐      ┌──────────┐      ┌──────────┐
│ 不合格采购品 │      │ 不合格半成品 │      │ 不合格成品  │
└──────────┘      └──────────┘      └──────────┘
                        │
              ┌─────────────────────┐
              │    不合格标识和隔离      │
              └─────────────────────┘
                        │
              ┌─────────────────────┐
              │      信息反馈          │
              └─────────────────────┘
                        │
              ┌─────────────────────┐
              │    不合格品评审        │
              └─────────────────────┘
                        │
                   ◇ 处置方式 ◇
                        │
   ┌────────┐      ┌────────┐      ┌────────┐
   │  拒收   │      │  拒收   │      │  拒收   │
   └────────┘      └────────┘      └────────┘
                        │
              ┌─────────────────────┐
              │    不合格品评审        │
              └─────────────────────┘
                        │
                 ( 不合格半成品 )
```

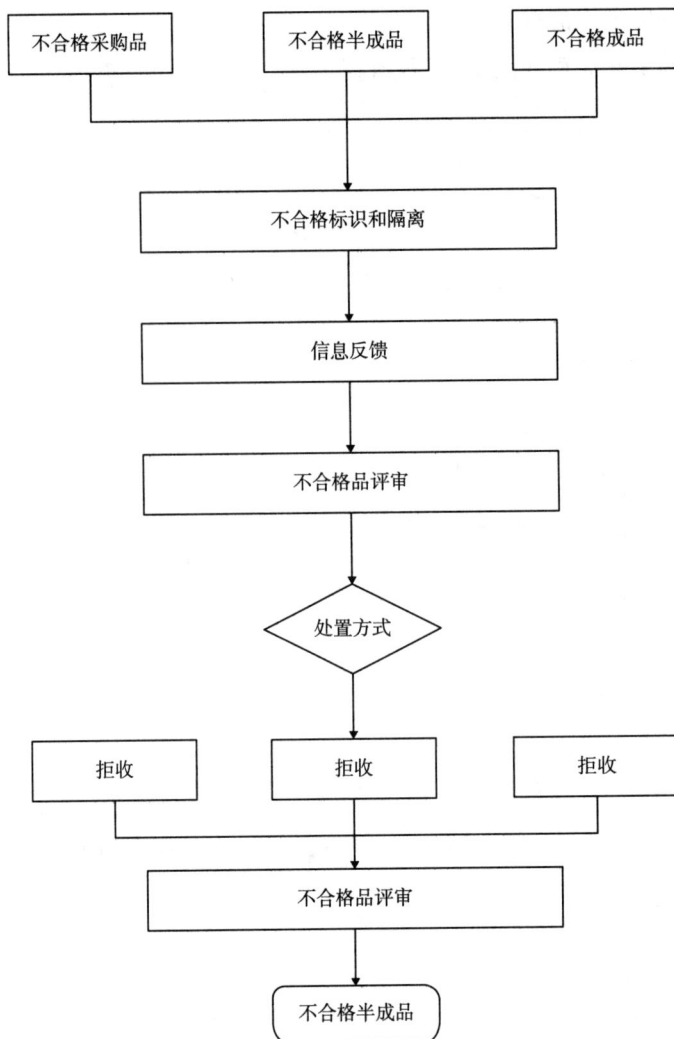

图 14-5　不合格产品控制流程

14.2　质量管理的主要业务

质量管理工作的主要业务涵盖质量标准、检验、控制及分析管理四个部分。

14.2.1　质量标准管理

（1）抽样标准

抽样是指根据规定的抽样计划，从要检测的批次中随机选择所需数量的产品进行检测，用最终检测结果来确定整个批次的产品是否符合要求。抽样检查用于破坏性测试、大批量生产、低价值产品、耗时长、测试成本高等各种情形。

事实上，批次检验所需的样品数量并不取决于批次本身，而是取决于待检测产品质量特性的同质性。产品的质量特征越单一，需要抽取的样品数量就越少。相反，产品的质量特征分布越分散，采集的样品数量就越大。在数学领域，产品质量特性的均匀分布采用方差来表示，方差数值越大，产品的质量特征分布越不分散。如此一来，抽样检测最为核心的部分是根据产品质量参数确定抽样计划和根据既定规则进行随机抽样，这两个关键因素的科学性决定了采样结果的科学合理性。

（2）检测标准文件

检测标准文件规定了检验机构在进行产品检验时必须遵循的标准和规范，以及评估被检验产品是否符合规定要求的程序。生产加工过程所生产的产品必须符合国家、行业、企业、客户要求的标准，因而需要对生产各环节及关键控制点进行管控及有效验证，尤其要对生产源头的原辅料及各工序要进行质量检验，以确保在全流程、全品质上的合格品管控。

检测程序为：明确目的、明确职责、采购进货检验、过程检验、成品检验等。

①明确目的。明晰编制质量检验管理制度的初心，以及亟须改进的相关规范准则的相互权利与义务关系。依据检测目的，有效对源头、生产中间品、成品质量进行验证与规范，保障专项工作有序进行，确保合格品，制定管理依据。

②明确职责。明确专项工作主导机构权属权责，明确在专项工作中各部门间的协配权责，明确在专项工作中专职人员的权属权责。

③采购进货检验。明确在所有采购品验收入库前的质量查验原则及实际中的具体操作方法和不合格品的处置要求，明确在抽样检验时应遵循的科学性，明确在检验时所执行的标准规范及安全技术资料的查验，明确检验员对合格供方名单及质检报告的复核权责，明确在初步检验后的理化验证权责，明确在检验时出现不符合项的处置要求，明确因特殊生产原因放行或免检放行时的各级负责人的签批确认及编著和后期跟踪权责。

④过程检验。明确在过程检验中遵循的原则，明确在过程检验中不合格项的纠偏记录及生产叫停权责，明确对生产中间品的检验及相关过程验证权责，明确对过程检验与生产中间品不合格项的处置权责。

⑤成品检验。明确对成品的产品检验及出厂检验的权责及放行权责，明确对专项检验工作所执行的标准规范及修订权责，明确对检验过程原始记录的建档保存，明确对在成品库中存放一定时间的产品的检验要求及理化验证，明确对各类不合格项的处置执行标准，明确在特殊或重大情形下未经检验放行的各级负责人签批要求。

编写检测标准文件的步骤可以总结为：首先，明确在专项工作中主导机构与各部门、专职人员之间的权属权责及分工；其次，明确在实际采购入库时各项检验细则的落实；再次，明确生产过程环节及生产中间品的检验纠偏整改与处置权责；最后，明确成品的检验及放行、出入库检验实际落实要求。

14.2.2 质量检验管理

质量检验是使用特定的设备和方法测量一种或多种产品的质量特性，并将测量结果与既定的产品质量标准进行比较，以确定产品是否符合这些标准的过程。

现代工业生产是一个高度复杂的过程，由于主观因素和客观因素的影响，特别是客观因素的随机变化，很难避免生产出质量不好的产品。因此，质量检验是非常重要的。在工业生产早期，生产和检验是一体化的，制造商充当检验单位。随着生产的发展和专业分工的发展，检验从生产和制造中分离出来，成为一项独立的工作类别，但检验仍被纳入生产和制造环节。生产和检验是一个有机的整体，检验是生产不可或缺的组成部分。

质量检验的具体工作包括：度量、比较、判断、处理。

14.2.3 质量控制管理

质量控制管理是指应用 ISO 9000 的先进质量管理理念，基于财务会计、供应链管理及生产管理子系统，应用简化的企业质量管理和控制体系，实现一个企业的质量管理和质量控制体系的集中化，包括供应商评估、订单管理、产品管理、外部流程管理、交付管理、退货管理、样品管理、质量事故管理、客户投诉等方面。

质量控制管理的目的是帮助企业提高质量和生产效率，减少由于原材料、生产问题、库存质量控制等原因引起的质量缺陷，减少损失和成本，提高产品质量和客户满意度。

14.2.4 质量分析管理

（1）排列图

排列图是按照不同的标准来观察占所收集数据大多数的质量原因、条件和地点的图表。在排列图中，质量改进因素从最重要到最不重要进行了排序，包括一个横轴、两个纵轴、一系列根据高低顺序排列的矩形以及一条表示累积百分比的折线，如图 14-6 所示。

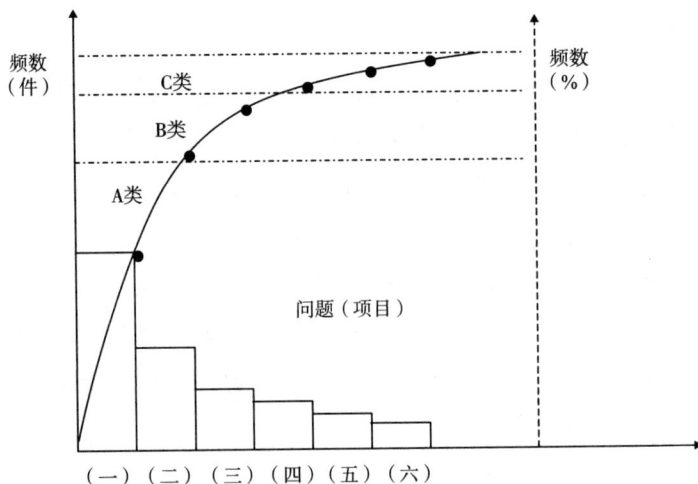

图 14-6 排列图

（2）直方图

在全部质量数据资源中随机抽取样本，并对收集的数据样本进行分类，确定数据的模式，预测过程质量，确定数据的核心、分布及形状样式，并评估过程是否符合客户要求。质量数据的分布有以下几种。

①标准型。

左右对称分布，数据接近于平均值，一般来说，频数在接近平均值时最多，并从平均值的两个方向缓慢下降，如图 14-7 所示。

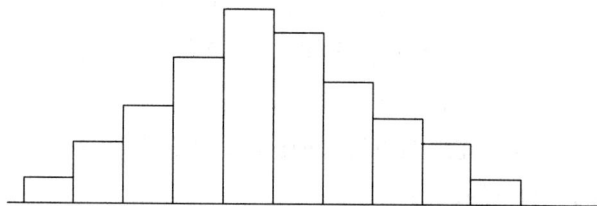

图 14-7　标准型直方图

②偏峰型。

有单侧公差时或因加工习惯都可能形成这样的分布。如进行加工孔工作时通常偏小，而进行加工轴工作时通常偏大，如图 14-8 所示。

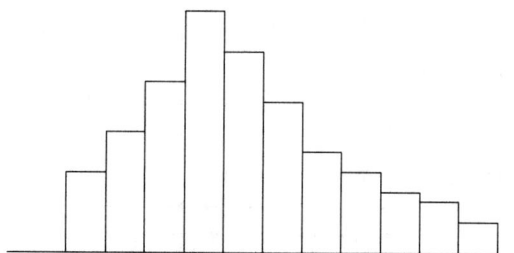

图 14-8　偏峰型直方图

③双峰型。

数据信息来源于完全不一样的总体，例如不同的作业班次 / 机械设备 / 工作人员等，如图 14-9 所示。

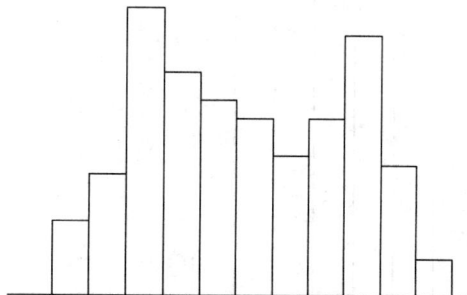

图 14-9　双峰型直方图

④锯齿型。

分组不当或数据错误，如图 14-10 所示。

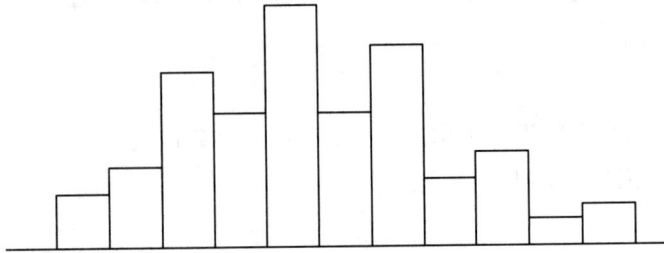

图 14-10　锯齿型直方图

⑤平顶型。

存在某些逐渐改变的因素在影响质量管理进程，如刀具的磨损，或数据来源于完全不同的总体数据，如图 14-11 所示。

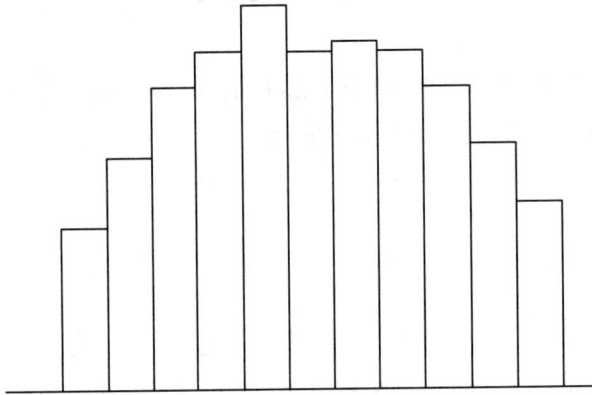

图 14-11　平顶型直方图

⑥孤岛型。

作业顺序发生异常现象、测量出现错误或者混入来自其他组的数据信息，如图 14-12 所示。

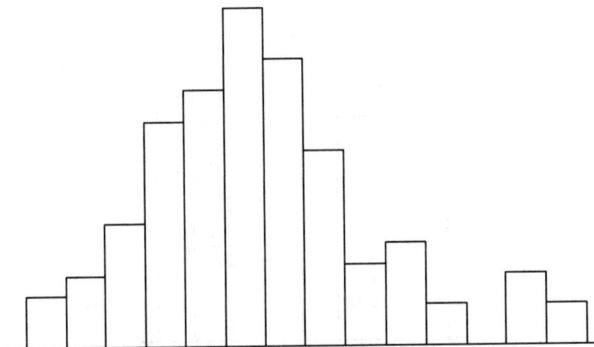

图 14-12　孤岛型直方图

14.3　质量管理系统的主要功能

质量管理系统（QMS）是按照 ISO/TS 管理体系规定设计、研究及开发的质量管理体系。其主要价值是为企业的质量管理提供一个连续改善的机制。

14.3.1　进货检验管理系统

作为质量管理系统的一部分，进货检验管理子系统的核心功能是将检查与物流信息联系起来，通过与 ERP 的整合来统一管理检查任务，维护物流和零件的检查标准，将抽样计划检验扩展到更严格的、常规的抽样计划和人工干预计划。检验任务由传入的材料信息自动触发，并动态地提取信息，如物流、部件检验日期、检验方法和数量等信息。开展进货检验报告的信息输入，并自动评估判断。这有助于处理未被识别的进货检验，而被识别和未被识别的进货检验的状态被传送到 ERP 系统，以实施实际的闭环入库流程。进货检验管理系统能扩大对每个供应商的动态统计和进货物流检查数量，开展对未认可的供应商信息的查询，并对供应商收货单进行跟踪。

14.3.2　供应商质量管理系统

供应商质量管理子系统的核心功能是通过供应商档案、联系人、三证、产品等信息来确保对供应商准入程序的把控。供应商访问质量过程控制，根据重要性扩展访问控制权限、更新访问状态信息来适应变化。在访问阶段，制定质量评估标准，确定自动检查点的数量，留存样本，确定供应商业绩评价模型。这些模型可在供应商评价中根据材料类型对其进行评价，系统支持对供应商进行评级打分，并根据分数自动进行等级评定和排名。与此同时，根据供应商等级评定结果开展供应商监督计划、审查报告、监督审查计划变更、计划完成率等工作。此外，供应商质量管理系统还支持进行供应商开发进展程度、等级评定等供应商整体信息资料的查询。

14.3.3　制造质量管理系统

制造质量管理子系统的核心功能包括：设备机器颜色涂装控制、产出控制、库存控制、交付控制和全厂评估、支持规范错误的管理、缺陷严重程度和限制点的管理，能实现基于整个车间初级检查数据的自动统计。为了提升检查员质量检测的效率，检测数据信息是通过一个无线 PDA 方式收集的。引入在线收集工序检测信息的数据，基于系统集成、条形码和离线 PDA 等技术来完成所有现场车间检测数据的有效收集。建立缺陷零部件的后续检查，记录维修信息，如故障原因和性能，并建立维修记录数据库。同时，引入 SAP 系统集成，实现对产品回收进程控制，以便不合格产品可以在存储或运输之前被回收进行再次加工，并于生产合格后完成入库。通过生产过程审查，以管理制造过程中不符合规格的产品生产。生产制造过程的整体状况应实时进行监测和管理，包括哪些任务正在执行，检查中是否发现任何错误，制造过程是否有任何问题，以及加工操作是否完成，并对每个工序站点发现的错误数量和严重程度进行统计分析和记录。

14.3.4　售后质量管理系统

售后质量管理子系统的核心作用是支持将退货单导入或录入系统，生成退货单的报告请求，管理售后退货单的后续工作和退货流程。该系统进行售后责任确定，并支持对尚未确定责任的关键索赔进行过滤筛查。一旦完成了关键责任申报，就会自动生成适当的索赔通知信息。展开索赔情况鉴定，创建二次索赔清单。统计质量信息的相关分析，包括信息损失分析、整机型号分析、零部件分布分析、初始错误率分析，以提高数据输入的效率，增强整机质量的可靠程度。此外，分析客户、产品和问题的分布情况，对备件故障率进行动态统计处理和分析。

14.3.5　质量改进管理系统

质量改进管理子系统的核心作用是支持对产品质量、生产过程和售后服务过程等业务流程进行质量监控，以及以质量监控规则为基础的在线预警机制。纠正和预防措施或警报也可以直接启动，并通过纠正和预防措施来支持工作流程检测，管理流程检验进程和信息通知。同时还支持在 8D、DMAIC、QCC 等业务改进模式的基础上开发相关的业务模式和流程。质量改进管理子系统可以通过不断检索文件状态和查验审批过程进度的相关信息，建立基于质量异常管理过程的质量改进检验数据库，整合和检索典型异常问题的根源，为质量改进过程监控的管理作出贡献。此外，提供信息或管理进程纠正所需时间的统计数据，可以按责任分工进行统计，并据此分析偏差的来源、发生的过程、产品的分布、责任单位的分布、问题的分布等。

质量管理本身是相当多样化的，但汽车、电子、食品等行业有其特定的要求，管理也有其特点。即使在一个行业内，例如汽车行业内，汽车制造商和汽车零部件制造商在供应商管理、制造过程的质量管理、售后服务管理等方面也有很大差异。因此，从客观角度来看，没有一个单一的质量管理体系能够满足所有部门的质量管理控制的实际需要。因此，必须制订一个针对具体部门的质量管理体系，以确保每个企业的质量管理需求得到充分确定和实施。质量管理体系分为汽车行业、电子行业及通用版的质量管理体系。了解不同行业的管理需求，就能为不同行业制定并提供质量管理体系和解决方案，包括基本的平台功能、配置功能、开发支持。

14.4 质量管理系统与其他系统的关系

企业所使用的多种不同名称的管理系统，总的来说可分为两类：第一类被称作"职能系统"，第二类被称作"业务系统"。第一类的目标是提高公司的运营效率，第二类的目标是提高公司的业务工作效率。"职能系统"是指各类企业必须在所有领域开展的活动，如财务、人力资源、行政及商业管理等。所谓"业务工作"，是指特定于某一领域的企业任务，不同行业的两家企业可能具有完全不同的业务工作内容，但它们的职能系统大致是统一的。比如，制造业的主要业务工作是研发（包含产品和工艺设计）及生产，无论是笔制造商还是飞机制造商。虽然同一行业的企业工作类型相同，但工作的细分程度可能因其规模而异。例如，做圆珠笔的企业可能一个技术部包干产品设计和工艺设计两项工作，或者一个生产部包干工艺、生产和质量三项工作，但对于做飞机的企业来说，显然产品设计和工艺设计是两个部门，生产与质量也一定是两个部门。

每个标准都有一套自身的管理方法论和管理思想，各标准体系之间有一定差异，比如质量管理体系是以产品 / 服务质量控制为导向，围绕质量风险建立一套有关质量控制的系统性政策、程序及标准。企业内部控制基本规范是围绕企业经营管理目标所制定并有效执行的一套政策及程序。二者范围、侧重点有所区别。但各类指导标准之间还是有共同点的，均体现"目标—风险—控制"管理逻辑，以规范和提升企业运营管理质量，以提升企业价值与绩效为目的，均强调业务与管理过程为规范的对象，对象基本是一致的。以采购活动为例，企业内部管控配套指引中涉及采购活动流程，围绕请购、供应商挑选、合同签订、采购供应跟踪、采购验收、结算与付款、供应商管理等环节设计流程规范。质量管理标准体系中也涉及采购活动流程，也围绕请购、供应商选择、采购协议签订、采购验收、供应商管理等环节设计控制程序，两者都以采购活动各环节为对象。只不过内部控制体系关注的采购目标及风险范围比质量管理体系中采购目标及风险范围要大，质量管理体系主要关注采购质量风险。所以，企业构建流程制度体系文件时，既要以各类标准作为指导，体现各类指导标准的基本理念和原则，又要确保流程制度文件体现各类指导标准对过程的管理要求。

14.5 思考与练习题

①简述质量管理的概念、作用、内容及流程。

②你能想到几个质量管理的主要业务呢？

③什么是排列图？排列图的格式是什么？试着动手画一画。

④联系实际谈谈质量管理系统的主要功能。

⑤质量管理系统和其他系统之间有哪些关联？

14.6 案例分析

云铝股份深入推进质量管理

随着市场变化，客户要求由对产品实物质量的要求逐渐上升为对服务、技术、低碳、品牌等的综合要求。云铝股份以 ISO 9001、IATF 16949 质量管理体系为基础，建立实施"35N"一体化对标质量管理模式，打造"3"个一流的质量文化要素，实施"原料—过程—产品—服务—品牌"全流程质量对标闭环管理模式，采用"六步法"开展质量对标管理。

云铝股份坚持"科技引领、质量取胜"发展理念，立足企业实际，从文化制度、理念、行为方法三个方面，系统推进质量管理理念落地。

一是扩展"质量"内涵，由狭义的"产品质量"扩展到广义的"工作质量"和"经营质量"，推行卓越绩效管理模式，梳理完善流程、制度、作业文件并动态改进完善，营造浓厚的质量文化氛围。

二是实施从原料到品牌端"5"个关键环节全流程质量对标闭环管理模式。云铝股份从源头开始，倡导全流程质量管理，推动技术标准化、作业制度化：通过先期管控，从供应商的选择、评估，原辅料验收使用，生产过程控制，生产合格优质的产品，到成品检验、市场销售等环节，精准服务客户，持续提高客户满意度，形成全流程质量对标闭环管理模式。

三是分解细化"N"个指标，采用"六步法"开展质量对标管理。云铝股份将"低成本、高质量、机制优、效益好"的工作思路和理念渗透到质量管理的各个环节，通过"定标杆、找差距、查原因、定目标、定措施、抓落实"六步法开展质量对标管理，找准短板差距，细化落实措施，全面提升产品质量；坚持高标准选定标杆，对标一流企业，明确一级、二级对标指标，分解细化"N"个指标，做到分层级对标，持续提升质量、品牌竞争力。

云铝股份通过培训、执行、自我评价及不断改进并按照 PDCA 循环推进，提高全员对全面质量管理的认知和实践，将"追求产品、服务、工作质量"逐渐延伸到"追求卓越的经营质量"。

2018 年以来，云铝股份坚持开展"对标先进、降本增效"技术质量对标工作，以"降低成本、打好质量攻坚战"为目标，按指标分级管控、压实各级责任的原则，将"对标先进、降本增效"技术质量对标工作成效列入各企业绩效考核体系，按月跟踪、通报，激励全员提升质量对标的积极性和工作质量。

自 2023 年起，中铝股份实施"互动式网格化"质量管理模式，各实体企业牵头开展七大质量管理专项工作，其中云铝股份牵头开展"一体化质量对标"专项工作，"35N"质量对标模式正是"一体化质量对标"的成果总结和提炼。

通过技术质量对标，云铝股份 2020 年以来累计降本达上亿元。"35N"质量对标模式正是云铝股份长期以来开展技术质量对标的具体抓手和体现，云铝股份"绿色铝•在云铝"的品牌影响力不断提升。由于卓越的质量管理成效，云铝股份先后获全国"2023 年度实施卓越绩效先进组织"奖、第五届云南省人民政府质量奖以及云南省绿色铝产业领军企业等荣誉，位列"2023 中国制造业上市公司价值 500 强"榜单第 51 位。

云铝股份将严格落实"坚持正派经营不容妥协、安全不容妥协、品质不容妥协"工作要求，持续推行"35N"质量对标模式，进一步推进"一体化质量对标"工作，对照确定的标杆指标，分析原因，制定措施，从源头着手，全面实施全流程质量控制，遵循质量管理流程与规定，形成"层层有人抓质量、道道工序有人管"的局面，将质量管理理念贯穿于生产每一个环节，不断追标创标，为"新中铝"建设贡献云铝力量。

思考：

该案例中涉及了哪些质量管理的内容？请联系实际谈一谈自己的想法，并举例说明。

第15章
分销资源计划

扫码获取本章课件

15.1 分销资源计划概述

15.1.1 分销资源计划的概念

分销资源计划（Distribution Requirement Planning，DRP）是一种管理企业分销网络，旨在让企业拥有迅速响应订单及供货并不断补充需求的功能，它主要协助企业在销售流程管理、价格体系管理、收付管理、库存合理分配等方面实现企业与其分支机构及下游节点企业之间的一系列信息、资金、物流等的信息管理系统。

随着互联网的发展，企业及其上下游企业已逐渐联结成了企业供应链，而各供应链如今又发展成为商业生态系统，各节点企业已经实现了有效联结，DRP在其中的作用在于打开了格局，实现跨企业经营。上下游节点企业可实现订单的准时提交、产品订购与库存情况的查询，以及市场、销售信息的获取和客户的支持等，企业可以实现上下游企业点到点的系统管理，同时因为其集中管理，也可压缩供应链长度。它具有如下功能：

①在互联网的延伸性与便利性的推动下，这种新型模式使商务过程不再受到时间、地点和人的约束，有效提升了企业工作效率与业务范围。

②总公司可以对分公司的财务、费用情况等资料进行全面监测、合理管控，切实减少财务风险、管理费用等。

③企业还可在原来的基础上，快速搭建B2B电商平台，通过拓展现有的业务和销售能力、零风险的存货，来降低配送成本，提升企业的资金及资源的周转效率，提高企业的竞争优势。

目前DRP已经成为IT市场的新宠，业内人士对它毁誉参半，但不管怎么说，DRP成为热门概念，DRP市场已经初露端倪。与之前的系统相比，DRP的发展历程大同小异，经历了由理论到实践的发展历程，这一概念的提出为国家信息化建设起到了促进作用。

15.1.2 分销资源计划管理要解决的问题

分销资源计划针对的问题是：整个分销网络中由于没有精确、有效的信息支持，使计划不够精确，从而出现了生产上的混乱局面，致使企业错过商机和产生产品积压。总的来说，存在以下6个问题。

①取怎样的销售方式：直销、代销、代理、特许专卖？销售架构怎样？

②怎样制定价格政策，以满足地域差异、销售成绩差异及其他条件？

③如何分配销售网络资源：人员、库存与管理网络如何营运？

④怎样及时搜集市场信息——市场销售的形势、对手的状况和市场销售的环境？

⑤如何制订销售计划？

⑥怎样计算并审查销售网络和控制销售回款？

数据分析与销售计划在分销资源计划中处于中心地位，它们的主要功能如下：

①协助公司发展销售策略。

②编制需求大纲为生产和购买提供依据。

③资源的合理分配——完善分销网络管理。

15.1.3　分销资源计划管理的内容

分销资源计划（DRP）主要关注供应链的后半段，前半部分只涉及采购、库存，后半部分则包含采购、库存、营销、促销管理、财务及企业决策分析等的综合管理，是一种集中式高级智慧型企业分销业务方案。对分销管理系统而言，综合的体系可帮助企业达到多种管理效果。

15.1.3.1　分销资源计划管理的价值

（1）流程优化与管理规范化

分销系统可以实现上述供销环节业务流程的优化与管理标准化。分销系统的管理工具主要是专家小组法，经过专家小组的讨论，决定业务流程的重组情况，在此基础上进行后续工作。采用先进分销运作管理模式，适应企业经营特点，改善总体经营效率，还能对总公司、分公司等分销组织进行规范经营，进而有利于企业提高经营效率。

（2）提高对各地分公司的监管能力

因为客户及业务数据均受系统管理，各地分公司所产生的业务信息也属于总公司拥有的信息，大大提高了总公司对各地分公司的监督能力，避免出现"工作掌握在少数人手中"、分支机构管理混乱、客户流失严重的现象。管理人员还可以随时掌握下级工作状况，以便进行监督管理。

（3）降低经营成本

分销管理系统高级智慧型自动补货管理功能和存货动态管理功能可以有效减少由于存货不够造成的终端断货现象，还可同时降低库存积压现象，减少总库存成本。其一系列智慧型信用管理可以帮助分公司和下游企业减少终端客户一方的应付账款，即让终端客户能够及时付款，这也意味着可以减少部分坏账的出现。分销系统通过提高资金周转率、减少应付账款等手段，确保分销商在相同的资金使用情况下获得较高销售效益。

（4）优化资源分配

对生产企业分销网络的有效治理，能够最优地使用分销网络中的各种资源，降低企业在分销网络中财力、人力、物力的占比，使企业中各类资源能够运行到最佳状态。企业在不同地区分公司间的货物调拨功能，可以有效优化企业的资源分配。

（5）信息交流更及时

企业和市场之间的沟通要经过分销组织，如果企业对市场变化无法及时作出响应，常常会失去很多市场竞争机会。因此可以增加智能分销管理系统，该系统将分销组织的销售情况集中到一个系统中进行处理，这样就能够保证市场清晰、准确地接收到需要的各类资源，包括产品、企业营销策略等，使整个销售渠道信息交流及时、畅通，为企业创造丰厚的回报。

（6）提高分销网络的忠诚度

分销管理系统有助于完成企业业务内容的转变，即从单纯销售到下游分销，再到提供产品服务。加强了上下游企业之间的关联，从本质上改善了企业在供应链中同下游代理销售的交流、产品销售以及服务模式，因而提高了分销网络的忠诚度。

（7）高水平的客户服务

分销系统通过改善对下级客户的服务，使客户满意度与忠诚度得到显著提升，同时没有较大的成本增长。

15.1.3.2　实现 DRP 的关键因素

（1）高层领导的支持

这里的高层领导大多数情况下指的是销售副总、营销副总或总经理，他们是项目的支持者，其作用有以下 3 点。

①为 DRP 设定明确的目标。

②为 DRP 项目目标的实现合理分配时间、资金和其他资源。

③保证企业上下共同认识到此类项目对于企业的重要性。

当项目进程中存在重大分歧与阻力，方向性决策能力对项目取得成功至关重要，若高层领导缺乏远见卓识、全局意识，缺乏足够的决心与胆识，这个体系就有可能被停止使用。

（2）专注于流程

一个项目小组想要顺利完成任务，应将重点集中在流程方面，而不应过多地集中在技术方面，因为技术仅仅是一种促进因素而非解决方案。所以，一个优秀的项目小组在做完工作之后，首先要做的是花时间对已有的销售以及服务策略进行调研，寻找改善的办法。

（3）技术的灵活应用

DRP 项目顺利完成的条件之一在于，其技术选择始终和需要改进的具体问题密切相关。选择标准应是针对业务流程出现的问题来对适合自己的工艺进行选取，而不能调换二者位置。

（4）良好的团队

在执行 DRP 项目时，需要组建相应的执行小组，执行小组应该注意培养员工以下 4 类能力。

①业务流程重组能力。

②为移动用户提供服务的公司应该以客户为中心，同时提高集成化能力。

③向信息管理部门提出执行中的要求，比如应从客户角度出发，考虑网络辐射范围，同时为客户提供简单易上手的桌面数据处理工具，并融入数据同步化策略。

④实施小组有转变管理方式和桌面帮助的能力。这两方面能力都对使用者适应并接纳新业务流程具有重要意义。

（5）重视人的因素

一个企业并非没有意识到人的因素的重要性，只是不清楚该怎么去做。企业可以尝试以下 3 种简便易行的办法：

①识别出 DRP 的未来用户，之后可以邀请未来用户进入真实分销管理系统中去看看该系统究竟能为未来用户提供哪些服务。

② DRP 项目实施过程中，每个环节（从项目前期到项目后期）都要力争让未来用户参与其中。

③执行过程中想尽一切办法站在用户立场上为用户制造便利。

（6）分步实现

分析流程，我们发现业务流程重组中某些可入手的方面，然而由于执行优先级的设定，每一次只能解决几个主要问题，不能一次性完成。

（7）系统整合

系统各组成部分的整合对于 DRP 能否顺利进行至关重要。DRP 效率与有效性获取的顺序为：

①终端用户效率的提高。

②终端用户有效性的提高。

③团队有效性的提高。

④企业有效性的提高。

⑤企业间有效性的提高。

15.1.4　分销资源计划管理流程

分销资源计划（DRP）处理逻辑集中在需要销售什么、在什么地方出售、已拥有什么、已订购的产品有哪些、还有什么欠缺、何时订购等问题上。DRP 总结了不同地区的销售需求量，并为厂商准备好了可执行的销售计划或者主要生产计划。其处理过程如图 15-1 所示。

生产、库存以及销售所在的地区不仅数量多，分布也相对分散，但又需要各位置之间具有相互依赖的供需关系，所以分销资源计划（DRP）可在每一个点上操作，并按从需求点到供应点的顺序操作，这些 DRP 组成一个涉及所有生产、库存以及销售的网络，三类节点两两之间可由一个中心网络连接。基于这个广泛的网络模型，我们可以制订供需计划并依据运输计划对收发货计划进行管理。

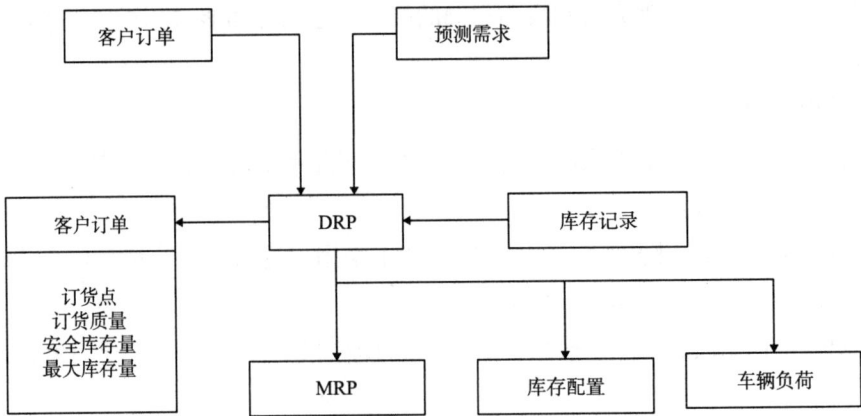

图 15-1　DRP 处理过程

15.2　分销资源计划管理的主要业务

15.2.1　分销架构管理

管理分销网络是供应链管理的下游环节管理，其依据的则是分销架构管理，其中包含企业内外部信息。企业内部主要指资源，外部主要指市场。外部信息主要指市场信息，而市场一大主体无疑是客户，因此外部信息主要来源就是客户，这类资源是企业销售的重要资源。随着时代的发展，客户与企业的交互体现在客户关系中，那么对于客户的管理又新生一个全新的管理信息子系统，即客户关系管理（CRM）。其中，企业普遍采用的模式为"销售分公司＋代理"，如图 15-2 所示。

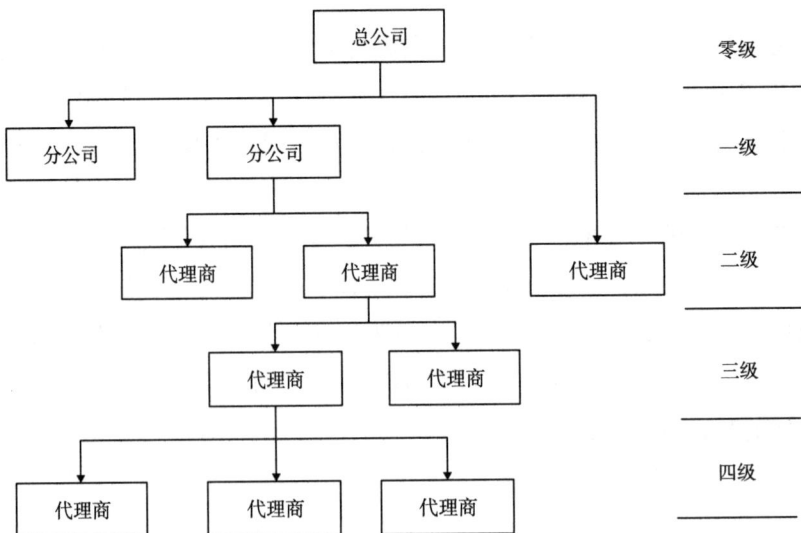

图 15-2　分销架构的"销售分公司＋代理"模式

在上述分销架构常见模式中，由于供应链长度各不相同，有些分支有多级代理商，而有些分支则直接没有分公司这一级，取而代之的是跳跃一级，总公司直接对接其下属销售代理商。分公司通常可建立地区分公司或者地区代理店，在代理店之下也可建立子代理店。系统的结构为树形结构，但是具有灵活性，可增加或者减少。按代理商的销售业绩予以升级或降级，或者进行整合。但是不能让某一个代理同属两家代理或者分公司。

15.2.2　数据收集

目前的销售网络，在数据采集这一环节，主要存在以下 3 类问题：

①信息量大，数据精度差。

②资料琐碎，存在大量重复现象。

③总部在办理过程中合并工作量大、分析查询困难等。

分销资源计划系统运作时，其作用之一就是采集分销网络中产生的各类数据。搜集的资料包括采购资料、销售资料、批发资料、库存资料，亦简称 S、P、W、I 资料。另外，搜集的资料还包括市场资料（如对手的销量、品种销量和本地生活习惯）和其他资料（如温度、干湿度和其他天气信息）。这些资料对于决策和制订生产计划都有重大影响，特别是对于销售环境是预测型企业来说更显著，从图 15-2 可以看出分销架构是具有层次性的，每层资料有时存在不一致现象，所以在资料搜集过程中总公司需要进行系统逻辑性检验（上下汇总检验和各层汇总检验），检验是否存在差错，同时也可以作为评价下级组织、分公司、代理商、实体店铺的重要依据。

目前产品普遍使用条形码管理，与产品相关的信息都可通过条形码查看。所以，在产品出厂后，相关人员会把发货的条形码和批发机构记录下来，以便每件产品批发到什么区域都能查询清楚，然后在产品售出之后，终端客户会将产品保修卡和其他产品信息投送到总公司（或者直接通过网络线上登记），总公司会检查产品是否属于跨区销售（又称窜货，是指批发区域和最后采购区域不属于同一区域，有变动）。产品信息处理过程如图 15-3 所示。

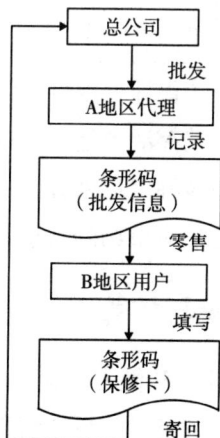

图 15-3　产品信息处理过程

负责销售的员工或专业信息员可以进行数据收集，或由公司不同层次的组织（子公司、职能部门和不同层次代理商）负责，通过邮寄、传真、电子邮件或者直接登录公司网站进行信息传递。

15.2.3 数据分析与销售计划

搜集数据的目的在于高效使用数据，而数据分析则是分析分销网络中的相关信息。数据搜集可由公司专业销售员和信息员进行，还可在公司不同层次分支结构（子公司、办事处和不同层次代理商）中进行，可以通过邮寄、传真、电子邮件或者直接登录公司网站进行信息传递。

数据分析的主要作用如下：

①制定销售政策。

②制订销售计划，作为制订生产计划的依据。

③合理分配分销资源。

④改善分销网络管理。

常用的数据分析方法如表 15-1 所示。

表15-1 常见的数据分析方法

数据分析方法	内容
销量分析	包括横向分析和纵向分析，有两种方法：整合和单独产品统计
库存分析	包括横向和纵向两种分析方式，涉及库存分布及年库存历史记录数据等
比例分析	包括产品进货、销售和库存三部分，分别在不同层次的销售机构中
消化率	包括各级销售机构对每一个产品所进行的时段（每周、每月、每季等）的划分
回款分析	对比每个代理商、分销商销售回款所需要的时间

企业的分销资源管理为企业制订销售计划提供了依据，基于分销计划网络所包含的每一个分销机构在每一个时间段内的进销存活动趋势来制订今后的销售计划，而在实施销售计划时，则可借助分销网络所提供的多种信息来分配每个分销机构的存货，而适时重新编制和调整下一步销售计划，从而及时响应市场的需求。

15.2.4 分销网络财务政策与核算

利用分销管理系统制定的财务政策和做出的核算基本与企业制定的销售政策相对应，可以实现对财务便捷、精准的把控。财务与市场销售部门联合制定年度销售政策和财务预算，一般年初就制订次年的计划。具体事例如表 15-2 所示。

表15-2　XX年彩电销售事业计划（举例）

项目代码	项目名称	计划金额（元）	说明
C01	促销费	100000	无
C02	销售奖励金	70000	全部用于华东地区
C03	广告费	200000	无
C04	安装速度奖励金	10000	无
C05	库存补贴费	15000	无

月度各项销售费用的核算中，并不是所有费用都与进销存相关，且各地政策各异，因此，当采用手工核算工作负荷偏大时，公司有时甚至需要为此调整销售计划。利用互联网在数据传输和流通方面的优势，借助计算机的超级处理能力，使财务成本的核算更加准确，并且能够监控。销售奖励金如表 15-3 所示。

表15-3　销售奖励金（举例）

计算代码	事业计划代码	事业计划名称	奖励条件	奖励金额
J001	C02	销售奖励金	100 台 < 销量 <500 台	5 元 / 台
J002	C02	销售奖励金	500 台 < 销量 <1500 台	6 元 / 台
J003	C02	销售奖励金	销量 >1500 台	8 元 / 台

相较于销售管理系统在财务方面的有限功能，分销资源计划系统所涵盖的内容更多，需要对整体的产品活动做好记录，并进行财务方面的核算，还需要为代理商提供评价资料。

综上所述，分销资源计划赋予了企业信息集成能力，为企业供应链高效运行提供了保障。

15.3　分销资源计划系统的主要功能

目前，多地经营的企业大都会选择部署 DRP 对不同地区的业务数据进行管理，以实时掌握不同地区不同层次库存情况，如此不仅能提高销售管理成效，还能够减少信息传递频次、减轻工作强度。

DRP 系统能够帮助公司更加便捷地管理不同的销售渠道及业务数据，具体功能如下：

①高效处理营销业务、减轻员工工作压力、提高数据共享程度。

②库存信息传递及时，降低库存成本。

③既避免产品积压，又避免断货。

④提高销售业务信息流通速度，准确把握客户需求，按照销售计划达到用户要求。

⑤销售成本及财务状况得到控制，销售费用减少。

其中，DRP 系统功能模块组成如图 15-4 所示。

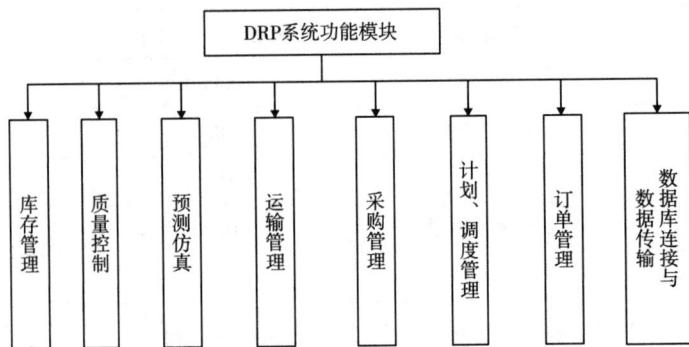

图 15-4　DRP 系统功能模块组成

①库存管理。在保证正常运营的前提下，尽可能降低库存水平，主要包括库存量信息联通、货位调控自动化、周期盘点、不同类型产品的库存（残次品、余料等）、出入库数据、退货管理等。

②质量控制。包括质量达标情况、产品质量数据记录、暂停残次品发货、质量统计报告及分析。

③预测仿真。基于记录数据，利用统计学方法进行预测分析，确定合适的存量和产能。

④运输管理。搭建物流数据库，利用算法选择合适的承运商，实现产品运输单及发货信息自动生成，并对所需费用进行归类，形成到货及时率报表，进行发运与接收产品跟踪，报关记录与分析等。

⑤采购管理。形成供应商数据库，根据需求发布订单并进行追踪，监督物料等。

⑥计划、调度管理。根据接收的订单和需求预测，按照年月时间周期形成生产及资源计划，并形成每周的生产计划。

⑦订单管理。记录、跟踪、查询并分析各类客户的不同型号订单，其中不同型号订单有"正常订单""赔货订单"；尤其关注客户退货订单记录，跟踪和查询情况。

⑧数据库连接与数据传输。采用 ODBC-JDBC 和 SHELL 语言实现对不同数据库系统的连接：一般为 DRP 和财务系统，仓库和配送中心。

15.4　分销资源计划系统与其他系统的关系

（1）DRP 与 CRM 的关系

尽管 DRP 与 CRM 供应商均宣称自己在销售管理方面有作用，但是意义并不一致。二者的不同是：DRP 的订单处理、销售管理功能针对的是非销售人员及财务人员，而

CRM 软件的销售管理功能面向的对象是销售人员。运用 CRM 进行销售管理，降低了销售人员的工作难度，实现了信息流通，更好地满足了用户需求，其提供的销售管理功能主要包括销售队伍、销售佣金管理、客户信息、联系人信息、竞争对手信息管理、与客户接触流程记录、个人及团队日历编排等。

（2）DRP 与 ERP 的关系

DRP 延伸了 ERP 系统中销售订单、库存、产品管理等功能，两者间的关系密不可分。ERP 以企业内部信息化为重点，DRP 以分销渠道为中心向外延伸管理。大多数 ERP 产品中配置的 DRP 功能更多地关注产品进销存预测及业务处理方面，职能相对较弱，并不适用于连锁店、办事处、分销商等经营模式下的分销管理。

（3）DRP 与 PRM 的关系

DRP 与 PRM 联系紧密。PRM 功能的独特性表现在合作伙伴行为管理方面，涉及资格评估、额度估算和激励政策，但并不具备招募合作伙伴、激励基金管理的功能。当前已有部分管理软件在 DRP 上集成 PRM。

DRP 与 ERP 其他系统的关系如图 15-5 所示。

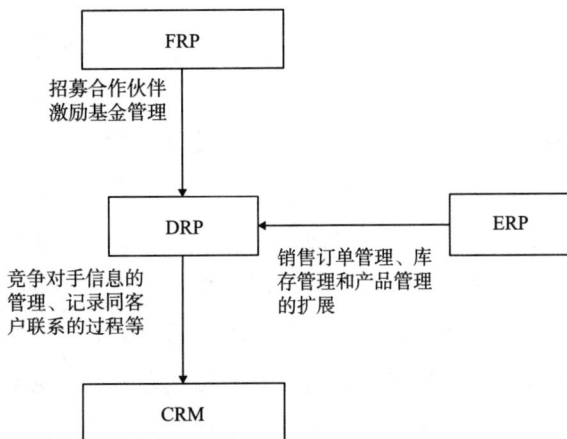

图 15-5 DRP 与 ERP 其他系统的关系

15.5 思考与练习题

①简述分销资源计划的概念。

②简述分销资源计划的价值。

③简述实现分销资源计划的关键因素。

④简述分销资源计划管理流程。

⑤分销资源计划的功能模块有哪几种？分别有什么功能？

⑥简述数据分析与分销资源计划的关系、具体有什么作用。

15.6　案例分析

白猫集团DRP系统的实施

（1）改革管理模式

上海白猫（集团）有限公司（以下简称"白猫"）是一家洗涤剂生产企业，其生产基地目前主要分布在上海、重庆、四川万县和辽宁抚顺等地。该公司在创建初期是一家私营小企业，主要生产肥皂、油脂和甘油。后来白猫的销售市场扩展到全国范围，并且正在走向全球。在销售渠道不断拓展的今天，企业销售决策所受到的内外部影响因素日益增多，仅仅依靠领导者的个人能力还不能及时掌握企业生产运营状况及市场的变化，而参考资料和信息更新不及时会导致领导者的决策缺乏依据，而事后对各项政策效果又无从评价，无法为后续工作指明方向。因此，公司领导希望形成集中式管理模式，一方面要强化各地分公司工作过程管控，使管理规范化；另一方面要强化各地分公司数据分析，使决策科学化。怎样将这一精细化管理思想付诸实践呢？白猫集团形成了部署 DRP 系统的具体规划。

（2）实施 DRP

为保障项目的顺利实施，公司老板在一开始就形成了以自己为核心的项目执行团队，团队成员包括各个职能部门的主管、研发人员、子公司负责人以及执行顾问，并在会议上重点强调该项目的重要性，从而保障项目的顺利实施。在系统实施过程中，白猫整体战略为：整体规划、分步实施、效益驱动、重点突破。总体规划、分步实施需要考察系统的实施环境，包括员工技能水平、执行效率、资料运用情况，既对近、中、远期目标进行总体安排，也有目的、细致地制订具体实施计划，并分门别类，突出重点，循序渐进，同时不折不扣地对该计划进行追踪与评估。计划本身并没有追求大而全，其制订更多的还是依据公司拥有的资源以及现代化信息技术。根据实际需要，选择符合市场发展方向的突破口，最终带动整个系统的运行，即所谓的效益驱动、重点突破。DRP 系统的成功部署取决于驱动应用点的选择。所以，在选择的时候，要在部分和整体、独立和关联的问题上进行分析和取舍。

DRP 在白猫集团中起的作用如下：

①促销与资信的统一管理。

②降低传输成本，避免了无效运输。

③提高订单处理效率。

④仓储成本得到了良好控制。

⑤缩短了客户响应时间。

⑥决策支持的加强。

　　在白猫集团，DRP 系统对提升生产、销售一体化分销管理水平的确有明显成效。DRP 系统有效降低了白猫集中管理的难度；构建的客户信用监管机制效果显著，资金挤占、坏账风险降低；组织构成方式与运作流程趋于合理，信息传递与数据处理的速度得到提高；整体分销体系运作效率有所提高；有效管控公司各项运营成本。DRP 项目的成功部署有助于提高企业整体运营效率，促进企业水平的长期提升。尤其是近几年，白猫的生产规模、技术装备、科研开发、市场开发、资本运作、品牌形象等各方面都得到快速发展。

思考：

①白猫集团实施 DRP 的原因是什么？

②DRP 在白猫集团中起到哪些作用？

③白猫集团有什么值得借鉴的分销管理经验？

④白猫集团的总体策略是什么？实施依据是什么？

第16章
供应链管理

扫码获取本章课件

16.1 供应链管理概述

关于供应链管理（Supply Chain Management，SCM），在 20 世纪 80 年代初出现了多种不同的定义与命名，例如有效客户响应（Efficient Customer Response，ECR）、虚拟物流（Virtual Logistics）或者连续补充（Continuous Replenishment，CR）等。这些称谓虽然因为当时管理背景、管理层次及视角等原因有所不同，但都是通过规划与控制来实现企业内外的协作，其实质是在某种程度上人为干预和管理供应链中各类活动，从而使以往那种自发形成的供应链系统变成有意识、有针对性的供应链系统。

16.1.1 供应链管理的概念

供应链管理是指让供应链以核心企业的意志将有关合作方的业务流程有机地结合在一起，来实现供应链总体运作绩效最优。供应链管理体现的是整合管理的思想。

16.1.2 供应链管理的形成

16.1.2.1 市场的发展

随着经济的不断发展，企业获得竞争优势的关键已经发生改变。明确主要竞争因素的影响力对企业管理者掌握资源和获得最大竞争优势至关重要。相对于 20 世纪而言，21 世纪的市场竞争有如下新的特征。

（1）产品生命周期越来越短

随着客户的需求越来越多样，产品更新换代越来越快。至 20 世纪末，国外新产品的研发周期明显缩短，与之相对应的产品的生命周期也变短。当今市场竞争越来越激烈，企业为了维持竞争优势就需要适时推出恰当的产品。比如，今天的部分计算机和数码产品几乎一经推出便被淘汰，甚至消费者也不堪重负。尽管企业里盛行"卖一代、产一代、研一代、想一代"，但这终究要企业投入很多资源，普通中小企业面对此类情况似乎捉襟见肘。不少企业曾经也经历过红红火火的阶段，却因后续的产品研发没有跟上，导致产品过时，企业破产。

（2）产品品种数量快速膨胀

由于消费者需求日益多样化，各厂商也在不断引进新品种以更好地满足需求。虽然产品品种数量已经很丰富，但是消费者选购产品时还是觉得很难买到满意的产品。为了留住客户，很多厂商只好尽力继续增加花色品种，然而按常规想法，若每个品种都制造出一部分供客户挑选，制造商与销售商就要背负很重的包袱。库存所占资金量太大，会极大地减缓资金周转的速度，降低企业的竞争力。

（3）交货期需求不断增加

当前社会经济和生活节奏越来越快，每一家公司都觉得用户在时间上的需求不断提高。这种转变的直接表现是竞争的主要因素发生了改变。20 世纪 60 年代，企业之间的竞争主要由成本决定；至 70 年代，主要由质量决定；步入 80 年代，主要由时间决定。这里所讨论的时间，主要包括交货期及响应周期。客户不但要求厂商准时发货，所需的交货期也在缩短。企业应该具有较高的产品研发水平，不只研发品种，还要考虑产品投放市场的时间，也就是尽量提高响应客户要求的速度。对厂家而言，市场机会经常转瞬即逝，只给企业留下了极其短暂的思考与决策时间。如果企业在响应客户需求时稍有迟缓，便会被对手迅速击败。

因此，技术进步与客户需求个性化使产品生命周期越来越短，给企业带来不得不持续缩短响应周期这一重大压力，此时竞争力决定因素主要是时间。不言而喻，谁能够迅速地响应市场变化，快速地把新品推向市场并最快捷地满足客户的要求，谁便能够获得市场上的竞争优势。于是各国企业都把竞争战略基点定在时间上，以时间为竞争基础的观念应运而生。时间型竞争战略是指为了提高企业各项与时间相关的指标并迅速响应市场变化，从而赢得竞争优势而制定的一种战略。

（4）产品与服务预期不断提升

进入 21 世纪后，用户对产品质量、服务质量提出了更高的要求。客户不再满足于在市场上购买标准化制造的产品，而是期望买到按照个人需求而量身定制的产品或者服务。传统标准化制造方式表现为"一对多"，企业研发某种产品，再进行大量生产，以某种固定产品来适应各种客户的要求。这种模式下，企业已经不能持续地得到收益。如今的公司需要依据每个客户的特殊需求来定制产品或者服务，这被称为"一对一"定制化服务（One-to-One Customer Service）。企业为使自己能够适应环境变化继续不断发展，改变了生产管理模式，通过多种举措实现了由大量生产向定制化的过渡。

这表明企业所处环境的改变使不确定性增强，市场因素（客户对产品的交货期要求及供应等）和企业经营目标都在不断地变化，这都加大了企业管理的复杂性，而企业想要继续发展就需要应对环境改变所带来的不确定性。

16.1.2.2　企业管理模式的变更

针对"纵向一体化"模式存在的问题，20 世纪 80 年代末以来，许多公司纷纷抛弃这一模式。之后"横向一体化"理念出现，即企业外部资源对市场需求迅速做出反应，该企业仅抓住其核心竞争力强的业务进行经营，其余的则交由合作企业。"横向一体化"构成一个"链条"，这个链条中的各企业之间既互相独立，也互相合作，形成有机的整体。这个链条中的企业要实现同步并且和谐地运作，才能使链条中的全部企业从中获益，供应链管理应运而生。

供应链管理的理念就是将企业的资源范围由以往的一个企业延伸至全社会，从而使企业间出于对市场共同利益的考虑形成一种战略联盟，这是因为该联盟所需要"解决"的通常是特定客户的特殊需求（起码与其他客户不同）。比如，供应商需要跟客户一起学习怎样去满足客户的需求，也可能重新考虑原有的设计，进行再设计，从而形成供应商与客户长期的依存关系。供应商的宗旨是满足客户和服务客户，让客户心甘情愿地依赖该供应商，在原有产品使用完毕或者报废后需进行更新的时候，都会寻找相同的供应商。这样，在敏捷制造战略的推动下，供应链管理受到人们的广泛关注，并已成为影响最大的企业运作方式。

供应链管理通过对业务流程进行重构与整合，和供应商、客户结成联盟，推行电子商务等方式，极大地增强了企业的竞争优势，从而在错综复杂的环境中立于不败之地。相关数据表明，进行供应链管理可以降低成本、缩短产品流通周期等，这表明供应链中的企业已经获得发展。能够达到这一效果，归功于企业之间的良好的合作关系。如果厂家从产品研发、生产到营销都由自己全包，不但需要承担沉重的资金压力，还需要很长时间。而运用供应链管理则能帮助企业用最少的时间寻找到最合适的合作对象，用最小的代价和最佳的品质建立自己的竞争优势，并且获益的不只是单独一个企业，而是整个企业群体。因此，供应链管理越来越受到企业重视，竞争不只是在企业之间，更多的是来自供应链之间。

16.1.3　供应链管理要解决的问题

供应链管理主要解决的问题有：
①供应链的成本控制（降低成本）。
②供应链的服务水平（交货及时性、产品性价比、产品质量）。
③供应链的可视性。
④供应链的风险管理。
⑤供应链上产品多样性、需求复杂性的增加。
⑥全球化对供应链的影响。
⑦供应链的效率。

16.1.4　供应链管理的内容

供应链管理包括需求管理（Demand Management）、计划（Planning）、物流管理（Logistics Management）、采购供应（Sourcing）、订单交付（Fulfillment）和逆向物流（Reverse Logistics）六大方面。供应链管理在同步且集成的生产计划指导下，基于多种技术的支撑，紧密围绕管理的各个方面展开，目的是提升服务能力、减少成本，并在这两个目标（两大目标经常存在矛盾）间找到平衡点。

基于需求管理、计划、物流管理、采购供应、订单交付、逆向物流等层面，可以将供应链管理分解成两个层面：一是基础职能，涉及产品开发、技术保证、采购、制造、生产控制、库存控制、仓储管理、分销管理以及市场营销等。二是辅助职能，主要包括客户服务、核算、人力资源等方面。

供应链管理关注的并不只是实体物料的移动，除企业内及企业间的交通、实物分销等问题外，还有如下几个方面：

①管理供应商与用户之间的合作关系。

②对产品进行需求预测与需求计划管理。

③供应链设计（对节点企业、资源、装备等进行评估、筛选及布局）及优化。

④对企业内各个流程和企业间的物料供应和需求进行同步及管理。

⑤对产品设计、制造管理、生产集成计划进行监测及控制。

⑥以供应链为依托，对客户服务及物流进行管理（交通、包装等）。

⑦企业间资金流的管理（筹资、汇率和资金运用的费用方面的问题）。

⑧企业之间信息交互管理。

供应链管理关注总成本（从原材料至最终成品的整个过程中的成本）和客户服务能力，对此应将供应链各职能活动进行有机整合，使供应链整体力量最大化，使企业群体受益。

16.1.5 供应链管理流程

供应链管理流程及结构如图 16-1 所示。

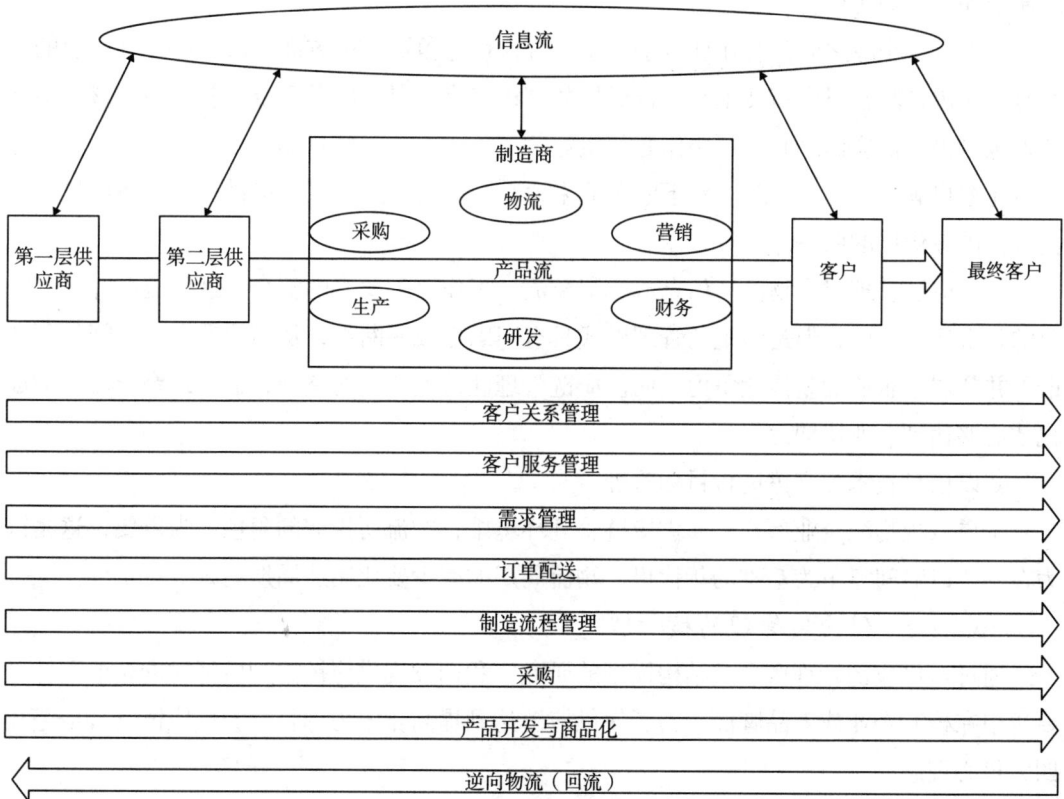

图 16-1 供应链管理流程及结构

16.2 如何构建供应链

供应链体系构建包括供应链管理组织机制建立、管理流程设计、优化物流网络建立、合作伙伴选择、信息支持体系选择等方面。供应链的建设必须兼顾该企业与合作伙伴的管理，并形成一个合理的组织关系来支撑供应链整体业务流程。所以，供应链设计中，首先要考虑的是供应链中企业主客体关系问题，针对供应链上核心企业的角色，对主客体之间的职责、义务和收益进行适当设计；其次要完成组织设计以支撑主客体关系的运行。

16.2.1 供应链管理的基本理论

16.2.1.1 供应链管理的基本思想

①"横向一体化"管理重视企业核心竞争力。因此，我们应该清晰地识别出自己公司的核心业务，进而集中核心资源增强公司核心竞争力。

②非核心业务通常需通过外包找合作伙伴完成，因此，企业与合作伙伴建立联盟关系以便于外包时的协调管理。

③供应链企业之间是合作性竞争关系。合作性竞争可从两方面来认识：一是以前的竞争对手联盟，联合研发新技术和进行成果共享；二是将以前由自己企业制造的非核心零部件外包出去，供应商之间进行协作并产生竞争。

④客户满意度服务管理。对下游企业来说，上游的作用不只是提供材料，还以最小的代价提供最优质的服务。

⑤供应链管理寻求物流、信息流、资金流、工作流等要素的整合。这些流都存在于企业的日常运营之中，但是传统的管理模式具有间歇性或间断性，从而导致企业之间的不和谐，并削弱了企业的整体竞争力。而供应链管理注重这些流的整合，进行跨企业流程集成化才能够达到企业协同运作。

⑥以信息技术为支撑进行目标管理。

⑦更重视物流企业参与。在供应链管理环境中，物流所扮演的角色尤为重要，这是因为在一个以时间竞争为基础的年代里，物流周期的减少要比制造周期的减少更重要。

16.2.1.2 供应链管理的核心理念

通过对供应链管理概念及结构模型的研究，我们发现供应链管理所针对的企业群体主要集中在核心企业或者品牌商。为了使供应链达到提高竞争力的目标，供应链管理应遵循四大核心理念。

①整合理念（Integration）。供应链管理概念自提出至今，已经历了30余年时间。经过多年的实践，供应链管理已经由一种管理方法上升为一种整合思维。这种思维强调以供给整体最优为目标，寻找市场资源整合的最佳模式。企业在拓展经营或是开拓新的市场的

时候，应先在企业外寻求最佳资源，不要事事亲力亲为。无论公司多么有实力，它们所拥有的资源与能力面对巨大市场时都非常有限，若凡事都要公司亲自去做的话，就有可能失去许多机遇，甚至使公司陷入深渊。所以整合理念已经成为一个重要的理念。

②合作理念（Cooperation）。供应链管理是从"横向一体化"演变而来，所以实践中十分注重合作伙伴间的协作。只有伙伴间战略性合作，才会实现供应链利益最大化。供应链管理以企业群为管理对象，每个企业都拥有自己的核心业务与核心能力，怎样把这些企业能力有机结合起来，构成真正意义上的合力是影响供应链整体目标是否能够实现的关键所在。如果每一个企业只考虑自身利益，就会破坏供应链整体利益，最终无法保障个人利益。所以，在供应链管理中占主导地位的企业要与其合作方建立战略性合作伙伴关系，要考虑到合作伙伴的兴趣和要求，从而激发其工作热情。如果只考虑怎样从别的公司获得收益，却把风险转嫁给别的公司，那么这种供应链就无法良性发展。

③协调理念（Coordination）。供应链管理涵盖了多个企业经营过程中所进行的管理活动，要想达到供应链管理的目的，就需要相关企业的经营活动按计划进行协调经营，而不是各行其是。比如，供应商应根据制造商的需求按预定计划制造零件，按时分配到制造商装配线上，并且不同的零部件供应商需要同步完成其零部件分配，任何供应商的拖延都不仅使其本身出现亏损，还可能牵连按时发货的供应商，对于总装配的拖延也可能造成影响。在协调运作中存在的另一问题是打破了企业各自为政、分散决策的传统模式，可以通过设计协调契约，在实现供应链整体利益最大化的同时，增加合作双方收益。

④分享理念（Benefit -Sharing）。通过整合供应链资源，建立合作关系，以协调运作来实现整体利益最大化，能不能做到以上这些，有一个很重要的影响因素：供应链上收益的分享。合作企业在供应链体系中产生共创价值的意愿是由于他们看到了供应链能产生更大的利益并对这些利益进行分享。若合作企业在供应链上发现收益为某个企业所独占，他们便不愿参与供应链管理系统，或许还会为了追求短期利益最大化，阻碍供应链未来的发展。所以，有无供应链管理核心理念——收益共享是确保合作伙伴是否能真心和核心企业立于同一阵营的关键。

16.2.2　供应链结构模型

从供应链实际运作状况来看，供应链中存在居于核心地位的企业。这个企业在供应链中调度和协调着信息流、资金流以及物流。因此，研究供应链中各成员企业之间的关系及相互之间的协作方式就显得非常重要。供应链结构模型如图 16-2 所示。该供应链包括了加入的全部节点企业及核心企业，这些核心企业既可为制造企业，又可为零售企业。其他企业受核心企业的信息推动，通过各业务职能（生产、配送、零售、物流等）分工协作，将资金流、物流或者（和）服务流作为中介，实现整个供应链的不断增值。

图 16-2 供应链结构模型

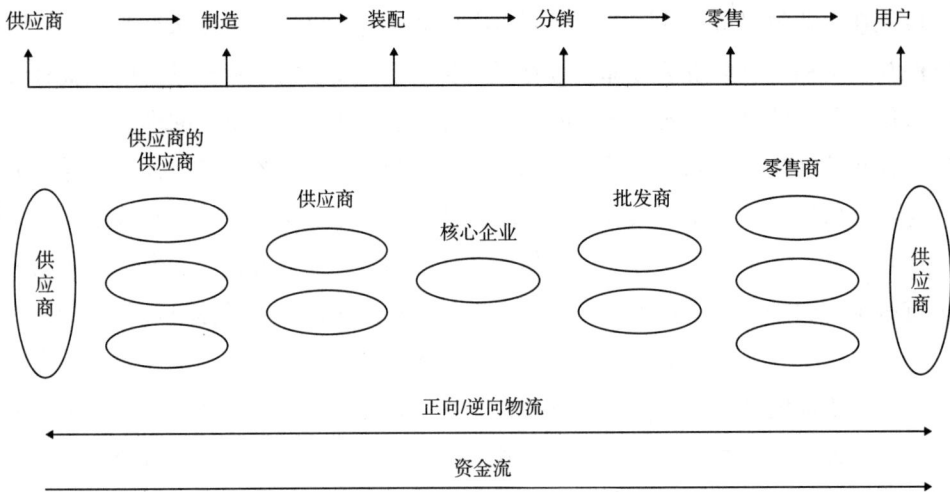

16.2.3 供应链运作计划模型

供应链运作计划有两种完全不同的模式，一种叫推动式，另一种叫牵引式，如图 16-3 所示。推动式模式是以制造商为中心，在产品制造完成之后由分销商一步一步推到用户手中。分销商与零售商都是被动方，各企业间集成度不高，一般通过增加安全库存量来应对需求变化，所以供应链库存量大，应对需求变化能力差。牵引式模式以最终客户为动力，整条供应链集成度高，信息交换速度快，可按客户需求定制服务，采用该运行模式的供应链库存量小。

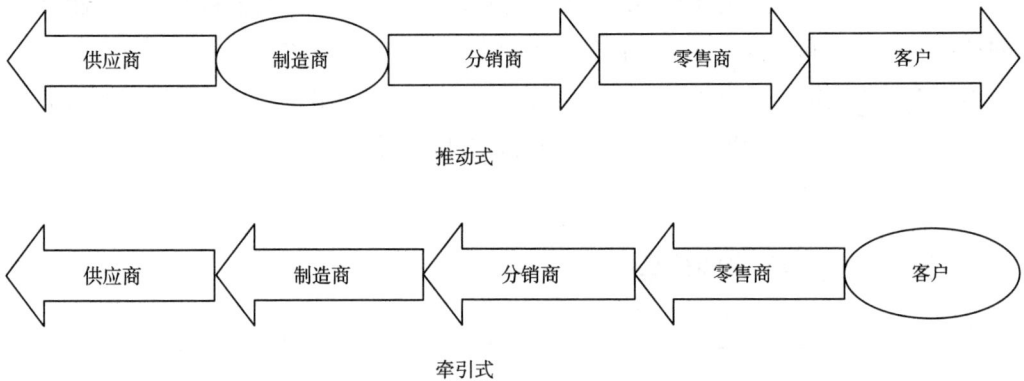

图 16-3 供应链运作计划的两种模式

供应链管理的一项内容是选择符合自身实际的供应链运作计划模式。牵引式供应链尽管总体绩效突出，但是对于供应链中的企业提出了更高要求，同时对于供应链运作所需要的技术也提出了更多要求。而推动式供应链比较易于实现。企业采用何种运行模式与其系统的管理水平联系密切，不能一味地照搬别家公司的成功经验，由于不同公司管理文化不一样，一味地跟风反而会得不偿失。

16.2.4　供应链稳定的机制

供应链系统要想整体、有效地发挥作用，其关键在于是否有序。系统的有序度是用熵表示的，熵值越低，系统就越有秩序和稳定性，系统是完全有序时，系统的熵值为0。开放系统有正负两种熵流。供应链中易出现正熵的主要原因是松散的结构、信息技术原因和道德因素，而出现负熵的主要原因是对市场反应敏感和合作契约设计。为了实现系统和谐、有序和稳定，应关注企业之间关系的协调，使供应链正负熵流达到均衡。

供应链管理通过对成员企业的规划、组织和协调来实现系统的平稳有序运行。通过供应链管理将各节点企业紧密联结起来，经过协调、优化后，各企业之间形成了良好而有序的合作关系以及功能清晰的责任分工，信息流、物流以及资金流能够在成员之间进行高效转移。

供应链的稳定性就是各成员企业为了实现某一具体任务或者某一目标，使供应链在某段时间内的运行处于正常状态，没有成员企业愿意退出供应链。

为实现供应链的平稳运作，应重视企业核心竞争力的培育机制、信任机制、激励机制和协调机制的建立。现代企业竞争不是传统意义上的简单规模和价格竞争，其本质已转移到取决于谁掌握自主知识产权，抢占和控制技术制高点，获得持续领先优势上，它是企业核心竞争力之所在，增强核心竞争力是企业持久制胜之本。当前我国供应链企业之间的合作关系并不令人满意，其中一个极其重要的原因是企业之间信任不足。可以说，凡存在合作就必须存在信任，这是建立合作关系的根本。信任在供应链正常运行过程中起着至关重要的作用，企业之间信任的缺失会危害供应链的稳定，并严重影响供应链企业的生存和发展。所以，培养企业之间的相互信任在供应链管理中至关重要。在供应链体系中，构建相对完善的激励机制对供应链企业间构建良好关系、组建有效合约、激励企业积极性、提高供应链运作效率和企业自身竞争力等都有重要作用。供应链管理想要提高整体绩效就需要合作各方在战略、技术、管理、创新等多方面综合协作，以实现多方能力的平衡。一旦彼此达不到这样的境界，势必产生冲突与矛盾。供应链协调机制就是根据供应链各成员间这一实际情况提出来的，它决定了各成员企业间的协作效率，在供应链管理中占有举足轻重的地位。

16.2.5　供应链管理的信息技术支撑

信息传递对于整个企业的经济活动有至关重要的作用，既可以将信息自上而下且精准地传递给下属，又可以将信息反馈给上级，实现无障碍沟通。从整个信息传递的过程看，它不仅反映整个企业的信息传递情况，还必须保证有一个完善详细的长期计划，这样不仅在一定程度上为企业节约成本，还能达到提高效率和利润的目的。

为实现企业的目标，信息技术在供应链的应用过程中必须保证畅通无阻，同时还要更高效、快速地实现供应链的整合。信息技术的使用还在一定程度上提高了公司整体的竞争力、企业绩效以及企业的运营效率，减少了订货周期和成本。此外，信息技术支持实现工作信息共享，方便了企业合作伙伴沟通交流。信息技术的进步对企业管理有日益重要的作用，具体表现为：第一，使系统更和谐。第二，提高企业服务质量，节约成本，为企业带来良好的经济效益；对产品进行创新和改进，促成其战略效益。第三，减少对没有给企业带来效益的项目。第四，全面提升企业服务水平。第五，引进先进技术设备，增强自身竞争力。第六，尊重设计的灵活性与实践的可行性，以减少成本。迄今为止，信息技术的不断发展为企业管理的实现提供了技术保障。

①条码技术。能够快速、准确地自动识别系统数据的技术已经出现于计算机的应用实践中，这就是条码技术。在供应链管理中，条码技术中装载的产品和物流信息除了能够保障标识的信息与实物相同，还在很大程度上提高了POS以条码识读为基础的工作效率。在供应链的管理中每个地方都采用了条码技术，条码技术由零售末端前移运用于分销商、制造商及供应商所有工作中。若不使用条码技术，供应链管理是难以想象的。

②EDI技术。在计算机通信网络中，EDI技术的使用可以记录贸易、运输、银行、海关和保险方面的信息，所使用的数据格式可对企业内部各部门进行数据交换与加工。所以，EDI技术便利了供应链企业之间的商业活动，快捷地实现了其生产管理、物料需求、仓库管理、销售管理以及商业销售终端系统的完美结合，提高了供应链企业经营效率和利润。

③RFID技术。随着我国无线网络的不断提升，技术人员不懈研究，RFID技术出世，提升了我国对无线电波数据信息进行获取的手段。但是我国的供应不足，致使交货管理失误产生严重损失，因此，需要对此采用合理的解决措施。此技术在无线网络供应管理中具有重要作用，但是还有需要改进的方面。此技术给供货商和应用商带来了巨大的便利。

16.3　供应链管理系统的主要功能

供应链管理系统的功能结构包括如下几部分：供应商开发（即对现有和潜在供应商的管理）；采购价格管理（建立并管理公司购买产品的价格体系并规范、约束其实施范围与模式）；采购合同管理（管理公司产品、劳务及其他各类采购合同）；供应商评选（基于公司与供应商间商务交互情况，从供货质量、工艺、价格、交货期、服务以及可持续性改善等各个方面综合统计与评价供应商，从而为公司选择供应商、开展采购交易、建立定量且精确的供应商联盟奠定基础）；供应商绩效评价。供应链管理系统的功能结构如图16-4所示。

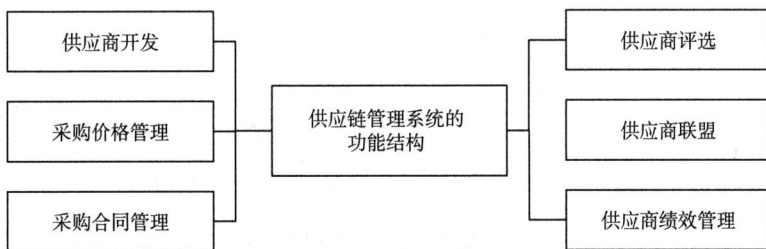

图 16-4　供应链管理系统的功能结构

供应链管理系统的主要功能有：

①供应链管理系统有助于将企业供应链各环节联系在一起，制定标准化操作流程。

②各管理模块可以由相关的业务对象自主运作，而通过第四方物流将各管理模块与供应链环节集成联结在一起。

③减少订单处理的时间、提高处理效率及订单满足率，以降低库存水平、提高库存周转率、减少资金积压。

④实现供应链管理协同化及一体化。

ERP 以市场竞争为驱动力，企业不断对自身资源进行整合、优化和拓展，以谋求在市场中生存和发展。ERP 在过去几十年的发展过程中所取得的成绩对企业资源利用、规划等方面起着巨大的推动作用。自 ERP 产生以来，关注 ERP 的人们就纷纷投入企业供应链的研究与实践中。在 ERP 应用之初，ERP 主要集中于企业内资源整合、优化和应用等方面的管理。但是在市场竞争日益激烈、经济全球化的今天，仅仅依靠单个企业的资源很难满足市场发展的需要，而企业对于资源的竞争也逐渐成为企业外部整条供应链上的竞争，所以，ERP 的目标也就由企业内部发展成为外部整条供应链上的各种资源的整合管理。

16.4　思考与练习题

①什么是供应链管理？
②供应链管理的内容有哪些？
③简述供应链管理流程。
④如何构建供应链？
⑤谈谈对供应链管理信息技术支撑的理解。

16.5　案例分析

海尔集团供应链变革之旅

（1）面临的问题

在传统经济条件下，企业决定市场，"我生产你购买"。所以海尔供应链发展之初，仅仅是一个横向的链条，链条上的各个节点，如采购、制造、物流等环节均是分散在各个产品事业部自行管理。这种分散化的组织自行制定和控制着各自的供应、流程、决策，并由各个业务运营部门或者工厂负责采购、制造及物流的执行。这种分散化的管理极大程度限制资源的最大化利用与创新发展，并逐渐呈现出来自企业内外部的博弈。

（2）实施的战略

为适应市场竞争并推动企业的快速发展，海尔的供应链管理先后经历了供应链整合阶段、供应链再造阶段和供应链转型阶段三个阶段。

第一阶段：供应链整合阶段。

整合内部需求：海尔供应链整合了集团内分散在28个产品事业部的采购、原材料仓储配送，通过整合内部需求集中采购，吸引获取更优的外部资源，形成良好的供应生态环境。

优化供应商网络：海尔打破原来的供应商体系，重新选择供应商，从2200多家优化到721家，其中世界500强企业有59家，以形成强强联合，合作共赢。

搭建采购平台：海尔物流与供应商搭建起了公平、互动、双赢的采购协作平台，形成了企业与用户、企业与供应商沟通的桥梁。

第二阶段：供应链再造阶段。

重塑业务流程：海尔现代物流的起点是订单。企业把订单作为企业运行的驱动力，作为业务流程的源头，完全按订单组织采购、生产、销售等全部经营活动。

实现"三个JIT"：JIT采购、JIT配送、JIT分拨物流，以支持同步流程。

改变物流方式：海尔改变了传统仓库的"蓄水池"功能，使之成为一条流动的"河"，实现零库存。

建立市场快速响应系统：建立网上订单管理平台、网上支付系统、网上招标竞价平台和信息交流平台，强化整个系统执行订单的能力。

第三阶段：供应链转型阶段。

扩大国际供应商比重：目前国际供应商的比例已达67.5%，较流程再造前提高了20%，世界500强企业中已有44家成为海尔的供应商。

就近发展供应商：海尔与已经进入和准备进入青岛海尔开发区工业园的19家国际供

应商建立了供应链关系。

供应商早期介入：海尔请大型国际供应商以其高技术和新技术参与海尔产品的前端设计。目前参与海尔产品设计开发的供应商比例已高达 32.5%，供应商与海尔共同面对终端消费者，通过创造顾客价值使订单增值，形成了双赢的战略伙伴关系。

完善配送体系：在全国建立了 42 个配送中心，每天按照订单向 1550 个专卖店、9000 多个网点配送产品，形成了快速的产品分拨配送体系、备件配送体系和返回物流体系。

思考：

讨论海尔供应链管理成功的经验，对企业系统地实施供应链管理有什么借鉴意义。

第17章
客户关系管理

扫码获取本章课件

17.1 客户关系管理概述

17.1.1 客户关系管理的概念

客户关系管理（Customer Relationship Management，CRM）即公司为了提升自身竞争力，应用新一代信息技术，在市场销售和业务层面与客户进行互动和沟通，并为客户提供自主创新、个性化的客户交互的整个业务流程。

17.1.2 客户关系管理的产生

客户关系管理的概念是在营销概念的发展过程中形成的。理解客户关系管理，首先需要了解营销的概念。当代营销的核心理念是识别客户的实际需求，达到更高的客户满意度，从而实现客户利益。对营销的理解需要把握三点：一是目的是得到回报；二是回报的保证是满足客户需求；三是手段是优化、集成利用各种资源。

从字面上看，客户关系管理并不是一个新理念，而是具备更新价值的信息科技。客户关系管理的真实含义是一种管理信息化的形式。

17.1.2.1 竞争的促进

随着行业竞争的加速，市场需求信息、客户信息、产品内部结构信息、销售人员信息等都在快速变化和增长，经常会出现以下问题：

①如何系统地归集和汇总分布在企业各个部门和层级的客户信息？

②如何第一时间了解公司产品的动态信息和客户网络的动态资源信息？经营业务的销售人员应该采取哪些策略？

③营销人员如何管理如此多的客户信息？又如何获取？

④如何立即分析客户对公司产品的兴趣？如何知道他们正在浏览的包含商业信息的网站？

⑤如何提供即时便捷的设备安装和服务项目信息，防止客户反复访问？

⑥如何第一时间向客户告知和展示有关公司的信息？

⑦有关主管如何能够及时管理客户的市场销售动态，高效管理全部隐性的、正在进行中的和已完成工作流程？

……

以上问题可分为2个层级。首先，公司销售业务、营销和客户服务部门难以得到它们需要的客户互动信息。其次，来源于营销推广、网上客服、网络营销推广、生产制造、库存量等职责部门的信息分散在公司内部各部门。分散的信息限制了对客户的充分了解，各部门都很难依据各自的信息与客户互动交流。这就要求各部门融合信息和面向客户的主题活动，创建面向客户的公司，进行面向客户主题活动的综合监管。

很多企业在研究内部结构的发展潜力和打造内部结构信息系统软件方面做了大量工作并取得了一定的成果，但没有达到目标，实际上也没有找到最佳解决方案。由于信息系统软件的计算机化水平在很大程度上不能满足营销推广、市场销售和业务的发展要求，越来越多企业要求营销推广、营销和业务日常工作流程实施自动化控制。这就要求有一个全新的、改善的管理体制和信息管理系统软件，可以全面解决以上问题。因此，有必要创建一个面向用户的系统软件，对客户信息和行为进行综合管理，客户关系管理应运而生。

17.1.2.2　技术发展的推动

协同办公系统的水准、职工的计算机技术能力、企业的计算机化能力和对企业的监管能力，对客户关系管理都有帮助。无法想象，在一个管理能力低、员工计算机水平落伍、计算机化水平低的企业里，客户关系管理可以从技术上完成。目前，计算机化、智能化的发展理念早已深深根植于我国许多企业，这些企业已实现了相当程度的计算机化。

电商在世界范围内蓬勃发展，影响了企业开展业务流程的方式。通过网络，企业能够进行市场销售、售后维修服务和搜集客户信息。最主要的是，这种方式并不会产生高昂成本。

随着数据管理、商务智能等技术的高速发展，客户关系管理的信息化管理，包括客户信息的搜集、梳理、处理、使用质量不断提高。

在可预见的未来，企业的沟通成本可以进一步降低。

17.1.2.3　管理发展的必然结果

随着市场的不断发展，企业在竞争中的管理模式也在发生变化。特别是近 20 年以来，随着以 ERP 为代表的智能管理系统的高速发展，信息技术无时无刻不在影响各行各业的企业管理模式。互联网和电商的诞生使企业可以及时搜集客户资料。随着销售市场的发展，管理人员的观念有所提升，公司定位和产品定位的理念正在或已经转向以客户为导向。客户至上、企业和客户合作共赢的理念被越来越多的企业接受。因此，这种关系中，供应链管理必须改进传统的流程管理。管理理论和实践的发展推动着客户关系管理的发展和成熟。

17.1.3　客户关系管理的实现

客户关系管理的建立，一是解决管理难题，二是保证信息技术在新的管理中的运用。其中，怎么管理是 CRM 成功的前提。不运用信息技术，客户关系管理的效果将无法保证，信息技术是客户关系管理的基础。

17.1.3.1　客户关系管理在技术上如何实现

（1）销售方面

在选择 CRM 解决方法时，销售力量自动化（Sales Force Automation，SFA）技术在海外已发展十多年，近几年在中国也有较大的发展。SFA 是初期面对客户的系统，但 20 世纪 90 年代开始至今，其范围已明显拓展，提供了一种从宏观视角管理客户关系的方式。

就像 SFA 的表面意思所显示，SFA 的目的在于使专业销售人员的绝大部分活动自动化。它包括多种功能，提升了全部销售过程的自动化水平，为销售人员的正常工作带来了专用工具。其功能一般包括日程分配、市场机会和交货渠道分销、销售分析预测、提案产生和管理方案、标价、区域规划、费用汇报等。

比如，一些 CRM 项目有一个功能，允许系统用户（不管是买家或是卖家）依据工程项目的部件来配置产品，但客户无须了解这个部件是如何连接在一起的或不必知道这个部件能否连接在一起。这一销售配置工具非常适合在线应用，由于客户还可以在没有技术背景的情形下配备复杂的产品。比如，Dell 计算机公司允许客户根据网络来配置和选购电子计算机。销售力量自动化允许客户通过网络选购产品与服务，并允许公司和客户及时开展低成本网络交易。

（2）营销方面

营销自动化控制模块是 CRM 的一个全新功能。作为 SFA 的补充，营销自动化控制模块提供了具备特色的营销工作，比如营销主题活动（包含基于大数据的营销主题活动或传统式营销主题活动）的方案策划与实施以及对直播效果的解读；产生文件目录和管理条例；费用预算和分析预测；营销原材料的管理方法；"营销百科辞典"（有关产品、价钱、行业竞争信息等的知识库系统）；客户跟进、运输管理的方式。营销控制模块和 SFA 控制模块之间是有区别的，营销控制模块不局限于业务员有关活动的自动化水平，它的主要目的是为营销和有关主题活动设计、实施和评定提供一个具体框架。在大多数情况下，营销自动化控制和 SFA 控制模块是相互依存的。例如，成功的营销活动很有可能会遇到好的、要求高的客户，要使营销主题真正适合，应立即将销售机会提供给专业销售人员。在用户生命周期，两个应用程序具有不同的作用，但往往相辅相成。

（3）客户服务与支持方面

在许多情况下，客户保留和客户盈利能力取决于企业为客户提供高质量的服务项目。因为客户只需点击电脑鼠标或拨打电话即可转换到竞争对手那里，因此，客户支持和系统的可用性对许多企业来说至关重要。在 CRM 中，客户服务和适用密码是依据通话和互联网添加的，能高效、精确地满足客户的特殊需求。CRM 系统内强大的客户信息内容允许通过各种途径（如互联网和手机）开展纵向和横向销售。当客户服务计划与营销职能很好地结合在一起时，它能够为公司提供大量向目前客户销售产品的好时机。客户支持计划的常见用途包括：客户服务；跟踪投诉、假冒产品和订单信息；管理外勤人员往来；问题和解决方案数据库系统；维持个人行为和调整任务；服务合同；管理对服务项目的请求。

（4）计算机、电话、网络的集成

客户更愿意根据自己的需求和沟通渠道的便捷性来选择沟通渠道。比如，一些客户或潜在客户不太喜欢使用电子邮箱，而是习惯使用手机沟通。因此，对于这类客户，公司应避免发邮件，多使用手机。

在内部技术框架和外部关系管理上，专门设计的方法可以让公司提高效率和经济效益。在内部技术框架上，依据集中式数据库系统软件，统一的方式能够改善之前的系统软件，改进客户在多种方式之间的互动和交流。在各个系统软件中间集成化与维护以前的版本，成本和难度一般会阻拦新项目的开发和设计。此外，如果没有自动化水平的专业技术，许多系统软件间的传送数据会非常困难。在外部，公司通过各种途径从与客户的良好交流中获益。比如，公司与客户商谈时，不想让不同的公司部门或职工回复同样的信息，做法就是从各种途径搜集信息，以便更快更合理地解决客户的问题，报告给客户并使客户满意。

17.1.3.2　如何全面提升公司客户关系管理水平

（1）识别客户

数据库管理的内容更多地添加登录名。

收集客户的相关信息。

立即检验和升级客户信息，删除到期信息。

（2）对客户进行差异分析

识别企业的"金牌"客户。

哪些客户导致企业成本的发生？

今年想和哪家公司合作？从几个同类的公司中做出选择。

哪些主要客户在去年多次报告了公司的产品或服务？将其列出。

上一年的大客户在今年购买了许多一样的产品吗？寻找该客户。

是否存在客户在本公司采购一两种产品，可是在别的地方选购很多产品？

根据客户对企业的价值（如市场交易、销售总额、保持关系的时间等），把全部客户划分成不同的级别。

（3）与客户保持稳定的联系

致电客户联络部门，了解问题得到解答的难易程度。

致电给竞争对手的客户联系单位，以比较服务质量。

视即将到来的电视客户为营销机会。

检测客户使用的自动化技术视频语音系统的品质。

追踪用以记录企业客户信息的文字或印刷用纸。

哪一类客户在来往中给企业带来更多使用价值？和他们高效地沟通交流。

发展信息技术，方便客户与企业的来往。

改善应对客户建议的心态。

（4）定制产品或业务流程，以适应每一个客户

改进客户服务规范里的后台操作，节约客户时间与公司资产。

使客户电子邮件个性化。

填写各种客户表格。

了解客户希望收到公司信息的方式和频率。

寻找客户真正想要的东西。

向前 10 名客户寻求建议，充分了解公司能够为客户提供什么实际产品或者服务。

一定要让高管人员参加客户关系管理。

17.1.4 客户关系管理的内容

客户关系管理是根据企业的竞争优势，利用相关的网络技术和大数据技术，协调企业与客户在市场销售和运营层面的互动，为客户提供科技创新和个性化、人性化服务的管理模式。

对客户关系管理应用的高度重视来源于公司发展长期客户的理念，客户是公司最重要的资产，公司应依据客户的情况设计客户关系管理方案并授予客户对信息的管理权限。

客户关系管理的主要内容包括怎样建立、改进与维护公司与客户的关系。这涉及企业经营管理、网络营销和心理学的知识。客户关系管理将监督的视角从公司内部扩展到公司外部，是公司战略管理发展的一个新领域。其具体内容包括以下五方面。

①与客户建立关系。它包括三个步骤：客户识别、客户选择、客户开发和设计方案（将总体目标客户和潜在客户开发成具体客户）。

②维护客户关系。它包括五个阶段：掌握客户数据的具体内容、评价客户、与客户互动交流、分析客户满意度、努力创造客户满意。

③保持客户关系。当客户关系恶化时拯救和减少客户流失。

④建立和使用 CRM 系统软件。包括使用电话、数据库管理、大数据挖掘、商业智能、互联网技术、电子商务、移动终端、无线网络设备等现代科技工具，帮助管理客户关系。

⑤实现客户关系管理发展战略。包括如何按照客户关系管理的基本理念进行业务流程再造、工作模式转变与开发、营销、营销推广、在线客服、安排合适的人员，如何实施 CRM 系统软件等信息化专用工具管理（如 ERP、OA、SCM、KMS）的协调与集成。

17.1.5 客户关系管理流程

客户关系管理的流程如图 17-1 所示。

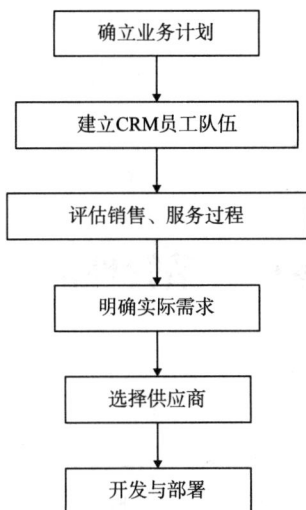

图 17-1 客户关系管理流程

（1）确立业务计划

在决定执行 CRM 以前，企业应先确定执行这一新系统想要实现的实际业务目标，如客户满意度、产品销售周期等。实际上，企业应记牢这个模式的实际意义。

（2）建立 CRM 员工队伍

为了成功实施 CRM 计划，管理者应将企业的工作流程作为一个整体考虑，建立高效的员工队伍。所有将执行该类销售系统解决方案的部门都必须选择一个员工队伍解决方案。

（3）评定销售、服务过程

在分析 CRM 解决方案的可行性以前，需要花很多时间对关键工作的开展进行分析与整体规划。在这个过程中，一般需要征询员工的建议，以保证他们对于销售工作规范要求的正确认知；高管人员需要参加计划的制订。

（4）明确实际需求

在深入了解企业工作项目之后，必须从销售和工作人员的视角确立所需要的功能，让终端用户寻找对自身有益的功能、自己要完成的功能。在销售产品层面，企业的重要使用人群有两种：销售主管和销售工作人员。其中，销售主管对市场分析、销售渠道分销、销售的报告交货有兴趣；销售工作人员应快速制定具体的销售和营销建议、文件目录和客户数据。

（5）选择供应商

保证公司所选择的供应商能够彻底掌握企业要尝试解决的问题。供应商应能将公司程序流程所提供的功能更好地应用到 CRM 流程中。保证供应商所提供的每一个硬件、软件、机器、设备都有详尽的书面说明。

（6）开发与布署

CRM 流程设计需要公司与供应商共同努力。为了这种解决方案能够高效运行，企业一定要先引进目前最需要的功能，随后逐步添加新功能。其中，应优先选择执行系统的员工的需要，对于特定使用者开展功能检测。除此之外，企业还应为新的 CRM 项目制订整体规划。

17.2 客户关系管理的主要业务

17.2.1 客户管理

客户管理是指经营者与客户相互联系，收集和分析客户的信息，掌握客户需求与个人行为喜好，积累和共享客户专业技能，为客户提供针对性的产品和服务、发展战略和管理方案。客户管理追求长期的客户满意，实现客户收益最大化与公司利益最大化之间的平衡。

客户管理是研究和执行客户开发设计方案、客户服务、客户营销推广、客户日常维护、客户效用价值。客户管理的内容包含以下几方面。

①客户研究的方法。对总目标客户的人口统计数据、生活观念、生活习惯、交易、媒体交易等特征进行分析，快速了解客户需求，及时了解客户信息和市场观点，调整营销策略，从而实现产品和服务的销售。

②客户开发。客户开发的前提是明确市场定位，研究客户信息，进而制定客户开发的营销策略。客户开发的任务是开发潜在客户，以不同方式探寻潜在客户并识别他们的特征，使潜在客户成为真正客户。

③客户信息化管理。客户信息化管理是客户管理方案不可或缺的一部分，包含客户信息的搜集、处理、存放。运用客户信息，区别潜在客户、新老客户、关键客户与普通客户，对不同客户实施不同类型的客户关系管理和营销战略。

④客户服务。客户服务是一个过程，在正确的时间、恰当的地点，以正确的方式向正确的客户提供科学合理的产品和服务，从而得到客户价值的活动过程。客户服务过程中企业全体成员参加整个过程，掌握教育和培养客户的要求，提高客户满意度。客户服务主要包括营销业务、服务单位、产品和服务、特色服务。客户管理方法的最基本理论是公司的一切生产运营活动都应该考虑满足客户要求，提供满足客户要求的产品和服务是企业的责任。

⑤客户营销推广。销售人员用各种方式向客户传递产品信息，满足客户需求，突出产品优势，推动客户对产品和服务的认知、认同和使用，从而达到保持市场份额和抢占市场份额的目的。通过对客户的营销推广，提升产品价值，开发客户，提高客户满意度。营销推广的本质是销售人员和消费者中间的有效的信息传递，可以通过广告宣传、营销推广、公共关系等方式来进行。

客户管理的业务功能主要包括：

①客户基本信息。

②与该客户有关的行为和行为历史。

③客户选择。

④订单输入和跟踪。

⑤建议书和销售合同的生成。

客户管理可以追溯到 Rolodex 和 Filofax 系统，它们都是基于桌面的独立软件和电子邮件客户端，具有内置的客户管理功能。近年来，许多销售管理和客户管理类的软件得到迅速发展，企业越来越认识到，一个可以普遍搜集各种商业数据的标准化系统软件才是公司成功的基石。根据追踪手机联系人信息、他们和企业之间的互动、所选购的产品、没有选购的产品和所面临的难题，并把这些信息结合在一起，就能形成一个统一的用户信息视图。这些数据不但对销售团队的成功至关重要，对打造卓越的客户服务也大有裨益。企业要做的只是进行一次迁移，从现有的通讯录迁移到能够自始至终追踪整个客户行为的系统，然后把系统与他们的产品关联起来。

客户管理的业务模块主要包含下列内容：

①客户概况的记录、存储和检索。

②查询客户的联系信息，如时间、种类等，也可把有关的内容作为附件。

③客户的内部机构设置概况。

17.2.2　潜在客户管理

潜在客户管理还可以称之为客户挖掘管理方法。改善潜在客户群，高效管理销售线索并改善销售和营销关系，从挖掘到达成交易，潜在用户的挖掘对销售至关重要。

潜在客户管理的形式主要有以下几类：

①潜在客户在线挖掘。轻松构建表单，从网站搜寻潜在客户，并根据潜在客户的信息自动推送个性化信息。

②潜在客户搜索和合并。销售人员应根据他们之前与潜在客户的互动，对客户进行进一步跟进。

③潜在客户自动分配。对潜在客户进行编码，并且为潜在客户自动化分配建立规则。根据制定的规则将潜在客户分配给适当的团队或个人。

④潜在客户历史记录追踪。对潜在客户的历史记录进行追踪，保证合规性和实效性。

⑤潜在客户认证。为潜在客户设计认证流程，以确保所有销售代表都采用相同的方法。为不同的部门或产品线轻松定制、设计不同的认证流程和网站演示。

⑥潜在客户转化。可以一键将合格的潜在客户转化为销售机会。将事务管理分配给现场销售人员后，要通知现场销售人员。

潜在客户管理工作模块主要包括以下几方面：

①业务线索记录、升级和分配。

②销售机会升级和分配。

③潜在客户追踪。

17.2.3 客户服务与支持

客户服务与支持（Customer Service and Support，CSS）是 CRM 的内容之一，能为客户提供个性化服务。当客户选购产品和服务时，CSS 承担日常维护和发展客户关系的工作。对于经常和客户联系的单位，维持客户满意度非常重要。

客户服务和支持由以下三部分组成。

（1）呼叫管理（Call Management）

该单元的作用是记录所有呼叫事务，并从头到尾管理事务。基于互联网的客户服务包也称为电子设备服务。该类系统软件及设备能帮助客户、合作方和潜在客户为自己服务，提升他们通过 WEB、Internet、LAN 或 VAN 与企业互动和交流的业务能力。互动式客户服务网址应当与服务应用软件（客户服务、营销推广、营销和网上交易）、后端系统、数据库管理和移动手机客户结合起来，以推动公司和客户之间的沟通。

（2）现场服务与分配系统软件（Field Service and Dispatch，FS/D）

FS/D 系统软件，又称为移动"服务供应链"手机软件，用以提升销售额，减少零部件成本，提升劳动效率，降低人力成本，提高客户满意度。FS/D 是一个繁杂的系统软件，包括通话管理方法、分析预测、人力资源分配、采购管理（包括选购和租用）、质保、授权、专用型维护保养 / 检修、专业技术分派、零件整体规划及管理、设备维护保养、常见故障追踪和汇报等。FS/D 应用软件一定要和手机上的信息管理系统和通话管理方法集成，而且将来会与销售组织集成。

FS/D 具有最基本的管理后台作用，保证生产制造企业和产品服务厂家的密切联系。它对于社会经济发展至关重要，是 CSS 模块的重要部件，是 CRM 不可或缺的一部分。

（3）联络中心（Contact Center）

联络客户的形式包括语音视频、互联网技术（如电子邮箱）、WEB、发送传真和信函。传统网上客服解决方法是语音视频。

客户服务和支持的关键业务模块包括：

①服务项目的快速录入。

②服务项目的安排、调度和重新分配。

③事件的升级。

④搜索和跟踪与某一业务相关的事件。

⑤生成事件报告。

⑥服务协议和合同。

⑦订单管理和跟踪。

⑧问题及其解决方法的数据库。

17.2.4 呼叫中心

呼叫中心（Call Center）又叫作客户服务中心，充分利用网络通信和各种通信系统功能的集成化以及企业的信息管理系统，利用各种出色的交流方式，科学地为消费者提供高品质、高效率、全方位服务。呼叫中心在实践中，它不仅服务于外部客户，而且在与公司的管理、服务、生产计划等所有的合作中发挥着非常重要的作用。

呼叫中心的业务功能主要包括：

①呼入呼出电话处理。

②互联网回复。

③呼叫中心运行管理。

④报表统计分析。

⑤管理分析工具。

⑥利用传真、邮件等自动传送相关资料。

⑦呼入呼出调度管理。

17.2.5 合作伙伴关系管理

合作伙伴关系管理（Partner Relationship Management，PRM）关键在于与信息和服务供应商、集团客户等合作伙伴实现对合作伙伴产品的盈利共享、结算、评价等复杂功能。这也是 CRM 合作伙伴智能管理系统销售业务、营销推广、网上客服等服务功能向合作伙伴的拓宽，能够促进更多合作渠道和战略伙伴关系。它将不同的物理线路相互连接，使他们能够管理销售线索的分配、服务项目请求、渠道和营销成本，并交付核心的服务项目。

合作伙伴关系管理的业务模块主要包含：

①对企业数据库系统信息设定访问权限，合作伙伴能通过标准化的 Web 浏览器登录、查询和升级客户信息、公司数据库系统及与主题风格活动有关的文本文件。

②合作伙伴查询有关信息。

③合作伙伴根据桌面上电脑浏览器完成市场销售管理工具和机会管理工具，包含销售模式、市场销售流程等，并预定义和定制报告。

④产品和价格配置器。

17.3 客户关系管理系统的功能

客户关系管理系统的主要结构如图 17-2 所示。

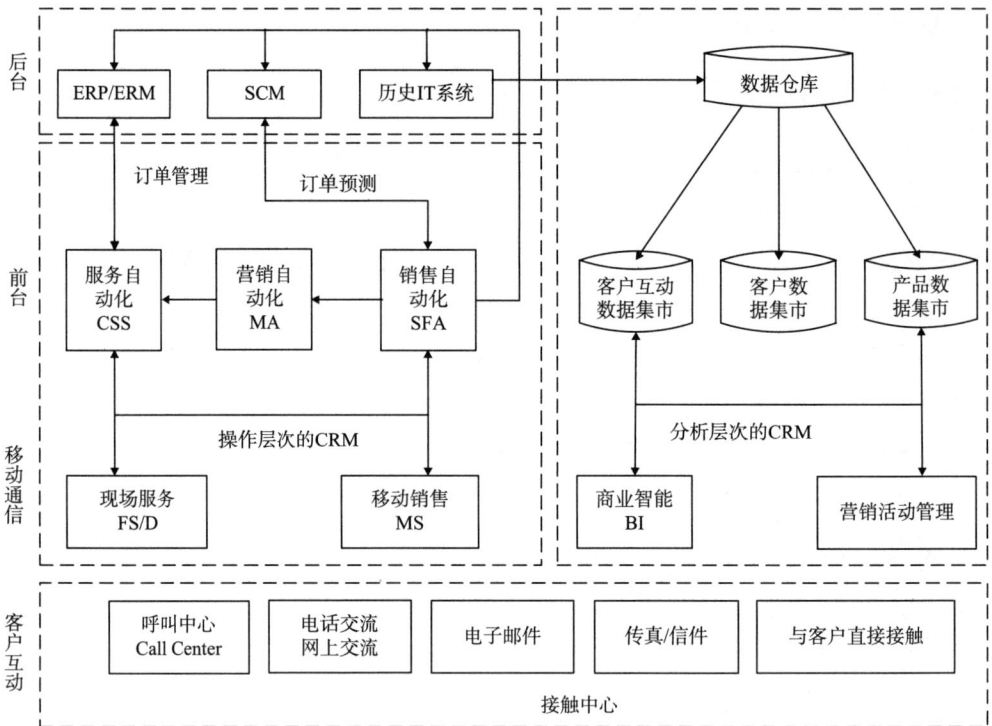

图 17-2　客户关系管理系统的主要结构

（1）客户管理

全国不同地区潜在客户的基础数据和应用价值无法预测分析，文件格式不一致，重要数据缺失，识别或分类不科学，通过客户关系管理自动化可以消除这些问题。除了对数据段的规范要求外，许多信息内容将通过预先设定的标准来满足。即使使用 CRM 自动化，也可以设置标准或条件（如地理位置、运营规模和领域）以自动对潜在客户进行分类或分配给合适的销售人员。使用 CRM 管理潜在客户的方法，可以轻松去除人为因素，加快资源整合和客户数据的收集，确保计划的及时、合理。

（2）线索跟进

CRM 移动软件自动化有助于潜在客户的线索跟进，包括潜在客户识别、活动报告等的正确跟踪。基于记录的销售线索活动（行为记录），可以为每个潜在客户建立基于情境的客户对话环境，包括基于时间线的沟通记录、跟进计划查询、设置适当的自动反馈客户优先级等。

（3）手动任务化繁为简

CRM 系统软件还可以自动执行许多低效或手动的日常任务。比如，高性能的 CRM 系统软件，适用于模板数据的导入导出，还可以实现手机自动化，可以防止销售人员打错电话号码（这对于以电话为主业务的手机销售精英团队来说非常重要）。另外，依托 CRM 系统软件提供的手机 App，销售人员可以通过语音输入提交工作总结报告，从而提高生产力和效率。

（4）销售流程

销售过程涉及多个阶段的公司将从 CRM 系统自动化中受益。通过将公司整个销售流程划分为多个阶段，并为每个阶段设置自己的销售活动主题和工作内容，精英销售团队可以快速轻松地将潜在客户从当前阶段引导到下一个阶段。高效的销售自动化系统软件可以通过销售的并行处理和员工协作来提高效率。

（5）客户服务

客户服务过程会影响客户满意度。CRM 系统可以支持一系列自动化工作流程的创建，并为此类系统下的精英客户支持团队提供分步支持。系统可根据产品系列或客户问题类型自动切换到合适的工艺解决点，并鼓励相关人员参与合作，提供客户支持。

（6）营销

CRM 可以通过与第三方集成来实现营销推广的自动化。一个常见的应用领域是链接网络，自动将流量转换为营销线索。例如，可以将一些代码添加到公司的网站上，以自动将用户在线填写的信息导入 CRM 系统。此外，卖家还可以在 CRM 系统中创建营销活动。根据与潜在客户的联系或订单信息，销售人员可以了解每个活动的预期营销效果，并提供丰富生动的信息内容支持，以更好地制定营销策略。

（7）行政流程

提交文件并进行验证已成为许多公司的工作任务之一。根据行业标准，自动提交互联网表单和自动的工作流程已成为许多公司的信息管理内容。大部分流程涵盖各种级别的行政、会计和人事方面的事务。通过实施 CRM 系统，企业可以轻松创建不同的申请表格和流程，从而更有效地管理不同的工作。同时，自动化工作流程在减少等待时间、错误率、生成报告方面具有很大优势。

具体而言，CRM 系统包括市场销售模块、营销推广模块、客户服务模块、呼叫中心模块、电子商务模块五个方面，如表 17-1 所示。

表17-1　CRM系统的主要功能

主要模块	主要功能
市场销售模块	协助领导人员管理市场销售的工作流程，包含配额制管理、营销团队管理、地区管理。帮助现场销售人员进行管理，包含日程分配、提成分析、预测、标价、汇报与分析
营销推广模块	使市场部门可以实时监控各种主题风格活动的效果，执行和管理各种多渠道营销活动，以及制定方案、执行、监测、分析销售活动
客户服务模块	与客户服务、现场服务和库房维护保养有关的智能与工作流程改进
呼叫中心模块	用电话来增加销售和提供服务
电子商务模块	一系列电子应用程序允许公司创建和维护基于网络的商店，促进在网络上销售产品和服务

总的来说，客户关系管理对于企业还有以下四方面价值和意义。

（1）提升客户忠诚度

很多公司期待通过营销推广、优惠券、购物折扣等方案让利给客户，从而达到所需要的客户满意度，但是这些通常不能让客户产生更高的满意度。现在的客户需要个性化的待遇与服务。假如，一家公司为客户提供了超越客户期望的稳定的业务流程，并把客户转化为长期客户，则能够获得长期客户价值。从市场销售的角度看，公司能通过竞争战略建立忠诚的客户。公司要树立"客户高于一切"的发展理念，与客户建立持续、稳定、深度的合作，相互信赖、互利共赢，使多方面利益获得满足，让客户变成公司的忠实客户。

（2）建立商业服务市场壁垒

CRM 很注重客户满意度。传统营销方法如营销推广、折扣优惠等，非常容易被竞争者效仿，无法有效建立市场壁垒。对企业而言，客户满意度是至关重要的，但客户满意度并不是客户关系管理的关键目标。创建 CRM 系统软件，能让竞争对手无法效仿，把客户的信息都掌握在公司自己手中。如果其他企业想要夺走客户，他们必须花费更长的工作时间、更划算的标准、更高的成本。只要 CRM 能全方位、科学地给客户提供个性化的服务，客户满意度便会进一步提高。

（3）达到互利共赢的结果

CRM 系统受到企业界的欢迎，因为出色的客户关系管理对客户和企业都有益，是一种合作共赢。对客户而言，创建 CRM 能够为他们提供更有效的信息、更优秀的产品和服务；对企业而言，CRM 可以迅速掌握客户的构成与需求的变化，在此基础上企业确定营销的方向。

（4）减少营销成本

从前，企业的生产运营都根据企业内部的需求而非客户的需求，不以客户为中心的大中型活动会降低效率并提高营销成本。如今，执行 CRM 管理系统软件的企业能通过现有客户、老客户、高终身价值客户来提升销量，节约经营成本、营销成本、客户沟通成本和内部沟通成本。此外，运用 CRM 系统软件能够大幅降低人力成本和营销成本。

17.4　客户关系管理系统与其他系统的关系

CRM 系统与其他 ERP、SCM、PLM 等系统在整个生命周期是相互配合的关系，不同系统共同作用于完整的产品生命周期。

在定义阶段，主角是 CRM 系统软件。毕竟，需求来自客户（不仅包括向公司提交订单的客户，而且包括理论上的客户，还包括公司内部客户"业务部门"）。开发和设计什么类型的产品？这个产品做什么？它具备哪些功能？应满足哪些性能规格？应该控制哪些方面的成本？实现这一目标的产品原理是什么？产品各个部分的结构是什么样的？这些问题必须在"定义"阶段加以澄清。在这个阶段，CRM 是主角，PLM 是配角。

在规划阶段，PLM 是主角，SCM 是配角，ERP 不在舞台上。在确定了产品的原理和外观后，一定要制订详尽的设计方案。在这个阶段，要求原材料的种类和每个部分规格型号都要制订详尽的方案。该用什么零件？规格尺寸特性有什么要求？供应链单位要随时与技术部门维持数据库同步，便于在规划后确定代理商，以缩短产品发售周期。

在加工阶段，主角是 PLM，SCM、ERP 仍在舞台上。在这个阶段，ERP 通常在发挥作用，工艺技术取决于未来会怎样生产制造产品，而设计得到的结果取决于将来生产制造与互联网资源的应用。

在检测阶段，SCM 和 ERP 的使用慢慢变多，PLM 逐渐退出使用。根据样品检测结果，调整产品设计方案和工艺技术。在这个阶段，公司必须为此产品的生产投入网络资源和物力资源。

在生产阶段，ERP 起关键作用，SCM 起支撑作用，PLM 的作用进一步降低。一般在生产过程中，产品设计和工艺技术都会有变化，要进行一些调整和改进。单件产品、小批量生产的产品的设计和工艺技术调整得比较多（例如船舶、机场），大量生产的产品的设计和工艺技术变化比较少。

在服务保障阶段，CRM 再度充分发挥重要功效，SCM 基本上不再使用。PLM 和 ERP 都有一定的使用。ERP 一般不容易彻底退出，由于新产品的大修、维护和保养涉及配件生产。彻底不用 PLM 通常并不容易，因为服务工程师对其设备进行维修、维护和保养时，必须参照初始产品设计和工艺方案。全部的维护流程都是在产品开发期内编译的，这些信息都保存在 PLM 系统中。

17.5　思考与练习题

一、简答题

① CRM 对企业有哪些意义？

②如何根据客户的价值对其进行细分？各类型客户的管理重点是什么？

二、论述题

①结合实际，分析客户关系管理对于企业和客户的功效。

②结合实际，分析如何提高公司的客户满意度。

③结合实际，你认为中小企业未来发展 CRM 过程中会存在哪些问题。

17.6　案例分析

沃尔玛"啤酒加尿布"的故事

沃尔玛有一个"啤酒加尿布"的故事。一般而言，啤酒和尿布这两种产品的特性完全不一样，但是，沃尔玛超市的数据挖掘结果显示，在住宅区尿布销售额高的商场里，啤酒也很热销。当老婆让丈夫下楼去买尿布时，男同胞一般会买两瓶啤酒奖励自己。因此，啤酒和尿布最可能一起买。这也是当代购物广场智能信息数据分析系统找到的一个秘密。这个故事是数据挖掘在经济领域的体现。

沃尔玛通过多种方式搜集最详尽的客户资料，并且可以建立方便、快速的供应链管理信息系统。沃尔玛的数据系统是先进的，其核心特征是：投入大、作用全、速度快、智能化和全球联网。现阶段，沃尔玛在我国与美国总公司中间根据通信卫星推送信息。沃尔玛在美国应用的大部分系统都在我国获得了足够的运用和发展。在我国取得成功运用的系统包括：存货管理系统、决策支持系统、管理报告专用工具、零售点扫描仪记录系统等。这些技术革新使沃尔玛能够顺利管理多个部门。随着沃尔玛店铺规模的扩大，新技术应用也被推广。比较突出的是，运用 RFID 科技的沃尔玛能够自动采集采购订单，当库存快用完时，RFID 系统会自动向供应商发送采购订单。

除此之外，沃尔玛准备向中国引进"零售商联络"系统。"零售商联络"系统容许沃尔玛与大中型供应商分享信息。比如，这种供应商会获得有关的产品数据信息，如销售趋势、库存水平和订单等。基于资源共享，沃尔玛可以和供应商协作，推动市场拓展，协助供应商扩大业务和提高水平。沃尔玛的这种方式早已超过了企业内部管理及与外部世界沟通交流的范畴，已形成一个以自己为链管理者、连接生产商和客户的全球产业链。沃尔玛能够参加上下游生产商的生产规划及管理，确保在生产过程中快速反映客户的建议，并依据客户满意度开发定制产品。

表面上，沃尔玛商场每日低价的广告宣传和在 CRM 中获取更多的客户价值相矛盾，事实上，沃尔玛的低价战略则是 CRM 的关键，与以往的"按订单生产"发展战略不一样，沃尔玛全部 IT 投入和基础设施建设的终极目标要以"价钱"制胜。

思考：

①沃尔玛的信息系统有哪些特点？

②沃尔玛的"零售商联系"系统在客户关系管理方面有何作用？

③沃尔玛商场的低价广告宣传与 CRM 是否相悖？

第18章
ERP项目实施

扫码获取本章课件

18.1 项目实施前期工作

企业 ERP 系统需要在正确的目标、计划和组织方法的帮助下分阶段实施。良好的开始是成功的一半，项目实施前期工作是达到预期效果的重要一步。企业如果应用了错误的策略，朝着错误的方向发展，就会犯更多错误。很多企业在项目制定和选择时没有使用系统科学的方法，在软件实施过程中，要求不明确或与原要求不一致，导致应用出现严重错误，让使用 ERP 系统的各类管理人员和营销人员对 ERP 系统失望，对 ERP 基础理论产生质疑。有些企业在实施 ERP 系统的时候没有正确的软件供应商的模板种类，实施的方法以自我为主，这些都是 ERP 项目失败的主要原因。

18.1.1 企业立项之前的工作

ERP 系统执行一般分为前期工作和项目实施两个阶段。二者的不同之处在于，前期工作主要是企业自己开展工作，随后转至 ERP 项目实施阶段的时候，主要是软件开发公司开展工作。ERP 实施的前期工作包括成立筹备小组、ERP 知识培训、可行性分析、需求分析、准备测试数据、选型开发等，如图 18-1 所示。

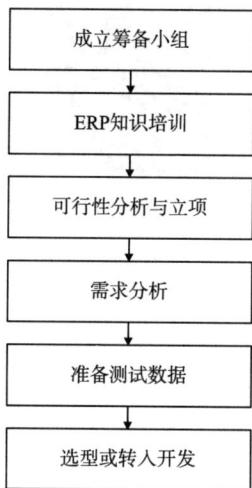

图 18-1 项目前期工作流程

18.1.2 成立筹备小组

在创建项目的时候，首先要成立筹备小组，即组建一个团队，为项目做准备。筹备小组的工作内容如下：

①明确公司的 ERP 必须具备的相关知识并进行学习和培训，为下一阶段相关工作做好前期工作。

②企业 ERP 项目的可行性分析，递交数据分析报告、项目实施计划，与整体规划达成一致，为管理人员提供参考。

③分析业务需求，提供数据分析报告，为系统软件型号选择提供参考资料。

④选择 ERP 系统，包括 ERP 系统软件、软件供应商、咨询管理公司等。

筹备小组成员一般为公司管理层代表、公司管理部门主要负责人、IT 信息单位主要负责人，最好是各业务部门的业务代表或经理。简言之，分为三类人员：领导者、了解管理业务的人、了解计算机工作的技术人员。此外，还可以邀请顾问参与公司的 ERP 筹备小组，方便后续工作。

18.1.3　ERP 知识培训

项目开始的时候，应先了解什么是 ERP，ERP 可以为企业做什么，如何进行进一步的可行性分析、需求分析和后续选型。公司管理层和 IT 部门的员工应具备必要的 ERP 知识。筹备小组可以学习 ERP 相关知识，也可以邀请相关专家团队参与到小组中。

18.1.4　可行性分析与立项

根据 ERP 要求的知识和公司的现状，筹备小组应提交一份可行性分析报告。报告一般包含：ERP 实施专业知识、实施 ERP 所需要的网络资源（包含环境安全管理、人力要求、资本预算和时间计划等）、评定实施的难度和问题等。企业领导者根据可行性分析报告作出决策。ERP 将解决许多公司的问题或处理一些管理问题，因此，筹备小组必须考虑整个公司的利益，客观地反映问题，并提出分析和建议。在公司领导做出采用该项目的决策后，ERP 项目就被立项，然后项目由一个资源规划小组启动。

18.1.5　需求分析

项目创建后，筹备小组要分析企业的实际需求。每一个企业都有不同的特征和管理规范。需求分析可能需要很长一段时间和十分专业的技能，分析结论的好坏关系着未来 ERP 选型工作，最好是在有关顾问的帮助下开展。需求分析汇报是企业 ERP 软件选型和实施的重要依据。分析内容主要包含：

①各部门必须解决的业务规定。业务数据流入、业务数据分析方法（解决过程、解决点等）、业务数据流出等。应特别注意施工特点、物料管理特点、生产工艺特点和产品成本特点。然后，在每个业务条款下，确定业务条款的分类级别，如关键条款、一般条款或可选条款。

②考虑为计算机处理的业务数据设置软件权限。例如，必须有函数的权限，以及它们对字段甚至字段内容的控制权限。

③业绩报告规定。由于企业的申报状况多种多样，要具体说明申报要求，以确定要求、一般要求、最佳要求。

④开放数据接口。企业已经拥有或未来将拥有更多的信息系统，因此要考虑这些传输功能。

18.1.6　准备测试数据

企业需要从每个关键业务数据中获得一些典型性数据，并在多个部门撰写数据，搜集汇报，作为将来 ERP 选型的检测数据。

18.1.7　选型或转入开发

在选择 ERP 软件和实施服务时，一般需要注意以下几个方面：

（1）软件的功能是否适合公司的需要与未来发展

明确软件的功效是否展现了 ERP 的主要思想，是否覆盖了企业的关键业务。

软件功能的强弱是相对的，关键要看是否适合公司的经营管理。有些 ERP 功能特别强大，适用于多种类型的企业。但功能太多也会增加企业实施与维护的压力，实施时间也会增加。软件供应商通过练习、演示、培训企业对特定数据的输入，以确保流程管理与企业应用程序保持一致并且数据输出正确。但这里必须说明的是，软件过程管理不能与公司的步骤完全一致，重要的原因之一可能是业务步骤不是最佳的。有些公司因为软件步骤不符公司的实际管理制度而否定软件，在选择 ERP 软件时应防止这些问题的发生。企业实施 ERP 系统后，企业的流程可能发生一些转变，这是 ERP 实施的管理成效之一。由于程序不同，在新旧情况下，要认真寻求专业的分析和论证，讨论哪个更合理，公司的步骤才能更多地转变。

一方面，因为企业的报表模板不一样，需要了解 ERP 软件能够提供的表格，但是必须关心具体数据，而非片面强调报表模板。另一方面，需要注意表格的扩展性，因为公司的业务可能会迅速发展。一些软件具有自定义报告，允许企业添加和维护报告。

此外，请注意发送的数据量和软件的响应能力。大型企业必须掌握自己使用的编程语言和数据库，并根据企业未来的发展考虑将数据采集和数据处理扩展到互联网。

总之，在发展壮大的同时，要兼具领域的特点和要求。每一个软件都有缺陷，在性能上，根据前期准备工作，对 ERP 进行需求分析，按照需求分析技术规范，依据检验评定记录，与企业讨论评定标准，将会使软件起到更好的作用。

（2）软件厂商维护和实施二次开发的能力

从长远来看，由于企业有自己的管理特点，软件可以开展二次开发。因此，选择软件时要考虑软件服务提供商的日常维护和二次开发及应用能力。企业还要考虑到 SAP、JDE 等国外生产商二次开发成本相对较高，是否会影响二次开发。当然，如果 ERP 业务流程涵盖了企业所需要的业务范围，无须考虑进行二次开发。

（3）文件的规范和完整性

软件操作手册、安全手册、实施指南等的规范性和完整情况，可以反映软件提供商的管理标准水平、服务提供商的执行水平和效率，同时，这些资料也是企业开发和实施ERP 的主要参考内容。

（4）实施和服务质量

ERP 项目偏重于实施。可以说，软件是灵魂、是前提，但如果具备优秀管理理念的软件不能满足企业具体管理方法的需求，那么完美的软件就毫无价值。ERP 项目实施的质量确实关系到最终 ERP 项目的成败或优劣，实施方式至关重要。第三方的参与可能为软件的选择提供有价值的建议。在实施过程中，具有丰富经验和理解能力的咨询师，可以用优秀的 ERP 来全面改革公司的管理体制。当然，有些软件制造商能够提供好的管理建议，但第三方的顾问可以验证和优化思维、应用效率和程序速度。企业提供了详尽的二次开发方案，将软件的二次开发和应用分开，以防止一些软件或软件设备进行不必要的二次开发，并更改企业的特色。当然，选择第三方实施，也要注意其对所选用的 ERP 软件的熟悉程度。

（5）软件提供商的可持续发展和服务能力

ERP 软件的出现是经济发展的产物，作为一个优秀的管理软件，把先进的管理理论和思想展现得淋漓尽致。所以，优秀的 ERP 软件和通过检验的执行不是一朝一夕就可以做到的，这依赖于管理方案的积累、软件流程的成熟情况和可靠性。但是不要简单地考虑公司成立的时间，而要注意 ERP 管理工作的理论与软件所展现的观念以及企业经营管理解决方案的改善水准。此外，软件供应商的可持续发展能力很重要，执行 ERP 项目的公司需要与软件供应商建立长期的合作伙伴关系，这是一种战略伙伴关系。只有建立和维持这种长期的合作伙伴关系，才能为公司的持续发展提供高质量服务与应用。

（6）注意软件的运行环境

注意工作程序环境（如操作平台、硬件和网络空间等）。一般来说，包括操作系统、客户端的顶层配置、计算机网络、服务器配置、打印和加固设备、网络速度等。这些要求也包括环境、员工素质、财产、资源等。

（7）ERP 软件及实施服务的成本

应该说，价格不能作为决定性因素。必须密切关注以上这几个方面，再融合价格因素。一般项目总成本（可能）包括：软件成本、二次开发成本、服务项目质保成本、硬件配置成本。软件成本包括：ERP 软件、数据库系统软件和电脑操作系统。软件系统实施阶段不同，服务成本也不同。

（8）方案比较

可以让相对比较满意的软件公司提出一个系统方案，展示软件的功能和管理设计方法信息。当然，这只是一个粗略的计划，详尽的计划只会在系统运营之后才能递交。要注意适度的问题，对于软件开发人员来说，规定过于详细是不科学和不现实的。

总的来说，企业非常重视 ERP 的选择，必须用科学的方法来指导选择，才能真正应用 ERP，获得预期的效益。否则，ERP 软件将偏移总体目标并导致巨大的经济损失。

18.2　项目实施过程

ERP 实施是 ERP 软件供应商根据 ERP 向用户提供的所有服务项目和程序的总称。"三分软件，七分运行"，ERP 软件的实施是一个 ERP 项目至关重要的构成部分。ERP 项目实施过程如图 18-2 所示。

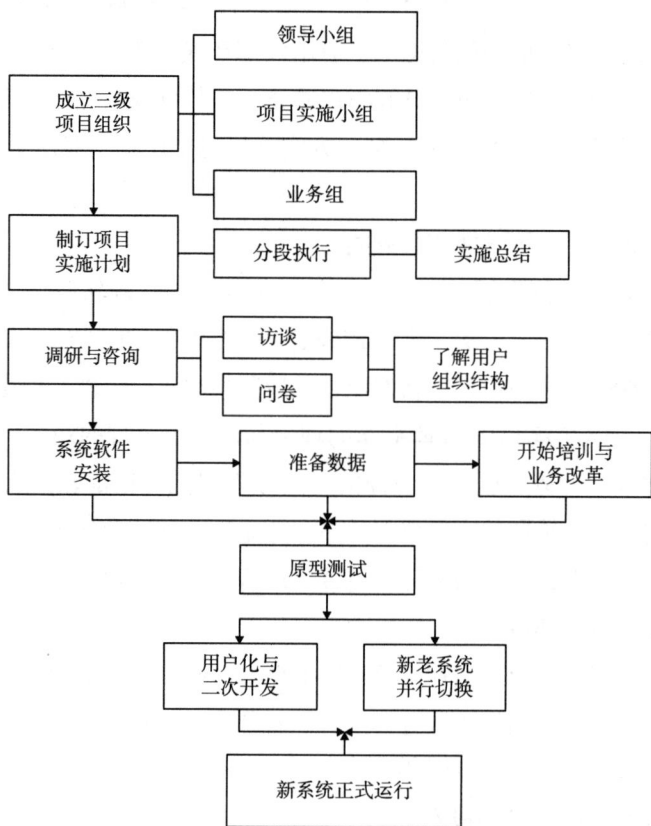

图 18-2　ERP 项目实施过程

18.2.1　成立三级项目组织

ERP 实施需要有组织保证。如果项目工作人员挑选不当，将直接影响项目的成功实施。项目组织应由三个级别组成，每个级别的组长都是最高级别的成员。

①领导小组。以公司负责人为首，与系统副总裁组成领导班子。建立领导小组时要注意人力资源的合理分配、现场主管的任命、优秀员工的发现和激励等。

②项目实施小组。ERP 项目实施的关键工作由他们进行。一般由项目主管领导，其他人由企业各个关键部门的管理者或技术骨干构成。

③业务组。业务组的工作决定了 ERP 能不能贯彻落实。各业务组在一线工作，要融

合各种业务难题，在把握 ERP 系统的前提下找到新的解决方法和操作流程。

三级项目组织结构如图 18-3 所示。

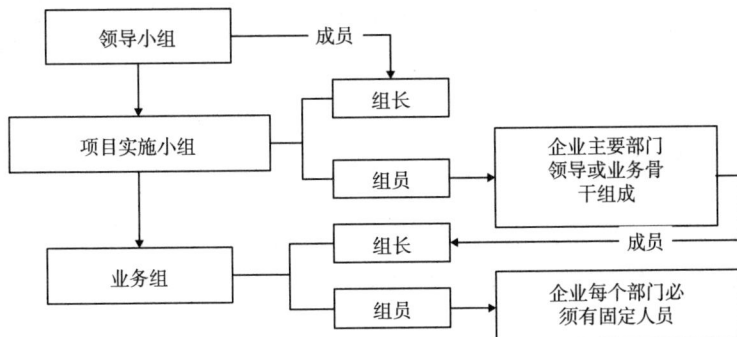

图 18-3　三级项目组织结构

18.2.2　制订项目实施计划

将基本的业务管理理念与真实的软件功能相结合，一一检查分析，为每个业务管理流程提出解决方案。

以业务分析步骤为核心，将业务流程管理的基本要素和实际软件工具紧密结合，一一查验剖析，提出项目流程管理解决方案。该方法能够直接用 Pushsoft 系统的一部分功能，对现阶段的管理制度进行改善。二次开发和系统软件开发也可能是必要的。此时，必须编写设计指南等文档，这是构建系统的里程碑和设计规范。项目实施计划如图 18-4 所示。

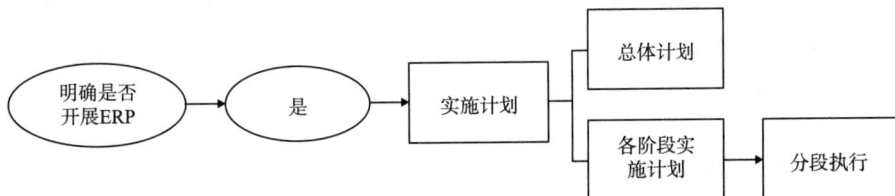

图 18-4　项目实施计划

18.2.3　调研与咨询

通过访谈掌握用户组织结构，调查用户并详细分析用户的软件、硬件和网络健康状况。项目实施顾问根据软件应用规范适配用户环境，使其能够更好地适配和应用于 ERP 系统的成功开发中。

18.2.4　系统软件安装

一旦人员及数据就绪，就能在企业中安装系统，然后进行一系列调试活动。

18.2.5　准备数据

在 ERP 系统投入运作前，要准备和上传一系列数据，所以必须开展很多解读与研究，包括一些产品、流程、库存量等信息及其安装、调试系统所需要的信息，如账目信息、情况信息等。

18.2.6　开始培训与业务改革

在 ERP 项目实施的时候，必须根据项目的进度和每个阶段的不同目标设置内容。不同的目标决定了内容的不同，内容的侧重点也因人而异，所以需要结合每个人的工作侧重点，灵活设计内容和方法。

应用系统的最终使用由关键用户完成，关键用户务必撰写最后使用手册。出口文件包括用户手册、时间表。最终用户按计划实现工作流程的指示和设备的运行等。

18.2.7　原型测试

原型软件功能测试，也称为计算机模拟。ERP 系统是一个信息集成系统，因此要系统地检测，不同单位的工作人员务必同时参加，掌握数据、性能和流程间的集成化关联，寻找差距并提出解决方案，处理业务流程管理难题，以便于服务下一个客户或二次开发。

18.2.8　用户化与二次开发

在把握软件基本要素的前提下，挑选具有代表性产品，输入必需的数据，机构团队开展实战模拟，提出解决方案。不同的关键客户可以根据公司的特殊需求、系统设备、开发程序等集中和定制系统。

18.2.9　新老系统并行切换

新系统将和原系统并行处理运作一段时间，试运转后，原系统正式被新系统替代。在转换过程中，人工解决方案和计算机解决方案共存，假如新系统出现问题，要暂时中止运行，不影响现阶段系统的正常运转。

18.2.10　新系统正式运行

完成必要的定制工作，并经过项目领导小组、项目实施小组的准许和接纳后，新系统正式投入运行。

18.3　思考与练习题

一、选择题

① ERP 实施的最关键因素是（　　　　）。

A. 组织培训　　　　B. 数据　　　　C. 人　　　　D. 软硬件

② ERP 实施中，需求分析的目的在于（　　　　）。

A. 定义项目目标　　　　　　B. 了解企业需求

C. 优化企业流程　　　　　　D. 为实施 ERP 做准备

③ ERP 实施中最先接受培训的人员是（　　　　）。

A. 部门业务人员　　　　B. 程序员　　　　C. 领导层　　　　D. 项目实施小组

二、判断题

① ERP 的形成与发展是不断"发展与包罗"的过程，而不是"取代与否定"。（　　　）

② ERP 没有释放出其潜能主要是实施者的原因。（　　　）

③ 在 ERP 实施过程中，若单纯地将手工作业实现自动化，是投资回报率低的实施模式，带来的价值也不高。（　　　）

三、论述题

① 根据你的理解，列出 ERP 项目经理应具有的基本素质。

② 为什么人是实施 ERP 的最关键因素？

18.4　案例分析

A企业的ERP实施

2015 年 10 月，A 企业与金蝶软件（中国）有限公司青岛分公司签署信息化战略合作协议，全面启用金蝶 EAS 管理系统，以搭建一体化的集团管控体系。在金蝶 EAS 的帮助下，A 企业构建了一套从原料采购到销售出库"全流程"的管理平台，实现了从原酒、半成品酒、成品酒到包装酒的全流程管理和监控。在实施 ERP 系统后，降低了生产成本，提高了企业管理能力，但同时也带来了种种问题。

① 现有的 ERP 系统并不完全适应企业的管理需求。当前的 ERP 系统只是实现了部分功能，采购管理、生产管理、人力资源管理等模块没有启用，已启用的模块中部分模块闲置，而使用中的模块也不能满足企业现有的需求，ERP 系统的使用效果大打折扣。企业现有采购流程仍旧依靠采购部采用电话、传真等传统方式进行人工联系，工作量大，效率

较低。采购系统的数据来自供应商，与 ERP 不对接，只能人工传输数据，不能实现采购流程的规范化和自动化。随着企业产销量逐年增加，采购管理压力越来越大。在发展过程中，企业对人事管理趋于扁平化，即人事组织减少管理层级、提升管理效率。对于此改变，ERP 系统也需要作出相应的改变。但 ERP 系统组织调整比较复杂，有些不用的业务数据，系统不能删除；数据调整不到位，导致系统中部门组织结构变得冗长、不清晰。另外，企业的 ERP 系统不能兼容现有的人力资源管理系统等其他系统，各个系统之间互通困难，存在着信息孤岛。

②ERP 系统中财务模块不够先进，流程不够流畅，目前还没有达到预期目标。对于内部管理报表体系，库存管理基本运作正常，其他模块使用不流畅。新销售模块覆盖旧销售模块时，出现了流程不顺畅问题。A 企业现有的 ERP 系统是以财务为导向，有财务模块、物流仓储模块、销售订单模块、固定资产处理模块及成本核算模块，但没有流程导向系统。另外，企业自身的流程也没有完全标准化、规范化，所以无法与 ERP 系统完全匹配，这些都导致 ERP 系统不能顺利运行，实施效果不佳。

③企业现有的 ERP 系统对管理决策的支持不充分，主要表现在以下几个方面：首先，数据缺乏准确性和完整性，无法为管理决策提供有力依据。其次，各业务之间相互稽核手段缺失，无法保证监督的全面有效，不能降低差错率。最后，"供—产—销"的管理过程是一个闭环系统，企业还无法利用 ERP 实现将供产销系统构成连续封闭和回路，并使系统活动维持在一个平衡点上。另外，ERP 系统也完全没有发挥其内部反馈调节的作用，过程中存在的矛盾和问题没有得到及时反馈、解决，企业不能及时调整管理决策，没有实现决策、控制、反馈、再决策、再控制、再反馈的闭环管理。

2021 年，A 企业在内外部环境的压力下，不得不对企业现有 ERP 系统进行二次升级。

①首先，ERP 系统应该针对企业需求健全系统模块，再对各模块进行完善升级，对接企业各种管理需求。其次，应打通其他系统如采购管理系统、人力资源系统与 ERP 系统之间的信息孤岛。ERP 系统应满足采购管理系统与公司的内网相连，增加销售端客户管理功能，实现采购处理和完成过程的自动化。

②对企业的业务流程进行重新设计和优化。为优化企业管理，须确保组织架构与 ERP 模块相匹配，全面梳理供产销流程，去除冗余环节，实现业务流程和管理框架的程序化、科学化、规范化、标准化，并据此调整组织机构。在此基础上，各流程中应嵌入风险控制，利用 ERP 系统的内部反馈调节功能实现事中自动控制。同时，须深入了解各环节的信息和管理需求，从数据中为决策者提供有针对性的内容，满足内部控制要求。针对 A 企业现状，首要任务是优化和确立业务流程，使 ERP 系统与标准规范的业务流程相匹配，相互支持，满足企业管理需求，充分发挥 ERP 系统的价值。

③为确保 ERP 系统在企业中的有效运行，须从多方面着手。首先，企业领导应高度重视 ERP 的应用，全面理解并全力支持，发挥模范带头作用，主动学习新管理理念和

ERP 知识，并积极倾听员工意见。同时，领导还须为员工提供必要的培训，并不断提升自身素养。其次，企业应充分利用 ERP 供应商的专家服务，无论是前期的咨询还是后期的求助，专家意见都能助力企业更快地适应 ERP 升级。企业应与供应商签订合约，确保在系统调整时有专业指导。此外，邀请专家进行有针对性的教育和培训，也能提升员工的 ERP 知识和业务能力。最后，加强员工培训，培养优秀人才至关重要。ERP 数据的准确性和广泛性对企业决策分析具有重大影响。企业应完善数据管控工作，确保数据输出的准确性。为此，企业须招聘具有专业基础的员工，并坚持员工培训后上岗。对财务人员进行长期和定期培训，加大考核力度，将系统维护和使用情况纳入绩效考核，并制订相应的奖惩机制，以提高员工的熟练度和积极性。这些措施将为企业 ERP 系统的成功运行提供有力保障。

思考：

①分析 A 企业为什么要对 ERP 系统进行二次升级。

②结合案例分析 A 企业的 ERP 实施对其他公司实施 ERP 有何借鉴意义。

参考文献

[1] 罗鸿.ERP 原理·设计·实施 [M].5 版.北京：电子工业出版社，2021.

[2] 曾安平，李波，周勇.建设摩托车制造公司 ERP 系统的分析与设计 [J].四川兵工学报，2002（2）：25-27.

[3] 刘晓冰，王枫.ERP 的发展、现状及展望 [J].工业工程，2002（2）：19-22.

[4] 王燕.从苏宁看 ERP 系统在家电连锁企业中的应用 [J].科技信息，2009（28）：355-356.

[5] 阮前途.上海市电力公司 ERP 工程设计与实施 [J].电网技术，2006（10）：1-7.

[6] 彭林辉.链式物料管理在中国现代制造业中的应用研究 [D].北京：北京化工大学，2007.

[7] 臧凤启.制造业生产管理信息系统研究与应用 [D].青岛：山东科技大学，2010.

[8] 张军.正确认识 ERP 系统中财务管理的功能和地位 [J].中国管理信息化，2009，12（5）：28-32.

[9] 王文龙.基于客户订单运营系统的交货期与产量决策研究 [D].广州：广东工业大学，2015.

[10] 王孝成.论 ERP 对现代管理技术的综合运用 [J].吉首大学学报（社会科学版），2002（4）：73-76.

[11] 刘炜.ERP 与 ISO 9000 质量管理体系 [J].电子质量，2004（7）：29-31.

[12] 刘洋.电力发电企业生产管控指挥信息系统设计与实现 [D].成都：电子科技大学，2014.

[13] 张国军.企业资源系统的设计与实施 [D].武汉：武汉理工大学，2003.

[14] 林晴.ERP 环境下中小制造企业作业成本法的应用研究 [D].北京：华北电力大学（北京），2011.

[15] 张建辉.对 MRP Ⅱ /ERP 系统的分析与展望 [J].中国工程科学，2004（10）：86-89.

[16] 王磊.湘潭钢铁集团公司 ERP 管理系统评价研究 [D].长沙：中南大学，2004.

[17] 李静.大连柴油机厂供应物流系统改进研究 [D].大连：大连理工大学，2005.

[18] 邱艳.中小企业 ERP 实施绩效评价研究 [D].武汉：湖北工业大学，2011.

[19] 丁钰，葛元宇，臧扬.印染企业 ERP 系统应用进展 [J].中国纤检，2012（6）：37-39.

[20] 王雷.ERP 工程：提高企业管理水平和竞争力的新选择 [J].河北职业技术学院学报，2003（2）：64-65.

[21] 王孝成.论 ERP 对现代管理技术的综合运用 [J].吉首大学学报（社会科学版），2002（4）：73-76.

[22] 程恳.X 企业 ERP 系统设计与实施 [D].天津：天津大学，2014.

[23] 吴志平.ERP 与电子商务的相关性研究 [D].湘潭：湘潭大学，2004.

[24] 倪红华.ERP 在电力设备制造企业中的应用研究与实践 [D].杭州：浙江大学，2010.

[25] 张川.分布式计算技术及其在 ERP 产品开发中的应用 [D].西安：西安建筑科技大学，2001.

[26] 高玉静.ERP 环境下企业内部控制设计问题研究 [D].济南：山东经济学院，2010.

[27] 黄作明.ERP 产品的批量定制研究 [D].南京：南京理工大学，2007.

[28] 郑涛.四川科伦生物有限公司 ERP 系统规划与应用研究 [D].成都：西南财经大学，2010.

[29] 谢晨.MRP 在生产与库存管理中的实现 [J].上海微型计算机，1998（2）：41.

[30] 戚占龙，王继孔，李秉融.MRP Ⅱ 系统下的物料分类与编码 [J].新技术新工艺，2012（5）：114-116.

[31] 江万军，薛惠锋，寇晓东.物料编码系统解决方案在 ERP 实施中的应用 [J].冶金设备，2005（4）：54-57.

[32] 韦志民.基于集成一体化的 ERP 供应链管理系统 [J].装备制造技术，2005（1）：33-36.

[33] 刘丽丽.A 公司库存管理优化研究 [D].南京：南京邮电大学，2022.

[34] 谢伟安.面向减速机企业生产管理系统物料编码技术的研究及应用 [D].大连：大连理工大学，2008.

[35] 曾浩.家具企业 ERP 实施中的数据准备 [D].杭州：浙江林学院，2007.

[36] 于晓洋，孙丽，秦光里.基于加工设备的通用制造工艺分类编码、表达与描述的研究 [J].世界标准化与质量管理，2008（7）：45-48.

[37] 孟庆顺，王兴奎.工作中心 MBOM 搭建法 [J].黑龙江科技信息，2016（26）：118.

[38] 徐健，仲梁维，倪静，等.产品物料清单管理系统研究 [J].机电一体化，2005（2）：24-26.

[39] 刘建胜.离散型制造业 MES 若干关键技术及其应用研究 [D].南昌：南昌大学，2008.

[40] 胡诚皓，杨敏煜.基于工艺流程 BOM 的研究与应用 [J].煤炭技术，2010，29（11）：153-154，168.

[41] 邝世界，刘兴旺，宁湘华.ERP 物料清单（BOM）优化研究 [J].制造业自动化，

2010，32（9）：217-220.

[42] 蒋红莲.ERP 在阀门制造业中的应用研究［D］.兰州：兰州理工大学，2016.

[43] 杨钧辉.某叉车企业 ATO 模式下的生产计划研究［D］.上海：上海交通大学，2016.

[44] 高志华.基于 SOA 的异构 BOM 动态整合平台的设计与实现［D］.重庆：重庆大学，2009.

[45] 夏信虎.基于 BOM 的生产质量控制模型研究［D］.苏州：苏州大学，2008.

[46] 汪若瑜.基于 Web 的 ERP（BOM）管理系统研究［D］.成都：西华大学，2009.

[47] 闵志坤.BOM 在基于精益生产的 ERP 系统中的研究与应用［D］.重庆：重庆大学，2008.

[48] 赵忠民.龙门铣 JIT 应用研究［D］.济南：山东大学，2012.

[49] 赵立.ERP 系统及其中生产数据管理系统研究［D］.成都：四川大学，2003.

[50] 黄亦弢.钟表供应链管理中智能物料表研究［D］.广州：广东工业大学，2006.

[51] 雷焕丽，魏永辉，刘毓虎，等.基于 ERP 系统实现 DBOM 与 ABOM 的自动对接分析研究［J］.航空制造技术，2014（8）：52-57.

[52] 邓宏军.CAPP 中的 BOM 和任务管理研究［D］.大连：大连理工大学，2004.

[53] 黄亦弢.钟表供应链管理中智能物料表研究［D］.广州：广东工业大学，2006.

[54] 思海兵.基于 BOM 和 CBR 的产品设计技术研究［J］.CAD/CAM 与制造业信息化，2007（10）：31-34.

[55] 张志刚.华宏公司成本管理研究［D］.长春：吉林大学，2020.

[56] 阮云峰，史晓玮.关于生产技术数据在 ERP 中的运用［J］.电站辅机，2006（2）：14-17.

[57] 张亮.中小制造企业车间作业及物流管理系统的设计与开发［D］.大连：大连理工大学，2006.

[58] 易慧芬.ERP 在 FH 公司生产计划和控制中的应用研究［D］.武汉：华中科技大学，2010.

[59] 丰小亮.基于 BPM 的 ERP 实施方法研究［D］.大连：大连海事大学，2008.

[60] 曾磊.ERP 系统信息分析与集成［D］.武汉：武汉理工大学，2002.

[61] 曹志勇.基于 .NET 的中小企业 ERP 系统研究与实现［D］.武汉：华中科技大学，2004.

[62] 刘新.船体构件加工作业制造执行管理系统研究［D］.镇江：江苏科技大学，2018.

[63] 曾磊.ERP 系统信息分析与集成［D］.武汉：武汉理工大学，2002.

[64] 李筛.锻造企业车间管理技术研究及系统开发［D］.南京：南京理工大学，2009.

[65] 王慧侠.ERP 实施中的基础数据［J］.汽车实用技术，2010（4）：85-87.

[66] 舒林子.销售预测方法探究 [J].现代营销（学苑版），2011（7）：80.

[67] 李笑然，姜毅.销售预测中定量与定性分析方法的比较与探究 [J].商业会计，2017（6）：65-67.

[68] 潘文莉.销售预测中定性与定量分析方法比较 [J].商业文化（上半月），2012（4）：182-183.

[69] 杜栋梁.宝钢汽车板订货数据分析探究及应用 [D].上海：上海交通大学，2011.

[70] 杨丰玉.第三方物流企业关键客户评判的多方法融合式决策技术研究及应用 [D].杭州：浙江工业大学，2006.

[71] 许仲彦，高珊珊.流程观在企业销售管理中的应用 [J].技术经济与管理研究，2006（2）：35-37.

[72] 崔雅娟.基于多 Agent 技术的 ERP 系统智能化研究 [D].西安：西安理工大学，2007.

[73] 乔小东.基于 V2 平台进销存系统的研究与实现 [D].上海：华东师范大学，2005.

[74] 段能全，张启升.制造业中 ERP 销售管理系统的开发 [J].机械管理开发，2005（4）：110-111.

[75] 王晖，胡宁，张媛.基于用友 ERP-U8V10.1 的采购业务处理 [J].河北企业，2017（1）：17-18.

[76] 汪庆淼.中小型流通企业资源管理系统的设计与实现 [D].苏州：苏州大学，2006.

[77] 杨寒秋.南瑞成套（NRCT）公司 ERP 系统方案研究 [D].南京：南京理工大学，2011.

[78] 杜洋，陈雪波.基于 ERP 和 CRM 的中小钢铁企业销售管理系统分析 [J].鞍山科技大学学报，2006（3）：263-266.

[79] 马玉芳.基于 Internet 的大规模定制生产计划系统的研究 [D].武汉：武汉理工大学，2003.

[80] 李卧龙.M 公司 ERP 应用研究 [D].济南：山东大学，2013.

[81] 孙钰.基于数据挖掘的电商促销活动效应与销量预测研究 [D].上海：东华大学，2017.

[82] 宗慧然.日升公司 ERP 销售管理子系统的设计与实现 [D].大连：大连理工大学，2008.

[83] 昝杰.面向制造企业信息集成系统的企业资源计划系统研究 [D].西安：长安大学，2009.

[84] 鄞晓杰.一种本体驱动的需求分析方法研究 [D].南京：东南大学，2007.

[85] 林建明.啤酒企业供应链计划管理信息系统的实现 [D].广州：中山大学，2010.

[86] 胡拂.TCL 南洋电器有限公司营销策略分析 [D].哈尔滨：哈尔滨工业大学，

2008.

[87] 王维毅. 饲料企业销售决策支持系统的设计与实现 [D]. 哈尔滨：哈尔滨工业大学，2009.

[88] 黄宇平. 谈谈企业管理中如何进行财务分析 [J]. 旅游纵览（行业版），2011（12）：122-123.

[89] 宋小娜. 中小企业 ERP 环境下销售子系统设计与实现 [D]. 沈阳：东北大学，2007.

[90] 薛继昌. 客户关系管理系统的设计与实现 [D]. 沈阳：东北大学，2008.

[91] 谢忠秋. 营销效益评价指标体系的设计 [J]. 统计与决策，2003（2）：13.

[92] 王守刚. 鞍山聚龙公司生产计划管理系统研究 [D]. 大连：大连理工大学，2004.

[93] 王笃侠. 工装 MES 中能力需求计划管理系统研究与开发 [D]. 南京：南京航空航天大学，2009.

[94] 孙会海. 基于 Web 的离散型车间管理系统的研究 [D]. 沈阳：沈阳理工大学，2011.

[95] 刘勇. 最优化方法在 ERP 能力需求计划中的应用研究 [D]. 成都：成都理工大学，2009.

[96] 庄亚明，何建敏. MRP Ⅱ /ERP 能力计划的一种改进方法 [J]. 中国管理科学，2002（5）：63-69.

[97] 张光辉. 基于 MRP Ⅱ /CRM 的外贸订单动态管理信息系统的研究与构建 [D]. 西安：西北工业大学，2005.

[98] 王健全. 东大机械厂 DDJ-CAPMS 系统的研究与开发 [D]. 沈阳：东北大学，2000.

[99] 于洋. 创维集团内蒙公司生产运营及成本控制研究 [D]. 天津：河北工业大学，2014.

[100] 卢建新. 基于 ASP.NET 熔模 ERP 系统的研究 [D]. 武汉：华中科技大学，2006.

[101] 孟昭良. 基于组件技术的 ERP 系统分析与设计 [D]. 天津：天津师范大学，2014.

[102] 宁赛功. 供应链视角下采矿企业物资采购问题的相关研究 [J]. 财经界，2017（11）：50.

[103] 郑建峰. MK 公司在中国地区的采购和供应商开发管理的研究 [D]. 上海：复旦大学，2009.

[104] 廖达宏. 企业采购成本管理分析 [J]. 环渤海经济瞭望，2023（11）：94-96.

[105] 纵鑫. DC 公司生产性物料采购管理优化研究 [D]. 长春：吉林大学，2023.

[106] 周颖盈. Y 公司物资采购管理优化研究 [D]. 成都：电子科技大学，2022.

[107] 纪银迁. 基于制造业 ERP 的企业采购管理系统研究与实施 [J]. 新型工业化，

2020，10（10）：143-144，148.

[108] 侯喜珍 . 加强物资采购过程控制确保物资供应规范管理 [J]. 现代经济信息，2020（8）：48，50.

[109] 黄鑫焘 . 优化采购流程对提高企业采购绩效的重要作用 [J]. 企业改革与管理，2016（21）：58，77.

[110] 王兴艳 . 基于商业模拟的企业物流系统分析与设计 [D].北京：北京交通大学，2012.

[111] 李楠 . 企业采购管理模式的优化研究——基于某大型国有电信集团的采购管理实践研究 [J].中国青年政治学院学报，2009，28（4）：81-85.

[112] 杨卫栋 . 集成化供应链管理战略及实施研究 [D].北京：北京交通大学，2007.

[113] 潘晓香，刘明松 . 国企集中采购的思考和建议 [J].中国招标，2023（12）：160-161.

[114] 陈鹏 . 企业资源计划在企业融合发展中的作用 [J]. 工矿自动化，2021，47（S2）：153-154.

[115] 郝丰斐 . 基于供应链管理的电子采购系统研究 [J]. 中小企业管理与科技（上旬刊），2019（10）：26-27.

[116] 徐薛欢 . 采购管理信息系统的设计与实现 [D].南昌：江西财经大学，2017.

[117] 田萌 . 我国企业实施 JIT 采购模式存在的问题及对策研究 [J].科教导刊（中旬刊），2014（16）：163-164.

[118] 倪前学 . H 公司基于供应链管理的电子采购系统构建研究 [D].南京：南京理工大学，2014.

[119] 孙威威，王志远 . 船舶备件供应商的选择与评价 [J].才智，2011（19）：340.

[120] 张伟伟 . 电厂管理信息系统的设计与实现 [D].成都：电子科技大学，2010.

[121] 刘小元 . 深圳伟创力公司采购管理优化研究 [D].兰州：兰州大学，2010.

[122] 游波 . 山东莱钢集团供应商绩效综合评价 [D].西安：西安理工大学，2007.

[123] 丁小龙 . DG 公司电子化采购研究 [D].西安：西安理工大学，2006.

[124] 宋艳，卓剑 . 运用平衡计分卡对供应商绩效评价的研究 [J].商业经济，2005（9）：94-96.

[125] 常弘 . 供应链管理环境下的欧美隆采购管理研究 [D].武汉：华中科技大学，2004.

[126] 凌木 . 南普公司库存管理改进研究 [D].长沙：湖南大学，2017.

[127] 李娟 . 如何在财务管理中实施成本控制 [J].中外企业家，2015（28）：127-128.

[128] 薛晓蔚 . HLD 服饰有限公司仓储业务流程改进研究 [D].南京：南京理工大学，2015.

[129] 程爱华．粮食加工企业的销售款和仓库管理控制举要 [J]．商场现代化，2015（14）：20.

[130] 夏晓婷，David J.Closs．如何通过库存管理提高企业竞争力 [J]．中国物流与采购，2015（7）：24-25.

[131] 申玲．ERP 环境下存货管理应用控制分析 [J]．现代经济信息，2014（21）：116.

[132] 钟琼．订单生产型企业库存控制仿真模型研究 [D]．杭州：浙江大学，2008.

[133] 杨东．供应链管理下第三方物流实施 VMI 的策略研究 [D]．武汉：武汉理工大学，2007.

[134] 黄新星．电信运营企业业务活动的内部控制研究 [D]．北京：北京邮电大学，2006.

[135] 朱曙明．供应链分销企业的库存管理模式研究 [D]．长沙：中南大学，2005.

[136] 张俊茹．民营企业存货管理存在的问题及改进 [J]．质量与市场，2023（16）：43-45.

[137] 黄园芝．供应链视角下企业采购与库存的协同管理分析 [J]．行政事业资产与财务，2020（4）：115-116.

[138] 王凤娟．强化库存管理 降低库存成本 [J]．现代经济信息，2016（18）：192.

[139] 赵永波．企业成本控制和财务管理的协调 [J]．会计师，2015（6）：35-36.

[140] 张文龙．供应链条件下 XS 煤炭生产企业物资库存控制研究 [D]．天津：天津大学，2009.

[141] 王婧．制造企业物流信息系统及库存决策支持研究 [D]．武汉：武汉理工大学，2007.

[142] 胡杰．电子商务环境下连锁企业物流配送体系研究 [D]．南京：南京理工大学，2006.

[143] 章卫刚．约克（无锡）公司的采购与库存控制研究 [D]．南京：南京理工大学，2002.

[144] 周红安，田锡天，贾晓亮等．基于 TOC 的作业计划方法研究 [J]．机械制造，2011，49（5）：76-79.

[145] 胡冬华．基于 CPM 和 TOC 的单件小批生产计划与调度方法研究 [D]．南京：南京航空航天大学，2009.

[146] 李梦云．面向损伤零件的再制造柔性作业车间调度研究 [D]．大连：大连理工大学，2019.

[147] 李梅．基于精细化管理的离散型制造业生产调度研究 [D]．郑州：中原工学院，2016.

[148] 姜敏．面向航空紧固件企业的柔性单元生产研究与应用 [D]．重庆：重庆大学，2012.

[149] 谢晓利.中小型企业车间生产作业计划系统研究 [D].兰州：兰州理工大学，2008.

[150] 李礴.航空企业生产作业监控系统设计 [J].企业技术开发，2018，37（9）：40-42.

[151] 张珍子.动态环境下汽车制造业柔性生产作业计划研究 [D].长春：长春理工大学，2015.

[152] 刘明明.经纬纺机沈阳宏大公司生产计划与控制改进对策研究 [D].沈阳：东北大学，2012.

[153] 张汉欣.论钢铁企业集中生产管理 [J].武汉工程职业技术学院学报，2001（3）：55-59.

[154] 罗贵利，史海平.浅谈调度管理在生产运营中的作用 [J].露天采矿技术，2013（8）：90-91.

[155] 任春雨.A 汽车零部件公司生产作业计划管理研究 [D].大连：大连理工大学，2018.

[156] 王宗磊.对新形势下氯碱化工生产调度管理工作的认识与探讨 [J].中国氯碱，2019（12）：40-43.

[157] 吕焰.××出版传媒集团财务管理内部控制体系优化设计 [D].西安：西安石油大学，2016.

[158] 马斌.农民专业合作社财务管理问题研究——以山东省日照市为例 [D].泰安：山东农业大学，2012.

[159] 张慧敏.加强我国工业企业财务管理的有效对策 [J].商场现代化，2015（12）：237.

[160] 纪玲珑，陈增寿.基于价值链的企业资金管理研究 [J].科技和产业，2011，11（5）：79-82.

[161] 牛成哲，李秀芬，张平.基于价值链思想的企业资金管理研究 [J].社科纵横，2005（6）：68-69，64.

[162] 李明晖.基于价值链的企业资金管理研究 [D].大连：大连理工大学，2007.

[163] 王兴茹.流程工业 CIMS 实施方案的研究 [D].阜新：辽宁工程技术大学，2004.

[164] 王丽明.企业资源计划（ERP）中财务与会计子系统的重构 [D].厦门：厦门大学，2002.

[165] 运玉贞.ERP 系统在固定资产管理中的应用 [J].中国总会计师，2017（12）：38-40.

[166] 邵彦明.优化供电企业 ERP 系统固定资产管理的几点思考 [J].现代经济信息，2013（14）：186-187.

[167] 刘莉.利用 ERP 系统强化企业固定资产管理 [J].工业经济论坛，2017，4（2）：

88-94.

[168] 霍江林.实现 ERP 系统与固定资产管理有效结合的几点建议 [J].中国管理信息化，2008（8）：90-92.

[169] 李彦梅.浅议如何利用 ERP 系统加强供电企业固定资产管理 [J].中国市场，2014（27）：90-91.

[170] 林童.A 企业 ERP 系统中财务管理模块优化研究 [D].哈尔滨：哈尔滨商业大学，2018.

[171] 苏理玲.企业资源计划在我国的应用及其实施绩效的评价 [D].成都：四川师范大学，2006.

[172] 母毓梅.ERP 财务模块在建设银行的应用 [D].成都：西南财经大学，2011.

[173] 陈箫曼.对 ERP 系统在企业财务管理中的应用研究 [J].中国市场，2013（46）：97-98.

[174] 杨卫.ERP 在企业财务管理中的应用 [J].经济师，2007（6）：152-153.

[175] 高利剑.ERP 对企业财务管理影响探讨 [J].现代商贸工业，2011，23（2）：160-161.

[176] 盛芳.论 ERP 在财务管理工作中的重要作用 [J].商场现代化，2010（17）：15.

[177] 高毅.MRP Ⅱ /ERP 系统在青岛四方庞巴迪公司的应用研究 [D].大连：大连海事大学，2014.

[178] 高艳茹.浅析 ERP 系统中的财务管理模块 [J].佳木斯大学社会科学学报，2007（6）：28-29.

[179] 高艳茹.基于 ERP 环境下的财务管理模块分析 [J].佳木斯大学社会科学学报，2008（3）：41-42.

[180] 牛胜芹.先进制造业 ERP 环境下财务系统与其他业务系统集成的研究 [D].哈尔滨：哈尔滨工业大学，2009.

[181] 金祖庆.ERP Ⅱ下的协同商务的功能分析 [D].天津：天津大学，2007.

[182] 张晓霞，孟聪.基于会计信息质量视角对会计目标的理性认识 [J].中国证券期货，2012（5）：143-144.

[183] 林锦飞.ERP 环境下企业财务管理的实施及问题研究 [J].中外企业家，2015（11）：87，94.

[184] 朱芳.ERP 在财务管理中的应用及分析 [D].北京：北京邮电大学，2008.

[185] 赵娜.ERP 系统在洛阳供电公司财务管理中的应用研究 [D].北京：华北电力大学，2012.

[186] 张光蓓.ERP 管理系统在企业财务中的应用和发展 [J].财经界，2009（16）：67-68.

[187] 袁永华，陈厚刚.设计企业财务管理之我见 [J].建筑设计管理，2006（3）：19-

21，30.

[188] 郭蓓.企业财务管理的地位和作用 [J].企业导报，2011（9）：84-85.

[189] 陈正巍.A 公司财务管理制度问题研究 [D].沈阳：沈阳理工大学，2014.

[190] 张玉梅.浅议对内部控制的思考和完善 [J].中国商论，2015（19）：55-57.

[191] 杨亚达，李慧，王维.企业集团财务控制系统的构建 [J].安徽工业大学学报（社会科学版），2008（2）：47-49.

[192] 苏华伟，张立红.简论房地产企业的财务管理 [J].黑龙江科技信息，2007（19）：130.

[193] 姜洪斌.财务管理的基础与基础的财务管理 [C]// 江苏省南通市委，南通市人民政府.经济生活——2012 商会经济研讨会论文集（下）.哈尔滨白桦林集团有限责任公司，2012：1.

[194] 姚叶叶.BS 城建公司财务风险分析与控制研究 [D].西安：西安石油大学，2017.

[195] 盖志海.现代企业建设中的财务管理刍议 [J].中国经贸导刊，2014（26）：59-60.

[196] 孙玉红.加入 WTO 后知识经济对我国会计的影响 [J].吉林财税，2003（10）：43-44.

[197] 张立明.企业财务管理的地位和作用 [J].产业与科技论坛，2006（7）：37-38.

[198] 袁永华，陈厚刚.勘察设计企业财务管理之我见 [J].中国勘察设计，2006（1）：35-36，50.

[199] 张小军.我国企业财务管理特点与作用 [J].企业导报，2010（9）：108-109.

[200] 袁永华，陈厚刚.试论工程咨询企业的财务管理 [J].中国工程咨询，2005（9）：17-19.

[201] 袁永华.设计企业应以财务管理为中心 [J].煤炭工程，2003（12）：62-64.

[202] 安文英.浅议 Excel 在财务管理环节的应用 [J].甘肃科技纵横，2013，42（3）：40-41，44.

[203] 张家胜.三联职业培训中心财务管理系统的设计与实现 [D].大连：大连理工大学，2013.

[204] 仲怀公，马圆明.ERP 环境下公司会计业务流程优化探究 [J].财会通讯，2019（10）：105-109.

[205] 李晓雨.财务共享模式在零售企业中的应用研究 [D].哈尔滨：东北农业大学，2018.

[206] 刘睿.基于财务共享模式的流程构建与再造研究 [D].昆明：云南财经大学，2020.

[207] 王蕊.固定资产加速折旧优惠政策效应分析 [D].北京：北京交通大学，2016.

[208] 赵莉.浅析固定资产税收与会计核算差异 [J].山西广播电视大学学报，2009，14（6）：79-80.

[209] 邓华.浅析生物资产与固定资产的关系 [J].行政事业资产与财务，2013（10）：213.

[210] 徐梅.会计准则与税法对固定资产业务处理规定的差异 [J].财会月刊，2009（11）：81-82.

[211] 文英.新准则下固定资产会计核算与新所得税法的差异分析 [J].科技信息，2010（1）：742-743，739.

[212] 邹俊梅.金蝶 EAS 集团化财务管理软件在实际工作中的运用总结 [J].时代金融，2012（11）：113-114.

[213] 陈瑞琦.企业现金流的会计管理问题研究 [J].大众标准化，2020（6）：170，172.

[214] 孙杰，孙涛.ERP 与人力资源管理 [J].科技创业月刊，2005（7）：105-112.

[215] 张晓花.ERP 在会计领域中的应用 [J].佳木斯教育学院学报，2013（11）：496-497.

[216] 张洋，陈学东.HRM 成本陷阱预警模型构建 [J].中国管理信息化，2014，17（22）：2-5.

[217] 张丽雯.企业人力资源规划研究 [J].北方经济，2012（16）：62.

[218] 李冬哲.广西 JX 房地产公司人力资源管理存在问题的改进研究 [D].南宁：广西大学，2018.

[219] 吴中云.LS 公司人力资源管理问题分析与实施对策 [D].青岛：山东科技大学，2021.

[220] 孙耐颖.油田电力企业人力资源管理优化对策研究 [J].河北企业，2012（7）：73-74.

[221] 负哲.高职院校人力资源激励机制研究 [D].秦皇岛：燕山大学，2014.

[222] 韦靖宇.企业现代人力资源管理的创新策略 [J].中外企业家，2014（5）：118-119.

[223] 焦新艳.浅议煤炭企业人力资源管理 [J].现代商业，2013（5）：173-174.

[224] 杨正北.成都市人力资源与社会保障局人力资源管理信息系统的设计与实现 [D].成都：电子科技大学，2011.

[225] 陈晓英.浅析企业进行人力资源管理过程中的风险防范 [J].知识经济，2015（13）：79.

[226] 张稚.高校薪酬制度创新项目管理研究 [D].北京：华北电力大学（北京），2016.

[227] 梅凌.G 公司招聘方案设计实施与人力资源管理体系初步构建 [D].成都：四川

大学，2005.

[228] 武晓晶. 中国人民银行 A 基层行激励机制改进研究 [D]. 兰州：兰州大学，2011.

[229] 王晓红. 人力资源管理与职业院校学生可持续发展能力的培养 [J]. 职业，2010（11）：107-108.

[230] 刘东霄. 对人力资源会计在我国应用的思考 [J]. 中国乡镇企业会计，2010（2）：26-27.

[231] 韩奴娇. 基于 IRP 的施工企业人力资源管理系统建模研究 [D]. 武汉：华中科技大学，2006.

[232] 安敏. 某企业人力资源管理信息系统的设计与实现 [D]. 厦门：厦门大学，2013.

[233] 樊春艳. 关于人力资源配置的若干思考 [J]. 品牌（下半月），2013（Z2）：35，42.

[234] 崔婕. 企业竞争优势与人力资源开发管理战略的思考 [J]. 经贸实践，2017（23）：192.

[235] 孙永粮. 知识型企业人力资源多目标规划的模糊决策研究 [D]. 天津：天津商业大学，2010.

[236] 吴振涛. 我国人力资源会计推行途径探索 [J]. 内蒙古科技与经济，2021（14）：44-45.

[237] 阚晓玲. 有限合伙制房地产企业组织架构及多项目设计管理模式研究 [D]. 杭州：浙江大学，2012.

[238] 栗慧琪. 探究如何提高企业人力资源管理效率 [J]. 企业家天地，2013（3）：49-50.

[239] 刘燕，程德俊，赵曙明. 人力资源战略与规划 [M]. 南京：南京大学出版社，2021：217.

[240] 史济明. 某企业人力资源开发与管理探讨 [D]. 武汉：武汉大学，2003.

[241] 李静. 企业人力资源规划体系 [J]. 中国商贸，2009（9）：74-75.

[242] 林正培. 黄岩保安服务公司人力资源管理创新研究 [D]. 南昌：江西师范大学，2015.

[243] 高占荣. 关于企业岗位设置原则及设置方法的探讨 [J]. 中外企业家，2016（21）：66-67.

[244] 林乐杰. 科研管理信息系统中数据库的设计与实现 [D]. 北京：北京化工大学，2006.

[245] 陈新伟. 人力资源管理如何提高企业效益 [J]. 金融经济，2009（16）：166-167.

[246] 曾建权. 人力资源管理理论与实务研究 [D]. 天津：天津大学，2003.

[247] 卢媛娟.加强企业文化建设工作增强职工集体凝聚力——工会在企业文化建设中如何发挥积极作用的思考与探索[J].办公室业务,2012(9):183-184,186.

[248] 许惠雅.市场经济条件下的企业人力资源开发[J].中国培训,2002(11):45-46.

[249] 蒋婧硕.DGM公司中层管理人员绩效管理体系优化设计[D].济南:山东大学,2016.

[250] 王娇,田钢.企业国际化理论综述[J].生产力研究,2017(5):157-160.

[251] 郑俊.配网自动化设备运维管理研究[D].重庆:重庆大学,2021.

[252] 周继勇.东方地球物理公司基于ERP的设备管理系统实施研究[D].天津:天津大学,2006.

[253] 张洁.供电企业SAP财务模块与ERP系统的研究[D].北京:华北电力大学,2013.

[254] 陈舒.论加强现代邮政企业的设备管理工作[J].设备管理与维修,2002(6):9-10.

[255] 张九国.论机电设备管理在煤矿安全生产中的意义[J].科技风,2015(9):169,177.

[256] 马英华.基于价值链的企业业绩评价探讨[J].会计之友(上旬刊),2008(6):90-91.

[257] 袁堂英,刘晓红.谈设备管理在企业发展中的作用[J].中国纺织,2001(9):38-39.

[258] 张凤国.Y公司厂务设施可靠性管理研究[D].苏州:苏州大学,2015.